U0128200

The Three Divides

Transformation
of Hakka Ethnic Politics
in Taiwan

三分天下

台灣客家族群政治的轉型

Taiwan
Hakka

蕭新煌 Hsin-Huang Michael Hsiao
周錦宏 Chin-Hung Chou
林宗弘 Thung-Hong Lin ——— 著

巨流圖書公司印行

國家圖書館出版品預行編目（CIP）資料

三分天下：台灣客家族群政治的轉型 / 蕭新煌、周錦宏、
林宗弘 著 .-- 初版 .-- 高雄市：巨流圖書股份有限公司，
2023.1
　　面；　　公分

ISBN 978-957-732-676-8（平裝）

1.CST: 選舉 2.CST: 政治 3.CST: 客家

573.3　　　　　　　　　　　　　　　111018293

三分天下：台灣客家
族群政治的轉型

作　　者	蕭新煌、周錦宏、林宗弘
編　　輯	沈志翰
封面設計	黃士豪
發 行 人	楊曉華
總 編 輯	蔡國彬
出 版 者	巨流圖書股份有限公司
	802019 高雄市苓雅區五福一路 57 號 2 樓之 2
	電話：07-2265267
	傳真：07-2233073
	e-mail: chuliu@liwen.com.tw
	網址：http://www.liwen.com.tw
編 輯 部	100003 臺北市中正區重慶南路一段 57 號 10 樓之 12
	電話：02-29222396
	傳真：02-29220464
劃撥帳號	01002323　巨流圖書股份有限公司
購書專線	07-2265267 轉 236
法律顧問	林廷隆律師
	電話：02-29658212

ISBN／978-957-732-676-8

初版一刷·2023 年 1 月

定價：550 元

客家研究
Hakka
Studies

叢書主編：蕭新煌 教授

本書為客家委員會補助「台灣客家族群政治
傾向之實證研究」計畫成果擴充改寫而成。

謝誌

本書是由客家委員會所補助,以「台灣客家族群政治傾向之實證研究」為名的一項研究計畫成果擴充改寫而成。因此,本書作者要特別感謝前後任主任委員李永得主委和楊長鎮主委的支持。另外,也謝謝林士豪先生、羅玉芝小姐和顏寗小姐分別在研究、行政和出版上的得力協助。

蕭新煌　周錦宏　林宗弘

2022 年 9 月

作者簡介

蕭新煌

美國紐約 Buffalo 大學社會學博士。

現任國立中央大學客家學院講座教授、國立暨南國際大學榮譽講座教授、中央研究院社會學研究所兼任研究員、台灣亞洲交流基金會董事長暨總統府資政。

最近出版包括《台馬客家帶的族群關係》（合編）（2022，中央大學出版中心，遠流出版），《The Volatility and Future of Democracies in Asia》（合編）（2021，Routledge），《中國效應：台港民眾的態度變遷》（合編）（2021，香港中文大學香港亞太研究所），《勾勒與比較台港社會意索》（合編）（2021，香港中文大學香港亞太研究所），《海外客家研究的回顧與比較》（合編）（2021，中央大學出版中心，遠流出版），《台灣的海外客家研究》（合編）（2021，巨流圖書），《Heritage as Aid and Diplomacy in Asia》（合編）（2020，ISEAS; IIAS; IOS, Academia Sinica），《東南亞客家社團組織的網絡》（合編）（2020，中央大學出版中心，遠流出版）。

林宗弘

香港科技大學社會科學博士。

現任中央研究院社會學研究所研究員、國立清華大學當代研究中心主任暨社會學研究所教授、國立台灣大學氣候變遷與永續發展碩博士國際學位學程兼任教授、國立中央大學地球系統科學國際研究生博士學位學程兼任教授。

研究興趣是兩岸三地階級分化、貧富差距與災難社會學,近年來亦關注數位科技、氣候變遷與疫情等全球風險議題。曾以《崩世代》與洪敬舒、李健鴻、張烽益、王兆慶獲 2012 年圖書金鼎獎(臺灣國家圖書獎),也榮獲 2015 年科技部吳大猷獎(年輕學者獎)。出版著作包括林宗弘、劉季宇、陳亮全合編《巨震創生:九二一震災的風險分析與制度韌性》(2022),李宗榮、林宗弘合編《未竟的奇蹟:轉型中的台灣經濟與社會》(2017)等書。

周錦宏

國立台灣師範大學工業教育學系博士。

現任國立中央大學客家學院院長、全球客家研究聯盟主席、台灣客家研究學會理事長、客家委員會諮詢委員、台北市政府客家事務委員會委員。曾任國立中央大學客家語文暨社會科學學系系主任、苗栗縣文化局局長。

出版《制度設計與臺灣客家發展》（主編）（2021，五南出版）；《鍾肇政的臺灣關懷》（合編）（2021，中央大學出版中心，遠流出版）；《海脣人：桃園客家漁村田野紀實》（主編）（2020，國立中央大學客家學院出版）；《臺灣客家飲食文化的區域發展及變遷》（合著）（2018，國史館臺灣文獻館出版）；《客家特色產業之政治經濟分析》（2015，智勝出版）等專書。

目錄

圖目錄

表目錄

第 1 章

緒論

　　從 1992 年國會全面改選以來，台灣成為全球矚目的新興民主國家。每逢總統大選，每位候選人都想努力爭取客家選票，尤其在客家庄造勢時，候選人都會提到跟客家族群的關聯，例如李登輝總統、陳水扁總統強調他們祖先的祖籍地是在客家庄，具有客家血緣；馬英九總統每年大年初二會到苗栗縣通霄鎮楓樹村的馬家庄祭祖，理由是通霄馬家庄跟他是同源、同宗、同堂號；蔡英文總統在 2012 年時就打出「客家妹做總統」的口號，2016 年更以「客家人挺客家妹」、「客家妹挺客家人」來號召。這些競選活動顯示，台灣主要政黨判斷客家選票可能扭轉選情。以 2004 年大選為例，陳水扁總統在桃竹苗地區的選票從 2000 年 30.03% 增加到 42.49%，在台中縣客家地區的得票率亦從 2000 年 32.28% 增加到 46.85%，民進黨得票率成長幅度超乎預期而有助於連任。又 2008 年馬英九總統的全國得票率為 58.44%，但在桃竹苗地區的得票率高達 67.11%，有助於國民黨獲得壓倒性勝選。還有 2016 年蔡英文總統在台中市客家地區得票率達 51.36%，是 2004 年之後民進黨總統選舉得票率

在當地首次超過半數，也顯示太陽花運動之後人心思變。可見，客家選區是兵家必爭之地，可以影響和改變選舉結果。

2020年總統大選蔡英文總統以8,170,231票高票連任，超越2008年馬英九總統7,659,014票的得票，並設下台灣總統大選的「蔡英文障礙」。這次大選蔡英文總統全國的得票率是57.13%，16個縣市（含六都）得票率都超過五成，台南市、高雄市、雲林縣、嘉義縣市、屏東縣、宜蘭縣等得票率甚至超過六成以上，唯新竹縣、苗栗縣、花蓮縣、台東縣、金門縣、連江縣等六縣輸給國民黨提名的韓國瑜。就70個客家文化重點發展區來看，其中有34個鄉鎮市區民進黨得票輸給國民黨，多在新竹縣、苗栗縣、花蓮縣、台東縣的客家文化重點發展區。在這四個縣市選情的刻板印象影響下，北部客家人常會被歸類為較傾向支持國民黨或泛藍政黨的「鐵桿」族群；另一方面，不少政治學與社會學者也發現，南部客家人與北部客家人的政治傾向分歧日益明顯，高雄、屏東六堆地區傾向支持泛綠，呈現「北藍南綠」的政黨版圖格局（施正鋒，2006；何來美，2008；王保鍵，2008；劉嘉薇，2019）。

「客家偏藍」及「北藍南綠」成為台灣輿論對客家選民態度的「刻板印象」。然而，不同地區的客家選民政治傾向，涉及所處社區的族群關係、地方派系、候選人條件、政見議題、政黨認同等，諸多歷史與偶然因素，再加上選民本身的經濟社會條件、居住區域等差異，或是在國內外整體政治氛圍變化的影響下，展現新的政治結盟與選民動員效果，導致台灣客家政治版圖的轉型。

本書的作者們認為，客家選民的政治傾向固然存在平均值偏藍、與北藍南綠的統計效應，實際上卻走向「三分天下」的局面。確實，國民黨或泛藍派系仍然穩固控制苗栗、花蓮等少數客家選區，屏東則是由民進黨主導，然而在前述藍綠地方組織與選情較穩固的二分版圖之外，主

流的客家選民是兩黨競爭裡的中間選民，比較容易出現「搖擺選區」與「花車效應」（Bandwagon effect）。此外，隨著客家族群逐漸融入台灣人認同，其整體政治傾向有由藍轉綠的趨勢。因此，客家民心將大幅影響台灣未來選舉競爭的結果。

　　民主制度的績效，固然可以觀察許多民意調查與田野訪問裡政治態度的變化來推測，最重要的終究是選舉結果。我們將依據中央選舉委員會（以下簡稱中選會）之選舉資料庫，以及中央研究院社會學研究所長期進行的《台灣社會變遷基本調查》（以下簡稱社會變遷調查）資料，就客家鄉鎮選舉與民意調查之結果進行量化分析，以解釋和推論客家選民的政治行為。其次，再透過客家籍政治人物、地方文史研究人員的深度訪談，從政治場域的實證觀察和討論，來了解各個客家地區的派系政治結構與政黨政治生態，並參考歷時性和不同區域比較之資料，解構過往「客家偏藍」並檢討「北藍南綠」之選舉觀察。

一、客家族群政治文獻：從族群意識到北藍南綠

　　對台灣社會來說，民主轉型是影響深遠的歷史事件，國家認同是其中最常提起的關鍵因素，受到歷史因素與政治社會化影響下的「台灣認同」，已經被認為是左右總統大選的政治論述空間（小笠原欣幸，2020）。關於族群政治態度、政黨認同或投票行為的研究，通常關注省籍（本省與外省）差異的分析和討論（若林正丈，1990）。確實，在威權政體轉型期間，統治菁英的省籍相當重要，民主化與本土化等制度調整，主要改變的是本省人和外省人在中央政府裡的政治實力對比（林宗弘、曾裕淇，2014），也引起國民黨中央派系菁英的衝突與分裂（陳明

通，1995）。然而，客家族群雖然被歸類為本省人，但閩南族群人口才是本省人裡的多數，使傳承客家語言與文化的族群有隱形化的現象（鍾肇政 1991；徐正光 1991；楊長鎮 1997）。因此，1987 年客家文化運動者創辦的《客家風雲》雜誌中，客家文化菁英倡議「客家意識」，希望打破原先「本省」、「外省」人群分類的二元論中，閩客差異被刻意淡化或模糊之狀況（蕭新煌，1988）。客家意識的重新浮現與公共化，促成現今台灣社會所認知的「四大族群」社會分類與族群政治之建構（王甫昌，2003）。如今，台灣認同的持續擴散與公民社會四大族群的身分政治，已經成為塑造選舉結果的重要因素。

然而，「智慧女神的貓頭鷹總在黃昏起飛」，社會科學研究文獻難免晚於政治現實變化，客家研究也是如此。2000 年陳水扁當選總統，造就第一次政黨輪替的震撼，民進黨政府於 2001 年成立「行政院客家委員會」[1]，是客家族群政治與文化意識上升的反映，也是國家承認族群的政治過程，至此以「客家」做為族群政治研究的分析變項，或以客家族群做為主題的選舉研究，逐漸浮上檯面。

客家族群的政治研究既有自主性，同時也是整體台灣政治發展及變遷的一部分。蕭新煌、黃世明（2001）在《台灣客家族群史 —— 政治篇》一書指出，客家族群政治史是要定位在整體台灣政治社會發展的脈絡下，來加以理解和分析。他們強調客家族群的政治研究觀點，必須以客家族群為主體，從客家族群社會力在政治場域的歷時性浮沉、轉型和變遷中，來論述客家族群如何選擇、判斷時勢所趨，和如何營造所處結

1　行政院於 2001 年 6 月 14 日成立「行政院客家委員會」，是全球唯一中央級客家事務專責機關；2012 年 1 月 1 日因應行政組織改造，改制為「客家委員會」。

構位置的機會條件，以及國家機器或統治系統對客家族群社會力的影響（蕭新煌、黃世明，2001）。該書對客家族群在清領、日治到戰後三個歷史時期的政治力發展變遷與態勢，做出深入論述，有系統的梳理客家族群在台灣政治發展的角色定位與特質。

再者，該書以類型學的方式，探究戰後各地方社會中，客家族群的政治力發展，並將其分為五種類型，其一是桃園市、新竹縣、苗栗縣的「縱橫又勢眾」類型，客家族群在地方政治中扮演要角；其二是屏東縣、高雄市六堆地區「集中又孤立」類型，閩客地方政治勢力分野明顯，而客家族群在地方政治趨於弱勢；其三，是「聚落分立明顯」的花東類型，原住民、閩、客勢力交錯，地方政治生態交互抗衡；其四，是客家族群「被隱性化」的類型，這類型集中於台北、高雄的都會區，對地方政治的影響不大；其五，是客家族群被福佬化，多發生於閩客混居的鄉鎮市區，是以上四類型以外的類型。這五個類型清楚勾勒各個客家地區的政治生態，並剖析族群政治與地方派系的關聯性，以及探討解嚴後地方社會力與政治力所引發的政治事件（蕭新煌、黃世明，2001）。蕭新煌與黃世明（2001）以客家為主體的五種政治類型，有助於我們理解族群議題對地方政治的重要程度，釐清戰後客家族群政治生態及派系政治運作情形，得一窺民主轉型前後，客家族群在地方政治上的發展樣貌。

然而，2000 年、2008 年與 2016 年三次政黨輪替之後，客家族群政治並非一成不變，而可能比其他族群有更大規模的重組。因此，本書將進一步以中選會選舉資料和社會變遷調查資料進行實證分析，搭配質性訪談，析探影響客家政治運作與選舉動員之因素，參酌上述五種客家政治類型的延續性，提出新的客家地區政治分類方式，呈現台灣客家族群政治的延續與變遷。

在前述經典著作之後，有少數觀察敏銳的政治學者開始關注客家族

群的選舉行為。例如吳重禮、李世宏（2005）引進族群政治的賦權理論（empowerment theory），分析 2001 年縣市長選舉期間的民意調查，自變量是由客家籍擔任縣市長的地區，依變量是客家族群選民的政治信任與投票參與，以探討客家菁英的政治賦權對客家選民的影響。其實證分析發現，高度客家賦權縣市的客家族群，其政治信任與投票參與程度比較高，而由閩南族群或外省族群擔任縣市長的地區，客家族群的政治信任與投票參與程度相對比較低。顯見，客家賦權效應對客家族群政治參與有顯著影響。吳重禮等又指出，客家族群之所以投票支持泛藍政黨，是因該行政區若有客家行政首長，能提高當地客家族群認同感，從而增進政治參與意識；反之客家族群如果處於少數，且對地方執政菁英不存在族群認同，則政治參與的企圖也比較淡薄，連帶使整體得票率偏低（吳重禮、譚寅寅、李世宏，2003；吳重禮、李世宏，2005）。

　　確實，族群因素與政治賦權可能會影響選民的投票行為和政黨傾向，也會帶來複雜的交互作用。但客家認同與政黨認同的因果關係有待考驗，客家選民投票支持客家籍行政首長，未必代表支持泛藍政黨，可能只是恰巧泛藍政黨優勢地區提名客家籍行政首長，持續出現在客家族群為主的少數縣市。其次，不同地區客家選民的國家認同、社會階層及經濟條件差異甚大，又客家選區的地方派系強弱有別，對選民投票和政黨政治影響程度不一，這些影響客家族群地方政治與分類的因素，恐怕不是簡單的統計控制方法就能排除。

　　除了前述突破性的量化研究之外，也有傑出的客家專業記者深入探討地方政治生態。如何來美（2017）的《台灣客家政治風雲錄》一書，深入各地客庄進行田野調查，蒐集史料和照片，最珍貴的是留下很多重量級客家籍政治人士的口述歷史。該書以客家籍人物為主角，分成日治時期、228 與白色恐怖、客家政治地位與社會運動、客家地方政治生態、

總統大選與客家等五大部分，主旨是以客家人角度書寫客家政治史，詳實記錄客家政治的時勢變遷。其中，關於客家地方政治生態部分，生動報導客家籍政治人物起落，並細緻描繪他們與地方政治的關係脈絡，點出從政者可資借鏡、深思之課題與策略，同時也提供本書評述和解釋各個客家地區黨派政治發展的線索。

此外，何來美（2008）著有〈解嚴後客家族群投票行為取向的流變〉一文，分析 1996、2000、2004 年三次總統選舉；2005 年縣市長選舉，以及 2006 年台北市與高雄市市長選舉等資料，加上個人的觀察訪談，探究客家族群投票行為。他認為台灣四大族群的藍、綠政治傾向差異極為明顯，外省、原住民、客家等族群較偏泛藍，而客家族群的政治生態呈現「北藍南綠」樣貌，且近年客家族群投票，是政黨取向超越族群取向。他亦語重心長指出，福佬、外省族群在台灣仍掌握政治綠、藍主流，客家族群依附其間，若客家族群不擺脫依附性格，爭取當家作主，族群的政治重要性將日漸低落（何來美，2008）。

最近，客家出身的政治學者劉嘉薇（2019）所著《客家選舉政治：影響客家族群投票抉擇因素的分析》一書指出，過去選舉研究中，客家族群鮮少被單獨關注，且多數從選舉總體層次資料（macro-level data）進行分析，看得出客家族群政治傾向有「北藍南綠」的現象。該書則是另行抽樣調查，從選民個體層次資料（individual-level data）來分析，以台灣地區（含金馬地區）年滿 20 歲且符合《客家基本法》定義之客家人為調查對象，分別從身分背景（客家血緣或淵源、戶籍、年齡、教育程度、職業、收入、性別、語言使用等）、社會學因素（地形、語言、閩客關係、通婚／宗親／地方派系／社團（活動）、對客家媒體的使用等）、理性抉擇因素（政府重北輕南、關切議題等）、社會心理學因素（候選人／政治人物因素、客家意識／客家認同、政黨偏好／統獨立場

等）面向，進行客家族群投票抉擇因素之分析。

　　劉嘉薇（2019）根據前述的調查結果指出，客家人政黨偏好偏向國民黨的比例有27.0%，民進黨則是20.5%，時代力量有6.3%，親民黨為3.9%，客家人雖偏藍，但藍綠偏好差距有限。呼應前述的賦權理論或對客家政策的偏好，該研究調查客家人對兩黨區域政策的印象，發現有四成的客家人認為國民黨政府比較重視北部客庄的發展，另有三成表示不知道國民黨政府比較重視哪個區域；有三成的客家人認為民進黨政府比較重視南部客庄的發展，但也有三成表示不知道。不同地區的客家人對國、民兩黨施政感受程度存在差異，但與實際客家政策投入的關係並不吻合，仍待解釋。此外，該調查也呈現客家族群內部的世代與階級分化，例如1974年後出生、大專以上及月收入72,001~97,000的客家選民，認為投票時（與平均值相比）政黨比族群因素重要；1974年前出生、國高中以下及月收入168,001以上的客家選民，認為族群因素相對重要一些（劉嘉薇，2019），都是非常有趣的發現。

　　理論上，該書以「鄰近效應」（neighborhood effect）之居住地大群體會影響小群體的政治態度與行為，來解釋「北藍南綠」現象。作者參考蕭新煌與黃世明（2001）的觀察，認為客家族群與閩南族群人口比例，會影響閩客關係及選舉族群動員的鄰近效應。因為北部「大群」為客家人，南部「大群」為閩南人，大群族群影響小群族群之政黨偏好及投票抉擇，受擴散效應或花車效應影響，南部客家族群投票抉擇與閩南族群相似（劉嘉薇，2019）。此一理論或可有效解釋屏東六堆和竹苗地區之政治差異，但是對於桃園市、台中市等閩客聚落交錯與比例接近之縣市或立委選區，或是屏東縣與高雄市客選民的差異，或東部各族群人口比例相當之狀況，或仍有些不易說明的地方。

　　隨著客家選民動向成為社會科學關注的議題，近年來亦有從選舉

制度改革析探客家族群政治參與及投票行為的研究，如王保鍵（2020）的〈選舉制度與族群政治：以新竹縣立法委員選區劃分為例〉及周錦宏（2021）的〈選舉制度變革對客家族群政治參與之影響：以苗栗縣立法委員選舉為例〉兩篇論文。這兩篇文章探討 2008 年立法委員選舉從「複數選區單記不可讓渡投票制」（single non-transferable vote under multi-member district system，簡稱 SNTV）改成「單一選區兩票並立制」（Mixed-Member Majoritarian System，簡稱 MMM）後，可能會對新竹縣、苗栗縣的客家族群產生不同政治結果和效應，更可能會影響地方政治生態和競合關係。王保鍵（2020）認為，新竹縣由於人口增加，立法委員應選名額由 1 席增加為 2 席，選區劃分為「閩客混合選區」、「客家選區」兩個選區，未來將可能走向閩客平衡（閩南、客家各 1 席立法委員）之族群政治發展；通常在「閩客混合選區」內之閩南族群對民進黨具較高的政黨支持度，為爭取「閩客混合選區」勝選，民進黨可以提名客籍候選人，以期同時獲得「政黨認同」（民進黨選票）選民及「族群認同」（客家選票）選民之支持，建議「政黨及族群之雙元認同」模式是未來可參酌的提名策略。

　　周錦宏（2021）從「族群代表不成比例性」（disproportionality）、選區劃分的族群與政黨角力、族群因素的政黨提名策略、族群與政黨是影響投票的因素等層面，來分析選舉制度變革後對苗栗縣客家族群政治之衝擊。他指出，選舉制度改革影響地方政治的競合關係，以及客家族群政治參與的空間，理論上新制度有利於兩黨政治，不利於少數族群或小型黨派，減少後者當選比例；苗栗縣立委選區劃分族群是重要因素，人口比例會影響選區劃分，但也會形成多數族群尊重少數族群的民主制衡機制（周錦宏，2021）。有趣的是，新竹縣和苗栗縣面對選區劃分角力和政黨提名，確實出現政黨與族群間策略的擺盪，新制雖使政黨提名

影響力提升，當選舉制度與政黨利益和客家族群集體利益相符合時，會偏好提名客家族群，形塑政黨提名的族群規範。此外，選舉制度改變可能會造成客家政治參與的不成比例性，但客家人參與政治的動力和投入選舉的意願，恐怕比其他族群來的低，還有客家人才斷層的問題，或許是導致客家政治參與不成比例性的主因之一。

綜上所論，台灣客家政治研究有從整體的族群政治史觀來梳理客家政治發展脈絡，也有從個體資料來了解客家人的族群認同、政黨偏好、統獨立場等政治態度，較多的是透過選舉資料來討論客家族群或客家地區選民的投票行為，或是傳統客家宗親組織、地方派系、選舉制度對選舉結果及政治參與之影響。而本書則是融合上述相關客家研究的取徑，分別從宏觀的國家民主轉型層次，中觀的客家地區藍、綠政治版圖及其變化趨勢，及微觀的客家政治行動者之實證觀察，結合量化與質化方法來論述台灣客家政治變遷與民主化歷程。

二、本書的立論：派系與政黨政治的消長

本書將結合民主轉型、國家認同、派系政治與族群政治理論，來解釋台灣客家族群選民偏好的變遷。首先，族群政治通常是指一種特定的族群身分認同所造成的政治社會化，導致集體的政治意識與行為，然而對身分政治的量化分析，常被批評缺乏對社會建構與歷史動態的敏銳視野（王甫昌，2002）。為了採取更具有歷史動態的觀點來看待族群政治的變化，我們參考一般的民主轉型、民主鞏固與公民文化的相關理論，來探討台灣客家族群的選舉行為變遷。

在政治學界對民主轉型與鞏固之文獻裡，除了作為民主統治前提

的國家主權，也就是領土與人口範圍必須確定之外，民主鞏固應該要包括五個制度性要素的發展：即專業國家官僚的存在、憲政主義與依法行政、發達的資本主義經濟與分散的民營產權結構、公民社會的崛起、以及政治社會的自主性（Linz and Stepan, 1996）。所謂「政治社會的自主性」，指的就是獨立於個人、國家與軍隊之外的政黨組織，除了要有多個自主的政黨組織之外，朝野政黨要有一定的競爭性，並且擴大選民的政治參與（也就是要參加選舉、政黨活動與其他公共事務）。政黨參與及政黨競爭，是多元民主最基本的價值與組織要素。

　　民主轉型理論認為，民主選舉的核心特徵與價值就是統治權力的不確定性，多個政黨或候選人在選舉制度下競爭，遲早應該發生統治者交替或執政黨輪替，而各個政黨候選人競相提出政見並面對下台風險，選民也將獲得更多的政治承諾與公共財的供給，甚至減少政治人物的貪腐機會（林宗弘、韓佳，2008）。政黨組織是現代民主制度鞏固與政治市場競爭的基本要素，選民基於對政黨意識形態與政策方向之認同並且投票，從而透過政黨參與公共事務。相反地，單一政黨專政（黨國體制）或無政黨而依賴前現代的宗族血統或個人忠誠，難以和平進行權力交替，是威權體制的特徵（Svolik, 2012）。因此，民主化理論家用兩次政黨輪替，而沒有遭遇新的強人專制或軍事政變等威權倒退事件，做為民主轉型邁向鞏固階段的標準（Przeworski, 1991）。

　　然而，若將這個標準套用到台灣的地方選舉史，雖然中央政府已經出現第三次政黨輪替，國民黨卻仍在不少縣市長期執政。根據本研究對政治人物黨派屬性的回顧與計算，若以泛藍黨派（包括曾為國民黨的無黨籍）人士為標準，某些縣市從未發生過泛綠執政的政黨輪替。從 1980 年代以來，除了金門縣、連江縣兩個外島，在台灣本島的花蓮縣、台東縣與苗栗縣，從來皆是國民黨或偏藍而暫時脫黨參選者執政，有少數地

區甚至形成派系頭人的長期統治，從未選出過民進黨籍的縣市長。這些選區有些與客家文化重點發展區域重疊，造成客家族群政治偏好傾向國民黨的刻板印象。相反地，即便是民進黨執政時間較長的屏東縣或宜蘭縣等，都出現過兩次以上的政黨輪替。

　　為何同一個黨派陣營的領導人，可以在地方上長期執政而不會面對選舉民主的挑戰？Robert D. Putnam（1993）在其重要著作 *Making Democracy Work* 之中，用南北義大利的政治差異來說明。北義大利橫向與多元的公民社會參與，有利於形成多黨競爭、政黨輪替以及地方統治的公共政策績效。而縱向的派系統治或黑道介入的南義大利，則由保守黨派長期執政。民眾橫向連結的公民社會「社會資本」（social capital）薄弱，也導致地方政府貪腐失能的處境。與此類似，若林正丈（1989）與吳乃德（Wu, 1987）對民主化前夕的研究都曾指出，國民黨的威權政體透過列寧式政黨布建以及與地方派系交換利益，控制地方選舉結果；蕭新煌等人認為，國民黨對地方壟斷性產業，運用特許證照分配經濟利益，是此一派系控制的關鍵機制（蕭新煌等，1989）。在第一次總統大選前，陳明通（1995）對全國地方派系的分析則指出，台灣的中央與地方派系政治在威權強人蔣經國過世與李登輝當選總統這個時期之間，出現了一個國民黨內分裂與地方黨派重組的不穩定期。

　　在民主轉型下，現代民主政黨與傳統地方派系之間，在選民的政治偏好與投票行為的過程中，國家認同與族群認同往往會產生中介作用。在國家認同或國際關係的利益分裂下，不同政黨往往會操弄國家認同的因素來爭取選民，台灣與前蘇聯所分裂的共和國如烏克蘭，都是明顯的案例。例如，陳明通的研究指出，李登輝在 1992 年選任總統之前，國民黨分裂成主流派與非主流派，其中各自有地方派系的結盟者（陳明通，1995：235-236）。非主流派後來改組為新黨，本土主流派的李登輝

路線則逐漸衍生出「兩國論」。日本學者小笠原欣幸（2020）研究指出，台灣認同的成長與其解釋權的爭奪，是影響台灣總統選舉結果的主要因素。確實，過去三十年來，國家認同一直都是台灣選舉研究的顯學，已經有相當豐富的研究成果，但隨著民眾的台灣認同不斷提升，以及東亞地緣政治的改變，此一議題的政治重要性可能逐漸減弱。

　　簡言之，台灣的民主轉型，是逐漸由國民黨與地方派系結盟的威權政體，轉型為現代政黨組織與認同主導的民主政體，其中台灣認同成為主流。與此相對，族群政治與投票傾向，應該是政治社會學研究裡的重要議題，卻較少學者關注。從建構論的角度來看，王甫昌（2003）分析過族群分類的歷史變遷，探討外省族群由「地域意識」到「族群意識」的轉型。「本省人」與「外省人」之間的族群動員，對投票行為差異的影響甚大。由於台灣從威權體制轉型為民主政治的過程，主要就是外省族群的政治特權遭到削弱；本省族群在地方選舉競爭裡產生決定性影響；以及中央政府選舉逐步開放的過程（若林正丈，1989）。由此可見，國家認同與族群政治應該是台灣民主轉型的兩大議題。

　　然而，對本省人當中的客家族群與閩南族群之間投票行為差異的分析，往往過於簡化，無法將客家族群的政治發展與變遷過程，進一步做出地區分類與理論化。在針對台灣地方派系政治發展的研究裡，陳明通曾經列出國民黨非主流派的地方派系。宋楚瑜擔任省長到組成親民黨期間，這些地方派系延續國民黨的傳統運作方式，至今仍有影響，在部分客家鄉鎮亦然。另一方面，民進黨自黨外運動到創黨以來，其選民對黨的認同則通常大於對地方派系或頭人的認同，其派系結構也相對中央集權，使黨維持了團結而較少分裂。

　　在此一民主轉型與鞏固的過程裡，客家族群究竟扮演何種角色，或是應該區分為哪些類型？過去的選舉分析往往造就了一些刻板印象。首

先，過去台灣民主轉型時期的選舉研究發現，在政黨支持率或得票率的相對比例上，客家族群民眾的平均值比較偏好國民黨或泛藍陣營（鄭夙芬，2009）。其次，有論者認為客家族群政治上較為保守，對民主價值接受程度或滿意度較弱；在客家族群無法對選舉情形產生影響時，恐造成政治信任低落等後果（吳重禮、李世宏，2003）。此外，劉嘉薇針對客家選民的調查分析顯示，與全國選情的地理結構類似，客家選民也出現「北藍南綠」的分化版圖（劉嘉薇，2019）。此外，客家政治學者也發現，選舉制度改革對客家選區裡地方政治的影響，顯示地方歷史脈絡與分類有其必要性（王保鍵，2020；周錦宏，2021）。

本書結合前述的民主理論，回應了前述對客家族群政治態度的分析，也參考蕭新煌、黃世明（2001）對客家政治結構做出多種分類的想法，提出了「派系主導的客家政治模式」、「政黨競爭的客家政治模式」與「轉型中的客家政治模式」，三種客家政治模式「三分天下」的新論點。基於過去文獻裡對國民黨威權政體的認識，我們認為有部分客家鄉鎮仍受到傳統地方派系控制，甚至由於人口外流與高齡化，使派系頭人的勢力更加鞏固，花蓮縣與苗栗縣是較為明顯的例子。由於這些派系過去與國民黨關係密切，可能造成客家族群偏向國民黨的刻板印象。與此相對的則是地方派系或族群認同弱化，客家族群與附近閩南族群的台灣認同類似，對民進黨建立較強烈政黨認同的「政黨競爭的客家政治模式」，可以屏東縣為代表。然而，與一般民主轉型的趨勢類似，有不少客家選區已出現數次政黨輪替，政治偏好從對族群、派系、地域與宗族的忠誠，轉變為政黨競爭下的政策偏好或政黨認同的新興選民，如桃園市、台中市、高雄市與新竹市，皆是較為明顯的「轉型客家」區域。此外，隨著科學園區外溢帶來經濟發展與人口移入，新竹縣也逐漸從派系主導轉型為政黨競爭的轉型區域。

　　選民的政黨認同會受到民主轉型早期政治社會化的衝擊，而對某政黨有特殊的心理依附，但選民的政黨認同也並非全然穩定，可能會受到外在因素，以及選民個人對外在因素的評估與因應態度的改變而轉變（盛杏湲，2010）。民眾的政黨認同也可能透過學習而來，當政黨提出訴求競逐選民支持時，選民逐漸形成其對政黨的支持與認同（陳陸輝、陳映男，2013）。若民眾對原本支持或認同的政黨不滿，透過民主程序選擇新的政黨替代，使原本的政黨支持傾向出現大規模變動，就會出現所謂的「政黨重組」（party realignment）現象。我們認為，在「三分天下」的區域結構裡，屏東縣最早實現了多次政黨輪替與政治重組，1990 年代之後客家族群建立相對穩固的民進黨政黨認同；花蓮縣與苗栗縣延續威權時期的地方派系，無法創造政黨重組的契機，因而從未發生過縣市首長的政黨輪替；在轉型客家五縣市，地方派系與宗親組織正在與政黨認同與政策偏好競爭，其中某些縣市可能正在出現政黨重組的契機。

三、客家政治偏藍的刻板印象及其真偽

　　在進入統計分析與田野調查的探討之前，本書已經提出過去對客家族群或客家地區政治偏好的一些刻板印象。之所以使用「刻板印象」（stereotype）一詞，是因為隨著民主轉型，即使是過去統計顯著的族群投票行為差異，也會有無顯著差異、更為離散，或甚至已經出現「政黨重組」的變化苗頭。從近年來的調查與投票結果來看，客家選民或客家選區偏藍，或在國家認同上偏向自認為是雙重認同的觀點，已經受到挑戰。以下我們將就中選會之公開資料庫，以及中央研究院社會學研究所長期進行的《台灣社會變遷基本調查》資料，所得到的客家候選人與客

家鄉鎮選舉資料庫，就客家鄉鎮選舉與民意調查之結果進行分析，進一步挑戰前述兩種刻板印象。並且根據過去認為客家選民有「南綠北藍」偏好的發現（劉嘉薇，2019），與最近十年內的整體政治變遷趨勢結合，將台灣的客家鄉鎮分為三類不同的政治傾向變化類型，亦即政黨競爭、派系主導與轉型客家三類，以宏觀的視野來解讀當前客家族群的確實政治動向。

在早期政治學文獻的刻板印象中，以及民主轉型時期（約到 2000 年）對客家族群選舉行為的分析發現，通常認為客家選民平均較支持泛藍陣營，經過兩次政黨輪替的民主鞏固時期（2000 年到 2016 年），特別是馬英九總統勝選與執政下，客家選區似乎又回到支持藍營的版圖。但我們追蹤長期選區資料之後認為，至少最近兩次總統大選顯示客家族群中藍綠支持比例已有逆轉；客家族群區域也已成為未來各政黨爭取選戰勝負的關鍵。客家選民或客家鄉鎮選區的政治動向，是未來台灣選舉分析中，最值得觀察的重點之一。

以下先就 1996 年到 2020 年在總統選舉、直轄市與縣市層級地方首長選舉（以下簡稱為地方首長選舉）與立法委員選舉（以下簡稱為立委選舉）這三個台灣最重要的公職選舉的結果中，國民黨與民進黨的全國平均得票率與客家選區的得票率，進行比較與討論。所謂的客家鄉鎮選區，是本研究參考行政院客家委員會在 2011 年 2 月 25 日公告的《客家文化重點發展鄉鎮市區》（以下簡稱為客家鄉鎮），以這個區域內的得票率與全國平均比較，描繪在此三項選舉裡的客家選區與非客家選區之得票變化（參考圖 1-1），並依序說明。

首先，選舉資料顯示在過去七次總統大選裡，台灣的兩個主要政黨得票版圖有相當程度的變化，客家鄉鎮選區也不例外。如圖 1-1 所呈現的，整體來說，過去二十年來總統、地方首長與立委選舉的結果趨勢都

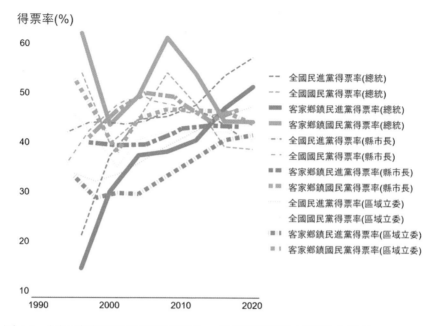

得票率(%)

全國民進黨得票率(總統)
全國國民黨得票率(總統)
客家鄉鎮民進黨得票率(總統)
客家鄉鎮國民黨得票率(總統)
全國民進黨得票率(縣市長)
全國國民黨得票率(縣市長)
客家鄉鎮民進黨得票率(縣市長)
客家鄉鎮國民黨得票率(縣市長)
全國民進黨得票率(區域立委)
全國國民黨得票率(區域立委)
客家鄉鎮民進黨得票率(區域立委)
客家鄉鎮國民黨得票率(區域立委)

圖 1-1：國民黨與民進黨得票率變化，客家鄉鎮與全國趨勢之比較，1996-2020
資料來源：本書參考中央選舉委員會資料繪製

是民進黨得票率穩定成長、而國民黨得票率則波動下滑。在 2016 年與
2020 年兩次總統大選裡，民進黨在客家鄉鎮的得票率平均值都優於國民
黨，與整體選情趨於一致。在縣市長選舉方面，2014 年國民黨與民進黨
在客家選區的得票率大致拉平，2018 年由於九合一公投綁大選與國民
黨高雄市長韓國瑜掀起民粹政治旋風等因素影響，泛綠黨派大敗（林文
正、林宗弘，2020）。不過，即使考慮 2018 年的特例，觀察客家鄉鎮選
區的政黨支持度波動趨勢，基本上和台灣其他選區一致，相較於外省族
群和原住民族中的泛藍支持者仍有絕對優勢，客家鄉鎮選區對國民黨的
支持則只剩下極不穩定的微弱優勢。在與總統並行的立委選舉方面，民
進黨在客家鄉鎮的得票率從 2004 年以來就穩定提高，國民黨則是起伏

不定並在 2016 年起呈現衰退，依此趨勢發展進行推估，客家選區對民進黨與國民黨的得票率，很可能即將在 2024 年發生交叉。

　　我們先觀察總統選舉的國、民兩黨得票比例。隨著 2004、2008、2012、2016、2020 等五次總統大選的形勢變化，可以發現在 2016 年，民進黨首次在客家鄉鎮選區的得票率勝過國民黨。依據中選會提供的選舉得票率，在 2016 年，民進黨在客家鄉鎮的得票率，已達到 49.4%，而該年度國民黨得票率僅 34.8%。2020 年藍營雖然在客家鄉鎮得票率回升至 44.1%，但民進黨在客家鄉鎮的得票率仍有成長，斬獲 51.2% 的得票。顯見在全國總統大選，國、民兩黨的支持度已出現藍綠翻轉的局勢，無論是在客家鄉鎮選區或是全國平均趨勢，民進黨在這兩次總統選舉都明顯占了上風。

　　在地方首長選舉這個層次，除了 1997 年縣市長選舉，國民黨得票率曾以 42.1% 略遜於民進黨的 43.3%，其餘年度的地方首長選舉，國民黨卻都以 5-10% 不等的得票率優於民進黨。2014 年時地方選情受到太陽花運動衝擊，客家鄉鎮得票率，國民黨僅以 42.19% 略優於民進黨的 41.27%，足見雙方在客家鄉鎮差距已大幅縮小。不過 2018 年的九合一公投綁大選出現韓國瑜風潮，國民黨又再以 48.8% 得票率勝過民進黨的 40.1%（林文正、林宗弘，2020）。然而，此次選舉在客家鄉鎮的得票率，國民黨僅有 46.6%，略優於民進黨得票率 43.2%，在客家選區裡兩者的差距則小於全國差距。換言之，自台灣民主化以來，地方首長選舉上，客家鄉鎮藍綠兩黨得票率的轉變，不亞於全國兩黨支持率的變動幅度。

　　至於區域立委選舉的得票率，回顧 1995 年第三屆立委選舉時，國民黨在客家鄉鎮，仍以 52.7% 之優勢大勝民進黨 33% 得票率。但到了 2020 年，民進黨在全國以 47.2% 的得票率，勝過國民黨 40.6% 的得票率，囊括 46 席區域立委。相對來說，在客家鄉鎮，國民黨區域立委得

票率有 43.8%，仍小幅領先民進黨區域立委得票率 41.5%；與 1995 年相比，民進黨在客家鄉鎮得票率已有長期穩定的成長，國、民兩黨的支持率從差距顯著轉變成幾近交叉。

　　整體而言，國、民兩黨在客家鄉鎮的得票態勢，在最近兩次全國總統大選，民進黨已具備 7% 得票率的優勢，客家鄉鎮已不特別支持藍營總統候選人。在地方首長選舉，國民黨的政治實力依然可觀，但客家鄉鎮對於國民黨或泛藍黨派的支持程度，相較全國其他選區，並無特殊之處。甚至在 2018 年的縣市長選舉的劣勢下，民進黨候選人仍能於客家鄉鎮和國民黨候選人競逐，得票率僅小輸 3.4% 而已。至於區域立委的得票率，兩黨各有消長，受總統選舉得票率影響不小；在客家鄉鎮，國民黨立委候選人還微幅領先民進黨候選人的得票率。

　　總而言之，未來區域立委、地方首長的選舉，國、民兩黨在客家鄉鎮的得票率競爭日趨白熱化，雙方差距很小，客家鄉鎮是支持國民黨的「鐵票」已很不準確，甚至在部分地區是偏離事實的說法。台灣民主化以來的全國性選舉相對得票率，從以往的藍大於綠，逐漸走向藍綠拉鋸的局面；而總統大選的得票率，包括客家鄉鎮的選民在內，更已呈現藍綠翻轉的大趨勢。

　　本書主要使用加總層級的客家與非客家選區進行比較，也採用全國代表樣本的民意調查，以了解個體層級的政治支持或投票行為。我們使用中央研究院的《社會變遷調查》，其中受訪者被問到他們的父親身分是屬於台灣閩南人、客家人、外省人（1992 年之前的戶籍登記上之省籍），以此來定義閩南、客家與外省、原住民等四大族群身分；並且將多種政黨併入泛藍（包括中國國民黨、親民黨與新黨等）與泛綠（包括民主進步黨、建國黨、台灣團結聯盟、社會民主黨、綠黨與基進黨等）兩大類，再請他們回答較支持哪個政黨。當然，政黨支持率不等於投票

結果，因此民意調查與前述的投票結果仍有落差，滑動平均資料顯示類似的藍綠版圖移動。不過起伏的趨勢仍是一致的。

　　根據前述問卷調查繪製的圖 1-2 可以初探台灣各族群的政黨傾向。自 2000 年起有了相當程度的變化，在 2000 年前後各族群對於藍綠兩黨的支持程度表態，都相較後來 20 年為高，受訪民眾更願意表達對支持政黨的態度。然而，隨著時間變化，台灣的民主政治趨於穩定；不分各族群的民眾，在政黨傾向的表態上均相對 2000 年前後更偏低，許多選民不願回答。唯一例外的是外省族群的受訪者，受國民黨於總統大選年的選情左右，於 2008 國民黨總統大選大勝的當年，支持泛藍的傾向達到高峰。然而，隨著民主深化，即使是外省族群選民，也有流向支持

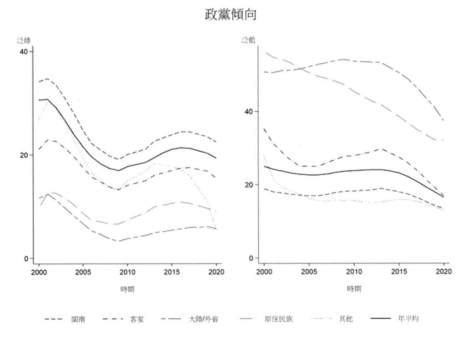

圖 1-2：全國選舉的藍綠與客家選票變化
資料來源：台灣社會變遷基本調查2020-2022

泛綠的趨勢。整體來看，民眾對藍綠兩黨的支持率移動，與選舉結果一致，客家族群的搖擺幅度稍大於其他族群，特別是在 2014 年之後，對泛藍的支持率已有持續顯著下滑的趨勢。

總之，客家族群或客家鄉鎮逐漸成為藍綠雙方全國性選戰勝負的關鍵，絕非「偏藍」之說可以概括；「北藍南綠」之說雖然還有一定的參考價值，但在藍綠之間已出現細緻的變化，也就是客家政治轉型區域的擴大。本書定名為「三分天下」，目的即在凸顯客家政治版圖已經從「北藍南綠」的二分法，逐漸轉化為「政黨競爭」、「派系主導」與「轉型客家」三個分類法。

對客家選民的第二個刻板印象，是有論者認為客家族群政治上較為保守，對民主價值接受程度或滿意度較弱。我們認為，前面的刻板印象往往屬於年長世代，而客家青年世代與年長世代之間，政治態度有很大差異或變遷，我們也以《社會變遷調查》中的「民主政治重要性」做了初步的分析。我們參考過去台灣的世代研究文獻（林宗弘，2015），將樣本分為 1949 年以前、戰後嬰兒潮（1950-1964）、X 世代（1965-1979）與千禧世代（指 1980 年之後出生、世紀之交成年者）四個世代。

圖 1-3 係由 1994 年迄今的《社會變遷調查》資料整理而成。大致上，無論是否為客家族群，台灣民眾裡愈年輕的世代，愈認為民主重要。將世代分開來看，1949 年以前出生的受訪者中，乍看是外省族群認為民主價值最重要，但考量各族群樣本對民主價值的不同標準差後，基本上這些差異不具有統計上的顯著性。客家族群和閩南族群對於民主的平均重視程度，幾無區別。在 1950-1964 年的世代間，各族群對於民主的重視程度明顯提升，而外省族群與其他族群重視民主的領先程度則縮減。到了 1965-1979 年的世代，客家族群、閩南族群、外省族群對於民主的重視程度幾無區別；看來族群背景並不影響民眾對民主的重視程

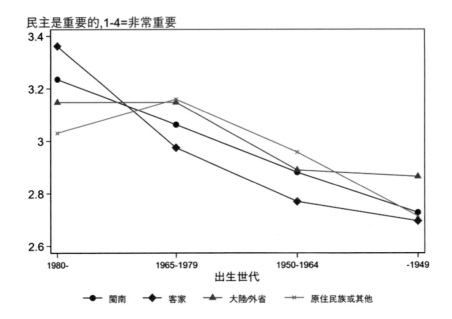

圖1-3：台灣各族群的民主價值與世代差異
資料來源：台灣社會變遷基本調查

度。到1980年後出生的世代，各族群重視民主價值的程度，在平均值上已無統計差異，除了原住民受訪者的樣本稀少，標準差較大之外，客家年輕世代認為民主重要的比例最高。

　　然而，如圖1-4所示，各族群對台灣民主的滿意程度，比起圖1-3，則出現清楚的差異。在圖1-4當中，使用的問卷題目是民主滿意度；是一個由1至10分的評價，愈高分表示受訪者對台灣的民主制度感到愈滿意，反之則否。趨勢顯示，愈年輕對當前民主的滿意度就愈低。而依世代和族群細分，則首先是1949年出生的世代，客家族群和閩南族群對於民主的滿意程度，明顯領先原住民、外省族群，但兩者彼此無明顯區別。在1950-1964年出生的世代，客家族群和閩南族群對於民主的滿

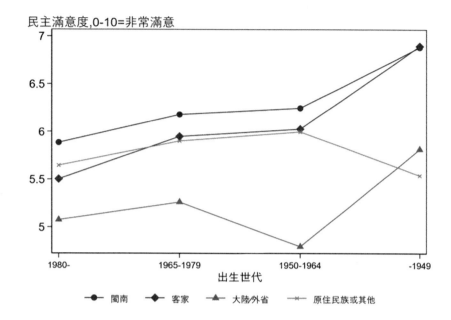

圖 1-4：台灣各族群的民主滿意度與世代差異
資料來源：台灣社會變遷基本調查

意程度則略有分歧。顯然在此一世代的受訪者中，台灣閩南族群稍微滿意當前的民主，但差異不明顯，原住民族群與客家族對民主的滿意程度也相當接近，戰後嬰兒潮外省第二代則對民主最不滿意。在 1965-1979年出生的世代中，外省族群此一世代對民主滿意度稍有回升，統計差異則漸不顯著。在最年輕的世代，即 1980 年後出生的民眾，台灣閩南族群對於民主的滿意度最高，但也低於 6 分。而台灣客家族群和台灣閩南族群在民主的滿意程度上，差距則進一步擴大，儘管考量四個世代標準差之後，或許族群之間沒有統計顯著影響，但從不同族群的民主滿意度差距擴大來看，客家年長世代與其他族群沒有差異，然而客家年輕世代對於民主較不滿意。

前述的分析發現，較年輕世代對民主重要性認知提升，客家族群整體而言與閩南族群沒有明顯差異，卻留下了一個有趣的問題：為什麼客家年長世代與年輕世代之間，年輕世代在民主滿意度方面較為偏低？本書也將透過數據分析與田野調查，比較客家族群不同世代的政治參與經驗。我們認為，客家選民已經成為未來政治版圖動向的關鍵，其中又以不滿過去客家政治人物、追求民主價值的年輕世代，將更是決定客家鄉鎮選情關鍵中的關鍵。

四、客家政治轉變的三種新類型

本書另一重要理論觀點，希望突破過去客家地區選舉研究的，是從民主轉型理論導出客家的地區政治分類。對客家民眾政治態度與選舉行為的研究，最初並無地區分類觀點，而是採取族群的平均值，得到客家選民偏藍的估計結果。例如吳重禮（2003；2005）等指出，客家族群之所以投票支持泛藍，賦權理論與族群政治交互作用扮演重要因素。亦即，該行政區若有客家行政首長，能提高當地客家族群認同感，從而增進政治參與意識；反之，客家族群如果處於少數，且對地方執政菁英又沒有明顯族群認同，則政治參與的企圖也比較淡薄，連帶使整體得票率偏低。換言之，族群認同是政黨與選民投票行為間的中介變量。此類民調研究對分析客家選民有所啟發，但尚未意識到客家選區的地方分化。

另一方面，蕭新煌、黃世明（2001：415-570）曾經依據客家族群在該地區的人口比例與分布，將客家族群政治區分為五種類型。其一是桃園市、新竹縣、苗栗縣的「縱橫又勢眾」類型，客家族群在地方政治中扮演要角。其二是屏東縣、高雄市六堆地區「集中又孤立」類型，閩

客地方政治勢力分野明顯,而客家族群在地方政治趨於弱勢。其三,是「聚落分立明顯」的花東類型,原住民、閩、客勢力交錯,地方政治生態交互抗衡。其四,是客家族群被隱性化的類型,這類型集中於台北、高雄的都會區,對地方政治的影響不明顯。其五,則是客家族群被福佬化,多發生於閩客混居的中部鄉鎮市區,是以上四類型以外的另一類型。前述的「族群布局分類理論」,主要從人口比例來處理族群關係,尚未直接聯繫到投票行為。本書接續族群布局分類的思路,希望釐清客家選區的投票行為。

在該經典研究發表之後的近二十年來,由於台灣認同整體提升、都市化與產業發展使各地區人口流動、與出生率下滑的影響,上述這五種客家族群政治類型已有轉型,逐漸出現客家選民北藍南綠的觀察。例如陳陸暉、耿曙(2003)等學者指出,區域經濟與產業性質,對於地方政黨得票,造成相當衝擊,研究指出北部高科技產業為主的經濟型態,受益於兩岸的經貿交流,而傾向支持增進兩岸往來的泛藍政黨。反之重工業、傳統產業為主的中南部,則深受兩岸經貿交流所造成的產業轉移之害,選擇投票支持對兩岸交往較謹慎的民進黨。類似的研究結果,即北藍南綠的投票行為,在海峽兩岸經濟合作架構協議(ECFA)簽訂前後到太陽花運動之間,變得更為顯著(林宗弘、胡克威,2011)。

例如,劉嘉薇(2019)的研究指出,客家人政黨偏好平均值雖較偏藍,但藍綠偏好差距有限,若分為南北兩區,則是藍綠分化明顯,不應混為一談。我們認為,客家選民北藍南綠的認知,背後仍是依據建構論當中的區域同質化理論(蕭新煌、黃世明,2001;何來美,2004),即客家族群的投票行為和該區域其他族群的政治傾向有關,如果在其他族群偏綠的地區,其中客家人會傾向投綠,反之在偏藍地區傾向投藍,與台灣政治版圖北藍南綠的分化一致。

　　簡言之，在蕭新煌、黃世明提出客家政治發展類型的族群布局分類理論後，後進學者又依各類政治經濟與社會因素，劃分了可能影響客家政治發展的不同類型。而本文聚焦屏東縣、新竹市、新竹縣、苗栗縣、花蓮縣、桃園市、台中市、高雄市等地區，依歷年具體的政黨投票數據變化，參考北藍南綠與 2016 年民進黨再度執政後的選情發展，劃分成屏東縣的「政黨競爭」；桃園市、新竹市、台中市與高雄市的「轉型客家」（包括新竹縣），以及苗栗縣及花蓮縣的「派系主導」三類客家政治類型，並以最近 2018 地方首長選舉、2020 總統及區域立委選舉的得票結果，一一說明為何逐漸形成這三種不同的客家政治類型。

　　本書以總統、區域立委與地方首長這三種台灣最重要的選舉結果作為主要的觀察對象，比較客家鄉鎮選區與整體選區之間的平均值差異，以說明本書三種分類的主要證據。在較為複雜的統計分析裡，我們將加入候選人的年齡與黨派等變量，重要的是候選人是否自認為是客家人。我們研究後發現，北南藍綠的版圖雖然表面上大致存在，三分天下裡的轉型客家區域影響力正在擴大。此外，只有在地方首長選舉裡，會發現與「族群賦權理論」略有不同的「族群制衡效應」（ethnic check balance effect）現象，即提名客家候選人不會增加該黨得票率，卻會削弱競爭對手（無論是否為客家人）的得票率，因而平衡了兩黨候選人的族群得票傾向（此點會於第 3 章進一步說明）。

　　為了說明三類選戰描述統計的趨勢，首先介紹 2020 年總統大選的民進黨與國民黨得票率情況，在客家人口數最多的八縣市中，民進黨在非客家鄉鎮，對比國民黨，領先 9.70% 的得票。但在客家鄉鎮，也領先國民黨 8.67% 選票，客家鄉鎮選區平均值為民進黨勝出，與全國平均值比較之得票率差距僅有 1.03%。

　　在「政黨競爭」的屏東縣，在非客家鄉鎮中，民進黨領先國民黨

27.06% 得票率，在客家鄉鎮的得票差距，民進黨領先幅度則擴大到
36.42%，即客家鄉鎮比非客家鄉鎮更支持民進黨。在「轉型客家」五縣
市的桃園市，非客家鄉鎮的民進黨得票率，領先國民黨 14.38%，客家鄉
鎮的得票率，民進黨依舊領先 12.37%，與非客家鄉鎮差異很小。至於台
中市，非客家鄉鎮的民進黨得票率，領先國民黨 16.55%，在其客家鄉
鎮，領先幅度更擴大到 18.89%。在高雄市，非客家鄉鎮中，民進黨得
票率高於國民黨得票率 27.6%，在客家鄉鎮，民進黨僅領先 10.07%。在
新竹市，民進黨在非客家鄉鎮，取得 17.04% 的得票率優勢；在客家鄉
鎮，對國民黨的得票率優勢則是 17.89%。至於新竹縣，民進黨在非客家
鄉鎮，對國民黨的得票率落後 0.57%，在客家鄉鎮則反高出 0.59%。在
「派系主導」區域的苗栗縣，民進黨得票率落後國民黨 5.3%；至於花蓮
縣，非客家鄉鎮中，民進黨得票率遜於國民黨 24.48%，在客家鄉鎮，民

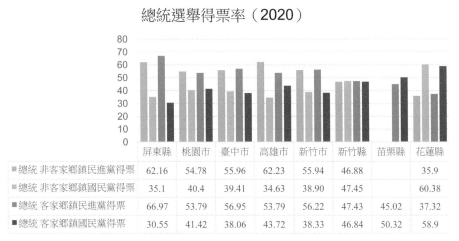

圖 1-5：2020年總統選舉——客家、非客家鄉鎮得票對比
資料來源：本書參考中央選舉委員會資料繪製

進黨得票率則亦落後國民黨達 21.58%。

　　綜觀 2020 年總統大選的選舉得票，民進黨在屏東縣、桃園市、台中市、高雄市、新竹市，均取得大幅領先。五地的得票優勢中，屏東縣的客家鄉鎮，顯然比非客家鄉鎮更支持民進黨，高度融入民進黨地方組織而成為「政黨競爭」客家選民偏好的模式。而台中、桃園、新竹市的客家鄉鎮，對綠營的支持，並未與非客家鄉鎮，有太大差異；而在高雄市，客家鄉鎮支持民進黨候選人的力度，雖不如非客家鄉鎮，但相對於國民黨，民進黨仍有 10.07% 的優勢。此外，即使在新竹縣、民進黨客家鄉鎮的得票率，也未必遜於非客家鄉鎮，至於苗栗縣、花蓮縣這類地方派系長期執政的縣市，民進黨則顯著落後。但客家鄉鎮與非客家鄉鎮的投票行為差異不大，顯示「族群」這個選民與主要政黨得票率之間的中介變量，在前述的三個區域，造成相當不同的影響，值得重新探討。

　　概言之，將區域立委、地方首長、總統三層的選舉得票，與客家鄉鎮交叉對照後，可以發現客家人只投藍營，或比較支持藍營的說法，在描述統計上已經站不住腳。國民黨占優勢的縣市，通常客家鄉鎮的對藍營的支持程度，並未和該縣市非客家鄉鎮平均得票，有太大差異。綠營居優勢的縣市，客家鄉鎮也傾向支持民進黨；而區域立委、縣市長層級的選舉，藍綠雙方的得票，可謂互有來回，仍在拉鋸，包括客家鄉鎮也是如此。而在總統大選，綠營在此八縣市，取得五縣市的大幅領先。並且，在新竹縣的客家鄉鎮，也出現民進黨選票稍多的現象。

　　我們以圖 1-6 來說明當前客家政治的三種新類型。在 2020 年的區域立委的選舉得票中，以客家族群人口數最多的八縣市為例，民進黨在非客家鄉鎮，對比國民黨，約有 0.04% 的微幅得票優勢。在客家鄉鎮，則平均仍落後國民黨 4.51% 選票。然而，各地區的藍綠差距大小與近年來的發展趨勢，有顯著的不同。

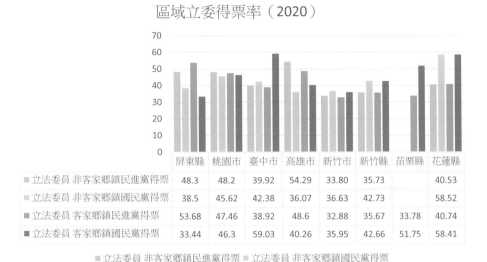

區域立委得票率（2020）

	屏東縣	桃園市	臺中市	高雄市	新竹市	新竹縣	苗栗縣	花蓮縣
立法委員 非客家鄉鎮民進黨得票	48.3	48.2	39.92	54.29	33.80	35.73		40.53
立法委員 非客家鄉鎮國民黨得票	38.5	45.62	42.38	36.07	36.63	42.73		58.52
立法委員 客家鄉鎮民進黨得票	53.68	47.46	38.92	48.6	32.88	35.67	33.78	40.74
立法委員 客家鄉鎮國民黨得票	33.44	46.3	59.03	40.26	35.95	42.66	51.75	58.41

■ 立法委員 非客家鄉鎮民進黨得票　■ 立法委員 非客家鄉鎮國民黨得票
■ 立法委員 客家鄉鎮民進黨得票　■ 立法委員 客家鄉鎮國民黨得票

圖 1-6：2020年區域立委選舉——客家、非客家鄉鎮得票對比
資料來源：本書參考中央選舉委員會資料繪製

　　在屏東縣的非客家鄉鎮中，民進黨領先國民黨 9.8% 得票率，客家鄉鎮的得票差距，甚至擴大到綠營領先 20.24%。這是我們認為當前台灣客家政治傾向的第一類。屏東縣在 1980 年代以來，發生過三次政黨輪替，本世紀開啟民進黨長期執政的時代，政黨組織健全且民主鞏固。其中的客家選民，無論從台灣認同與民進黨的支持率來看，都比縣內閩南選民更為深綠，無論是國民黨或民進黨，選民皆優先選擇被政黨提名者。這個「政黨競爭」客家選民偏好，客家人挺民進黨的屏東類型，已明顯打破客家選區政治立場偏藍的迷思。

　　我們區辨出的客家政治的第二個類型是「轉型客家」。這個類型的客家鄉鎮中，由於都市化與人口流動的影響，地方派系的組織實力被削弱，政黨組織逐漸替代了對派系頭人的認同，但是客家選民受地方派系

與政黨認同的影響，仍在拉鋸與轉型的過程。在客家人口居多的桃園市，非客家鄉鎮的民進黨得票率領先國民黨2.58%，在客家鄉鎮的得票率，民進黨依舊領先1.16%。至於台中市，非客家鄉鎮的民進黨得票率遜於國民黨2.46%；民進黨在客家鄉鎮則輸了20.11%。在高雄市的非客家鄉鎮中，民進黨得票率領先國民黨18.22%，但在客家鄉鎮，民進黨仍保有8.34%的領先優勢。在新竹市，民進黨得票率在非客家鄉鎮市區落後國民黨2.83%；在客家鄉鎮市區，民進黨則落後3.07%。而在新竹縣，民進黨在非客家鄉鎮，對國民黨的得票率落後7%；在客家鄉鎮則落後6.99%。綜觀上述五縣市，雖然民進黨區域立委得票率在客家鄉鎮選區仍然落後，或是部分縣市對民進黨雖然支持率稍低，但隨時可能過半。

而第三個客家政治類型，則是「派系主導」的客家政治模式。在這個類型裡，該縣市由於經濟邊緣化與年輕人口外流，傳統宗族與地方派系依舊根深蒂固，甚至地方頭人透過金權政治的控制力強化，對人的忠誠高於對黨的認同，甚至政治人物脫黨（大部分是暫時脫離國民黨）仍能獲得勝選，民主政黨競爭程度與全台灣相比起來明顯滯後。在苗栗縣，全縣大多數為客家鄉鎮，整體民進黨則落後國民黨得票17.97%。至於花蓮縣，非客家鄉鎮中，民進黨得票率遜於國民黨17.99%，在客家鄉鎮，民進黨得票則落後國民黨得票17.67%，固然不是只有客家鄉鎮特別偏藍，其他族群亦然；但短期內要改變全縣的派系政治與宗族認同所構成的恩侍關係，恐怕不容易。

概言之，在區域立委層級的選舉，國民黨和民進黨的得票率仍在拉鋸，儘管屏東縣、高雄市、桃園市、新竹市，民進黨已領先國民黨，但在新竹縣、苗栗縣、花蓮縣、以及2020年的台中市區域立委選情，無論客家鄉鎮或非客家鄉鎮，民進黨仍居劣勢。

最後，我們來觀察縣市首長的政黨得票率與政權輪替經驗。2018年

直轄市既縣市長的選舉結果，在客家人口數最多的八縣市裡，民進黨在非客家鄉鎮，對比國民黨，得票率平均落後 3.84%。在客家鄉鎮，則落後國民黨 5.59%。與前述總統或立委選舉的地區分化類似，若光看全國客家與非客家鄉鎮市區的兩黨得票平均值，就無法進一步辨識八縣市中的得票率與權力交替的差異。

　　進一步細看各縣市得票差異則可發現，在屏東縣的「政黨競爭」類型，非客家鄉鎮民進黨就已領先國民黨 13.89% 得票率；在客家鄉鎮的得票差距，民進黨竟然更領先到 24.96%。而且無論兩黨是否提出客家族群或地方派系出身的候選人，客家選民的偏好主要還是認黨，而不認族群或派系。相對於客家選民對民進黨的強力支持，國民黨或無黨籍反而更偏向提名閩南族群地方派系者。

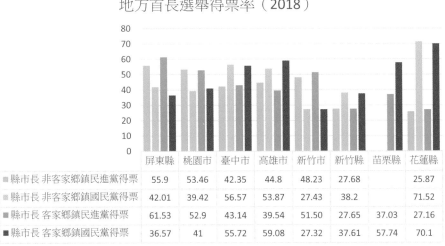

圖 1-7：2018年地方首長選舉——客家、非客家鄉鎮得票對比
資料來源：本書參考中央選舉委員會資料繪製

　　其次，「轉型客家」五縣市屬於地方政權多次輪替的地區，從 1980 年代以來，高雄、桃園與新竹市各出現過三次政黨輪替、台中縣市與新竹縣則各出現過兩次政黨輪替。隨著五縣市的經濟發展與年輕人口（有不少是附近的客家青年）移入其中部分鄉鎮市區，我們可預期客家選區與客家選民逐漸轉變，且並不再特別偏向國民黨或地方派系，中間選民將左右此地區的選舉勝負。而隨著竹北發展，或是新竹縣市若合併，我們預期新竹縣的投票轉變會更趨明顯。此時，政黨以提名策略與政治人物的世代交替爭取選民支持，將格外重要。

　　2018 年地方選舉民進黨整體選情不佳，在「轉型客家」五縣市的客家鄉鎮與非客家鄉鎮差異卻相當有限。在客家族群居多的桃園市，非客家鄉鎮的民進黨得票率領先藍營 14.04%；客家鄉鎮的得票率，民進黨也領先 11.9%。至於台中市，非客家鄉鎮的民進黨得票率遜於國民黨 14.22%；在客家鄉鎮，民進黨輸 12.58%。在高雄市，非客家鄉鎮中，民進黨得票率低於國民黨 9.07%；在客家鄉鎮，民進黨的劣勢則擴大到 19.54%。在新竹市，民進黨在非客家鄉鎮，對國民黨的得票領先 20.79%；在客家鄉鎮也領先 24.17%。而在新竹縣，民進黨在非客家鄉鎮，對國民黨的得票落後 10.52%；在客家鄉鎮則落後 9.96%。

　　在「派系主導」類型的縣市，對派系頭人的忠誠優先於政黨認同，而地方派系大多從屬於國民黨，使得此一地區的縣市長選舉一面倒，從來不曾發生藍綠輪替的政治轉型，因此不符合「兩次政黨輪替」的民主鞏固標準。在 2018 年，苗栗縣民進黨得票率落後國民黨 20.71%；花蓮縣非客家鄉鎮中，民進黨得票率遜於國民黨 45.65%，在客家鄉鎮，民進黨得票率也是落後國民黨 42.94%。然而，由於這兩個選區的客家選民較多、國民黨巨幅勝差拖動了客家選民對國民黨支持率的平均值，容易導致客家鄉鎮選民整體偏向國民黨的誤解。

　　綜觀 2018 年縣市長層級的選舉得票，民進黨僅在桃園市、新竹市、屏東縣，能夠保有領先。而在三縣市的得票率中，客家鄉鎮與非客家鄉鎮沒有明顯差異，甚至在屏東縣與新竹市，客家鄉鎮更願意支持民進黨的候選人。若以 2018 年的選舉結果，來論證客家選民仍支持泛藍黨派，或是堅持北藍南綠的對立格局，真的會誤解客家人政黨投票行為的變遷趨勢。反之，我們主張的「三分類」對理解客家政治趨勢應該是比較準確的描述和分析。

　　小結以上最近三類重要選舉結果的分析，我們建議蕭新煌、黃世明等的五類客家地方政治發展模型，應依據最近十年的投票傾向變化，修訂成為以下三類型：

　　第一，是屏東縣的「政黨競爭」模式，該模式象徵著民進黨於該地長期經營有成，選民投票行為只認同政黨提名的候選人，候選人本身的族群或派系不太重要。客家人也已跳脫傳統地方派系與族群政治制肘，對政黨的認同遠高於對族群、派系或個人的認同，而且客家選民更傾向支持民進黨候選人。

　　第二，是以苗栗與花蓮為代表的「派系主導」模式，與「政黨競爭」模式成為明顯的對照組。在此模式當中，可以看到客家鄉鎮對地方派系與國民黨的偏好。整體縣市得票率，無論客家或非客家鄉鎮，也都傾向泛藍陣營。族群政治並非左右政黨得票的唯一因素，甚至在國民黨派系頭人脫黨參選、或是加入親民黨等其他泛藍黨派時，選民仍然投給派系頭人而未必是政黨提名的候選人。也就是說，當地客家人對頭人與派系的認同高於政黨認同，以至於政黨必須攏絡派系，甚至使得地方派系與家族政治惡化，造成當地長期缺乏政權輪替的政治困局。若民進黨無法長期深耕這兩個地方與培養青年政治人才，或許只有當泛藍中央或地方派系分裂時，綠營候選人才有較好的政治機會。

　　第三，是以桃園市、台中市、高雄市、新竹市為代表的「轉型客家」模式。在此地區的客家政治發展，在總統層級的投票，已經無分是否為客家鄉鎮，呈現民進黨占優勢的情況；然而在地方首長、區域立委層級，扎根地方頗深的國民黨地方派系，仍能和取得中央政權、乃至縣市執政權的民進黨競爭，藍綠得票處於拉鋸。選區越小則國民黨傳統組織越強韌，在此模式中，民進黨若能積極獲得客家族群支持，則可能在膠著的選情中取得優勢。此外，我們從統計與訪談中也發現，過去選舉結果較偏向泛藍政黨與地方派系的新竹縣，在產業發展與人口變遷衝擊下，將由派系支配逐漸進入政黨認同強化的轉型區域。

　　整體來看，客家選區的轉型已呈現本書所謂「三分天下」的新政治形勢。而這個客家政治地理發展的三種趨勢，主要顯示，派系主導與政黨競爭壁壘分明，看似穩定的北藍南綠版圖，正受到「轉型」的明顯變化衝擊，正在變遷中的轉型客家區域，已經成為未來台灣各政黨選舉競爭的兵家必爭之地。

五、本書內容介紹

　　本書的目的是說明客家選民的政治傾向，已經從過去明顯支持國民黨的刻板印象，以及北藍南綠的兩極化觀點，逐漸進展到「三分天下」的戰國時代。也就是出現了「政黨競爭」、「派系主導」與「轉型客家」三種政治地理區域；最後一類「轉型客家」的兩黨得票率已經趨近、競爭性選區範圍不斷擴大，更使客家選民將成為國、民兩大黨選戰競爭勝負當中重要的決定因素。

　　我們在研究和寫作過程中，採取了質化與量化整合的合併研究方

法，並力求整合研究成果。以下介紹本書的概要，第 2 章說明本書量化分析的資料來源與敘述統計，總統、立委與地方首長選舉真實結果是最重要的證據。我們主要採用的是中央選舉委員會的鄉鎮市區選舉得票率做為依變量，因此必須進行「生態推論」（ecological inference）。受限於選民族群身分與真實投票行為資料難以取得，因此必須使用更多區域層級的控制變量來處理可能造成錯誤推論的一些因素。我們加入了各種區域層級與候選人層級的控制變量，例如政治獻金等，所加入的控制變量之理論依據，將在第 2 章詳細說明。

　　值得一提的是本書在資料整理上的重要貢獻，是把「客家鄉鎮」選區與「客家候選人」都整理出來，如此才能回應是否有「客家人投客家人」的族群投票，進一步分析兩黨提名客家族群的趨勢，以及客家地區選民傾向哪個政黨的研究課題。若能發現兩黨提名「客家候選人」提高「客家鄉鎮」得票率的現象，可以說是狹義的族群投票，就可能符合族群政治「賦權理論」的解釋。

　　然而，我們研究後發現，在總統與區域立委選舉裡，單看候選人是否為客家人的「族群投票」結果並不是很穩健，但是在地方首長選舉中，當兩黨候選人提名客家人時（以閩南候選人為對照組），本陣營的得票率沒有顯著增加，另一陣營對手的得票率卻會顯著下降，也就是「族群投票」只會出現在地方首長選舉時，受政黨提名策略中介而產生。兩黨客家縣市首長選戰提名客家人，有助於使客家選民平衡兩黨偏好，從而減少對手得票率。若「族群賦權理論」是單方提名客家人以增加選票的效應，本文發現此一減少對手得票率的效果，或許可稱為「族群制衡效應」，也就是提名客家候選人，平衡兩黨對客家族群賦權不均的效果。我們將「族群制衡」視為兩黨博弈下賦權效應的延伸。

　　此外，為了與中選會投票箱的區位推論結果相對照，本研究也引進

中央研究院的《社會變遷調查》，以個體層級的政黨支持度資料，驗證前述加總層級資料的類似結果。然而，個體層次的抽樣資料與真實的投票結果也有差異，或是缺乏重要的地理變量，因此仍以實際選舉結果的分析為主。

我們接著在第 3 章「三分天下」，分析了歷年總統、立委與地方首長選舉的結果。首先，我們描述了全國與客家政治變化趨勢的比較。雖然客家地區過去整體偏向較支持國民黨，隨著全國政治版圖的變化，民進黨在 2016 年與 2020 年總統大選以及立法委員選舉的得票率兩度獲勝、也導致在客家選區得票率藍綠翻轉。在地方縣市長選舉裡，2010 年與 2014 年民進黨兩度獲勝，客家選區也是一度綠大於藍。2008 年的馬英九在總統選舉與 2018 年的地方選舉受韓國瑜旋風影響，則是國民黨兩度大勝；客家選區也是兩度大幅搖擺向泛藍陣營。然而整體來看，客家選區雖然一開始較偏向支持國民黨，但對民進黨投票的變化大致無異於全國趨勢。因此，除了原有苗花偏藍、屏東偏綠的區域以外，桃中高三都與新竹縣市的客家選區，都已成為藍綠各有勝負的搖擺區。我們也用了統計模型將前述的三分類當成虛擬變量，與客家地區進行交互作用的分析，發現在總統、立法委員與地方縣市長三種選舉裡，在這三類地區裡的藍綠政黨得票率確實有顯著差異，中選會選舉資料與中研院民意資料的分析結果都具有一致性。

從第 4 章開始，我們以質性研究與歷史文獻建構出「三分天下」的地方客家政治生態形成的歷史過程。第 4 章說明選民偏好已不受地方派系約束，而且客家鄉鎮更偏向民進黨的「政黨競爭」屏東模式。雖然黑道與買票一度猖獗（王金壽，2004），但從 1960 年代開始，屏東縣黨外運動崛起並造就了超過四次政黨輪替的紀錄，可以說是台灣地方政治最早民主轉型與鞏固的縣市。我們發現在族群比例較小但集中的地理分布

下，屏東縣客家人運用少數關鍵選票策略，建立起「副座」政治與閩客共治生態。在客家黨外政治與文化菁英的領導與深耕下，屏東縣民透過關鍵選舉實現多次政黨輪替，跳脫國民黨派系政治操控，並在客家六堆最早實現政黨重組。總之，「政黨競爭」的屏東模式，不但打破客家選區政治立場偏藍的迷思，也挑戰過去過度簡化的「北藍南綠」說法。

　　第 5 章我們則是討論第二種類型「轉型中的客家政治」。「轉型客家」係指客家鄉鎮漸從傳統的宗親和派系主導的政治生態，逐步轉變為政黨競爭的民主轉型過程。這個模式包括高雄市、台中市與桃園市三個近年升格的直轄市，以及晚近人口激增且朝向都會化發展的新竹縣市。「轉型客家」區域的政治結構特徵是「中間性」和「變動性」，因此大環境的政治氛圍、執政績效良窳，乃至制度的變革等影響選舉的各種不確定因素，都會牽動這些地區客家鄉鎮的轉型力度和方向，而且選舉結果朝向全國或全市的政治趨勢融合。這也說明「轉型客家」政治地理區域，將成為未來政黨政治和族群政治交織且不可忽視的新主流。

　　第 6 章則探討依然由傳統地方頭人支配的「派系主導」政治模式，以苗栗縣與花蓮縣為代表。本書會以派系主導來解釋，是因為這個政治權威的理念型，比起「藍色客家」的刻板印象更為合理。這兩個縣長期由國民黨執政居多，但派系頭人或派系支持的候選人，以無黨籍或更換政黨身分參選，通常仍能擊敗國民黨提名的候選人，可見選民投票時，對地方派系或頭人的忠誠是高於國民黨黨紀的影響力。再者，我們也觀察到，早期苗栗縣和花蓮縣地方派系的生存法則，是依恃國民黨的恩庇來謀得自身利益，但近年反而變成國民黨向地方派系妥協，以交換取得執政機會。從全國範圍來看，兩黨地方派系與政黨間之關係確有不同，國民黨在民主化之後喪失中央政府權威，呈現派系主導地方提名與組織運作，反向滲透黨中央的權力移轉；民進黨則為互利共生的結構，黨內

派系組織與競爭跨越縣市層級，黨中央在提名或徵召時具有較強主導性。因此，花蓮與苗栗這兩個案例研究，凸顯了國民黨黨內權力槓桿變化下的地方派系菁英優勢，反映出客家地方派系的政治實力，卻無法建構出有效的客家族群文化政策。

　　在第 7 章的結論，我們再次檢討了客家保守偏藍與「北藍南綠」的舊理論和舊刻板印象。本書也說明台灣客家政治三分天下的新局勢，即政黨偏好高於派系偏好下，以族群共治深化「政黨競爭」的屏東模式，政黨依賴派系支持的苗栗與花蓮「派系主導」模式，以及族群或派系逐漸讓位給政黨競爭的「轉型客家」模式。接著，分析制度變革對地方派系和客家政治所產生的衝擊。研究發現，特別只有在地方首長選舉時，提名客家候選人確實能使客家鄉鎮裡選民採取平衡兩黨的偏好，有助於削弱對手陣營的優勢。最後，針對客家年輕世代派系與政黨依附性均趨弱，對民主政治既有參與又有不滿的情況下，提出政黨均要面對客家新生代政治人才斷層的困境，並強調客家地區要發展健全的政黨政治，必須要從基層永續栽培客家新世代政治人才，才能獲得客家選民的民心。

第2章

資料來源與研究方法[2]

一、前言：選區投票結果的研究方法

在民主化研究裡，學者指出與威權體制相比，選舉結果的不確定性乃是民主制度的關鍵特徵（Przeworski, 1991）。如緒論所言，本書想探討台灣民主轉型過程中，客家族群的選舉行為變化，藉此發掘出台灣客家區域的政治行為的三種新分類：政黨競爭、派系主導與轉型客家之政治模式。在具體探討這三種地區選舉行為的模式之前，首先，有必要對研究概念和研究方法分別加以定義和說明。

本書將某一選區的政治模式，定義為該地區選舉結果的穩定性。過去的研究認為，客家地區的選舉結果多半是穩定支持國民黨或泛藍陣營的候選人，或是認為有北藍南綠的穩定版圖，我們則認為其中有一大片區域已呈現不穩定的變化。這也顯示台灣客家選區裡的政治文化，由傳

2　本章的資料分析和初稿，得到本書研究計畫助理林士豪（政治大學社會學系博士生）協助甚多，感謝林士豪的貢獻。

統血緣、地緣身分認同，建構出地方派系、宗親組織或個人忠誠等塑造的投票行為，已經轉向「政治社會」，即政黨偏好、政黨認同與政黨競爭主導的現代民主體制，也使得選情的不確定性提升。

就具體的研究設計來說，本書想解釋的依變量是客家區域所反映之客家選民的投票傾向。然而受限於實際選舉資料的內容，我們討論客家區域選情變化、與客家選民選舉行為之間的相關性，主要仍然有賴跨層次的「生態推論」（ecological inference）。亦即用區域加總層級的資料，去推論區域內個體行為的發展趨勢。雖然這種推論方法經常遭受批評，近年來方法論學者仍傾向認為：在無法取得個體資料的情況下，生態推論有一定效度、而且其信度是可以測量的（Gary King, Ori Rosen, and Martin A Tanner, 2004）。具體而言，若一個選區內客家選民占多數且比例穩定，而各黨派候選人的得票率有所轉變，可以推論該地區內的客家選民個體行為也極可能有所轉變。

當然，對選區資料的生態推論也有出現「生態謬誤」（ecological fallacy）的風險，生態謬誤是指加總層級資料的變化，可能並非其中主要群體的變化。比如說，新竹縣的竹北市選舉行為出現大規模的變化，主要可能不是該地區原有客家選民的選舉行為發生變化，而可能是科學園區發展帶動大量新的就業移民進入竹北市所造成的。然而，這些新移民當中也可能有不少來自桃竹苗的年輕世代科技產業客家員工，因此客家人的比例仍然相當高。相反地，研究者很難宣稱該選區的投票行為變化，都是因為「非客家」選民的變化所導致的結果。因此，雖然存在生態謬誤的風險與不確定性，選舉結果的區位推論還是很能反映現實。

針對加總層級選舉資料所可能出現的生態謬誤之質疑，我們以多元迴歸估計模型的控制變量來減輕這種統計偏誤。舉例來說，若是竹北市的投票行為變遷來自就業移民，我們應該可以利用加總層級的移出與移

入人口比例之資料，來控制這些變量的影響，而非因噎廢食地放棄對客家選區資料的分析。

在台灣缺乏長期且樣本數量足夠的客家選民調查情況下，我們認為根據台灣中央選舉委員會所公布的選舉結果，更能凸顯台灣真正的政治變化。畢竟，台灣多數的社會調查不是沒有詢問客家身分認同的題目、就是每次選舉期間某個選區內的抽樣之樣本數太少，無法依據大數法則對客家選民進行推論。其次，民意調查常常也得面對受訪者符合社會觀感、拒訪或不願表態的偏誤。

就本書的研究時間範圍來說，我們所選擇的是台灣民主轉型之後，特別是在 2008-2020 年內的選區得票率變化，是最近兩任總統的任期內，也是 2008 年立法院單一選區兩票制改革、六都一一升格之後，台灣各級選舉制度趨於整合及其遊戲規則較為一致的時期，對於台灣未來選舉得票率的變遷趨勢預測有比較重要的啟示。其次，我們挑選的主要是總統、地方政府首長、立法委員這三個選舉類型，也就是影響全國政治決策與資源分配較為重大的選舉。縣市議員或以下層級的選舉雖然也有研究的必要，然而限於本書的篇幅與研究時程，只能暫時割捨。

就選舉研究的空間範圍來說，有些調查只針對客家區域進行抽樣訪談，我們認為這種客家區域內部的比較，可能只呈現客家選民內部差異，卻不容易分辨客家區域與非客家區域之間的選區政治模式之變化，是趨同還是分岐？因此，雖然我們的質性研究訪談內容仍然是以客家區域的歷史變遷為主，在選舉分析方面，則是以全國所有鄉鎮市區的選舉結果來進行量化估計，也就是以台灣所有其它區域的選情為對照組，以利於客家區域與非客家區域之間的趨勢比較。

本書採取質性研究與量化研究結合的綜合研究方法，在量化研究方面使用中央選舉委員會的選舉資料庫，以鄉鎮市區為單位結合多種政

府開放資料，企圖找出客家選區的三種主要變化類型，同時，我們在第
3章最後用選舉資料庫的統計結果、對照中央研究院《台灣社會變遷調
查》的個體層級變化趨勢，也獲得大致類似的證據。其次，本書根據前
述的分析結果，再透過質性文獻和訪談探索三類地區與不同世代的客家
政治人物之政治參與經驗，並且力圖整合兩類資料，既能獲得大致相同
的結論，又深入分析造就三種分類的歷史與政治機制。由於我們盡力收
集了多種有關選舉實際結果的數據來進行整併，以理解台灣客家選區的
分化，需要較為詳盡交代相關資料來源與測量、以及進行統計分析的方
法。以下我們將先說明量化研究的資料來源：包括各個變量的測量、與
統計分析的方法。

二、各類選舉候選人的族群背景與編碼

在說明了本書的主要時空範圍與研究設計的考慮之後，我們整合了
各個層級的公開資料來源，我們對依變量的分析單位，是在每個鄉鎮市
區裡，在總統、地方首長與立法委員這三類選舉的結果，國民黨與民進
黨這兩個主要政黨，所提名或支持候選人的得票率，即該候選人的得票
數除以該區總投票人數。

雖然中央選舉委員會公布的選舉結果是以投、開票所為單位，由於
過去對台灣各個族群人口比例的統計資料僅有鄉鎮市區層級的比例，我
們決定以此層級的得票率，為縱貫全書資料的主要分析單位。各種資料
來源彙整如表2-1，其中的資料類型又可分兩種，即區域資料與候選人
資料。本書在研究方法與資料處理上的重要貢獻之一，即是首次整合出
鄉鎮市區層級的客家候選人與選區的配對。

表 2-1：本書各類資料來源彙整表

資料	資料來源
區域資料	
客家鄉鎮	客家委員會客家文化重點發展區
區眷村數	婦聯會捐建軍眷住宅/職務官舍基本資料
製造業資本額	內政部資料開放平台
服務業資本額	內政部資料開放平台
年齡人口比例	內政部資料開放平台
候選人個人資料	
候選人得票率	中央選舉委員會選舉資料庫
候選人性別	中央選舉委員會選舉資料庫
候選人年紀	中央選舉委員會選舉資料庫
候選人族群身分	聯合報新聞資料庫/研究者自行整理編碼
候選人政治獻金	監察院政治獻金申報資料

資料來源：本書研究整理

　　如前所述，雖然無法直接獲得選民本人是否主觀認同自己是客家人的個人資訊，我們仍可使用客家選區的生態推論，來估計客家鄉鎮內選民的投票傾向。因此在區域資料上，首先最重要是客家鄉鎮的認定，本書係依據《客家基本法》第 4 條規定：客家人口[3] 達三分之一以上之鄉（鎮、市、區），並由客家委員會公告列為客家文化重點發展區之鄉（鎮、市、區）。2017 年，客家委員會依 2016 年全國客家人口調查結

3　依據《客家基本法》第 2 條規定：係指客家委員就具有客家血緣或客家淵源，且自我認同為客家人者所為之人口調查統計結果。

果，公告之客家文化重點發展區有 70 個鄉（鎮、市、區）[4]，範圍涵蓋 11 個直轄市、縣（市），如表 2-2 所示。事實上，我們也參考了 2017 年與 2021 年客家人口相關調查的人數比例，客家鄉鎮的虛擬變量與人口比例資料高度相關，為了測試《客家文化重點發展區》的分類與政治效果，我們在本書的分析裡統一採用虛擬變量來標示客家鄉鎮選區。

其次，我們根據過去的理論選擇其他重要的控制變量，並在本章先做說明。這些控制變量包括族群分布、政治獻金、產業發展結構與世代等重要的地理變量。首先，過往的選舉研究文獻呈現出外省族群比較偏好投票給國民黨、而且在總統選舉時可能有人口群聚的政治地理效應

表 2-2：客家委員會2017年公告之客家文化重點發展區

直轄市、縣（市）	鄉（鎮、市、區）及客家人口比例	小計
桃園市（40.53%）	中壢區（54.15%）、楊梅區（71.28%） 龍潭區（59.38%）、平鎮區（61.24%） 新屋區（85.87%）、觀音區（58.96%） 大園區（20.78%）、大溪區（29.65%）	8
新竹縣（73.56%）	竹北市（55.31%）、竹東鎮（90.24%） 新埔鎮（87.71%）、關西鎮（92.03%） 湖口鄉（80.81%）、新豐鄉（69.01%） 芎林鄉（88.28%）、橫山鄉（94.24%） 北埔鄉（93.26%）、寶山鄉（82.08%） 峨眉鄉（88.70%）	11

---

4 客家委員會於 2010 年依 2008 年全國客家人口調查公布 60 個鄉（鎮、市、區）為客家文化重點發展區；2011 年依《客家基本法》中客家人定義進行調查後，增列將桃園縣大園鄉（今桃園市大園區）、新竹市香山區、苗栗縣通霄鎮、台中市豐原區、南投縣水里鄉、雲林縣崙背鄉、高雄市甲仙區、花蓮縣壽豐鄉、光復鄉等 9 個鄉（鎮、市、區）為客家文化重點發展區；2017 年依 2016 年全國客家人口調查結果，新增桃園市大溪區為第 70 個客家文重點發展區。

續表 2-2

直轄市、縣（市）	鄉（鎮、市、區）及客家人口比例	小計
新竹市（34.54%）	東區（40.39%）、香山區（31.40%）	2
苗栗縣（64.27%）	苗栗市（89.74%）、竹南鎮（34.17%） 頭份市（79.04%）、卓蘭鎮（78.81%） 大湖鄉（89.87%）、公館鄉（88.96%） 銅鑼鄉（90.46%）、南庄鄉（79.15%） 頭屋鄉（91.11%）、三義鄉（76.06%） 西湖鄉（72.60%）、造橋鄉（82.93%） 三灣鄉（87.03%）、獅潭鄉（89.04%） 泰安鄉（74.43%）、通霄鎮（27.55%） 苑裡鎮（24.81%）、後龍鎮（28.05%）	18
台中市（17.58%）	東勢區（83.99%）、新社區（55.22%） 石岡區（70.46%）、和平區（46.67%） 豐原區（25.88%）	5
南投縣（15.20%）	國姓鄉（62.17%）、水里鄉（31.25%）	2
雲林縣（8.26%）	崙背鄉（36.62%）	1
高雄市（12.63%）	美濃區（91.35%）、六龜區（45.99%） 杉林區（62.75%）、甲仙區（45.36%）	4
屏東縣（25.31%）	長治鄉（45.46%）、麟洛鄉（79.96%） 高樹鄉（47.78%）、萬巒鄉（52.27%） 內埔鄉（67.12%）、竹田鄉（80.77%） 新埤鄉（59.30%）、佳冬鄉（44.26%）	8
花蓮縣（32.39%）	鳳林鎮（57.92%）、玉里鎮（45.33%） 吉安鄉（37.88%）、瑞穗鄉（44.18%） 富里鄉（53.51%）、壽豐鄉（41.22%） 花蓮市（28.14%）、光復鄉（28.15%）	8
台東縣（19.81%）	關山鎮（46.19%）、鹿野鄉（45.17%） 池上鄉（47.95%）	3
合計	11個直轄市、縣（市）、70個鄉（鎮、市、區）	

資料來源：客家委員會（2017）2016年全國客家人口暨語言基礎資料調查研究及客家委員會106年2月24日客會綜字第1060002892號公告發布

（小笠原欣幸，2020），然而，文獻裡很少明確提出加總層級的外省族群地理分布之測量方案。

　　本研究首次使用鄉鎮市區層級裡的眷村總數，是用來測量外省族群集中程度或人口比例的一個工具變量（Instrumental variable），由於眷村數量已不會增加，這個變量不會受選舉本身影響而導致統計內生性問題。本文參考婦聯會捐建軍眷住宅表（焦維城，1995：24-25），納入全台灣 889 個眷村的地理座標，依各鄉鎮市區的地理範圍累計該地區的眷村總數。

　　如前所述，對本書區位推論最大的威脅可能來自人口變遷。台灣人口的地理遷徙或出生與死亡等人口替代現象，可能會影響鄉鎮市區的人口結構與選民結構，我們假設人口移出地區的老化程度越高，會使得投票行為持續依賴過去的恩庇關係與宗族身分認同，而使得選舉結果比較穩定、不容易發生政黨輪替的事件，人口移入與年輕地區則相反。在老化指數上，係依縣市政府人口統計通報整理而成，即年齡在 65 歲以上人口除以 0-14 歲人口的百分比。

　　與前述人口遷徙議題類似地，有研究提出台灣的產業結構轉變可能與投票行為有關，在 2016 年以前一度出現北藍南綠、依賴出口導向的電子業與兩岸往來較頻繁的服務業，選民比較偏向國民黨陣營（林宗弘、胡克威，2011），而土地徵收的研究則發現，徵地越多與住宅與服務業用地擴張，會使該地區的選民更傾向國民黨（傅偉哲、林宗弘，2022），為此我們納入了鄉鎮市層級的製造業與服務業資本額總額加以控制，這兩個變量源自於經濟部統計處的公開資料。

　　針對以上的變量，我們將會把統計估計說明的重點放在《客家文化重點發展鄉鎮市區》的客家選民整體偏向，其他非客家族群分布、政治獻金、產業發展結構與世代等重要地理變量之統計結果，並非本研究探

討的關鍵變量，只會略加說明，主要是防範前述客家地區與其他社會經濟因素之間重疊而造成區位謬誤。

　　我們採用的第二類資料是候選人個人特質，在總統、地方首長與立法委員候選人的原始名單來自中選會的資料庫。除了客家鄉鎮對於藍綠得票的影響，候選人族群認同也是影響客家鄉鎮投票行為的重要因素，而過去相關研究聚焦兩種學術觀點。其一，是吳重禮（2003、2005）提出的族群政治賦權說，認為地方行政首長若屬客家籍，可使當地客家民眾，對地方政治產生認同，願意多加參與，並提升得票率；其二，是劉嘉薇（2019）提出的政治人物因素說，她經由訪談資料，指出政治人物號召客家族群支持政黨，在南部，尤其屏東六堆地區有相當影響力，譬如前屏東縣長邱連輝是屏東六堆客家鄉鎮轉向民進黨的關鍵推手。

　　鑑於有此兩種理論，同樣提出政治人物的個人族群身分，對得票、政黨版圖相當重要，我們有必要將候選人個人資料，如得票率、候選人性別、年齡等併入選區層級的資料庫。也就是說，該選區的候選人特徵的自變量，例如性別與族群身分，會出現在對該次投票結果的模型估計裡，並且有可能造成顯著影響。

　　本書資料處理上的另一貢獻是定義候選人的客家族群身分，係依行政院客家委員會於 2018 年頒布之《客家基本法》：「具有客家血緣或客家淵源，且自我認同為客家人者。」認列。每個候選人的族群身分需要具體資料來源和編碼操作，本研究係使用聯合報的《聯合知識庫──全文報紙資料庫》[5]，將前述三類選舉的每一位候選人姓名＋客家這兩個關

5　讀者可以參考《聯合知識庫──全文報紙資料庫》網頁 https://udndata.com/ndapp/Index。

鍵字，放入資料庫搜尋，並摘錄相關新聞，之後經人工判讀，如果新聞報導裡出現描述候選人自我認同為客家人的相關內容，即將之編碼為1，反之則編碼0為不具有客家人身分認同者；而中國各省市、台灣原住民的候選人族群身分，亦採相同編碼操作，惟族群身分不清楚，新聞未提及其特定身分認同者，我們便預設編碼為主要多數族群的台灣閩南人。

　　本書據此進一步整理區域立委、縣市長候選人的族群背景，如下列表2-3～表2-9與分縣市區域的附表。以下依據各縣市曾經參選的候選人，分區說明之。

（一）區域立委選舉裡的客家候選人，2008~2020

1. 屏東縣立委候選人

　　根據我們的追蹤研究，屏東縣可能是台灣最早、發生過最多次政黨輪替的縣市之一。在屏東縣，民進黨於2008、2012年，曾兩度提名客家候選人，前縣長邱連輝的女婿李世斌參與立委選舉，惟兩次選舉均敗於國民黨閩南族群的王進士；而國民黨則在2020年立委選戰中，提名客家候選人葉壽山，雖同樣選舉失利，但競爭者為民進黨「外省籍（廣東）」客家人鍾佳濱，換言之，兩黨在屏東縣區域立委層級，自2008年到2020年，均有推出客家政治人物，且選舉結果可謂互有勝負，但參考前一章圖1-5～圖1-7的得票率，整體而言，屏東縣的客家鄉鎮，仍較支持民進黨籍的候選人，而族群政治的影響力，或許在政黨偏好的主導下已經相對式微。

表 2-3：區域立委選舉客家候選人名冊（屏東縣）

選舉	縣市	族群身分	姓名	黨籍	參選年度
區域立委	屏東縣	台灣客家人	李世斌	民進黨	2008
區域立委	屏東縣	台灣客家人	李世斌	民進黨	2012
區域立委	屏東縣	台灣客家人	葉壽山	國民黨	2020

資料來源：本書研究整理

2. 新竹縣、市立委候選人

　　在新竹縣，過去縣市長選舉曾經發生過政黨輪替，但是在修改立委選舉制度與選區之後則無。民進黨在 2008-2020 年四次區域立委選舉中，共推出了 3 位客家候選人，然而均未能當選，其中 2008 年，民進黨未推出政黨候選人，2016 年，則選擇與在地的無黨籍候選人，與前縣長鄭永金合作；而 2016 年，民進黨兩位候選人分別是鄭永金之子，前民進黨發言人、客家部主任鄭朝方，以及從綠黨轉投民進黨，具環保運動背景的前新竹縣客家議員周江杰。

　　而新竹縣的國民黨候選人，近四次立委選舉中，共推出過 4 位候選人，4 位均成功當選：分別是 2008 年的邱鏡淳、2012 年的徐欣瑩、2016 年、2020 年的林為洲，2020 年因人口成長，而新劃第二選區的林思銘；至於無黨籍與其他政黨候選人，則反映了儘管新竹縣國民黨長期執政，具有優勢，但其組織基礎，仍和在地的宗親、派系政治勢力有所重疊，一旦新竹縣的國民黨內部產生分裂，部分宗親派系不滿中央的選舉提名，就會發生退出國民黨，或另以無黨籍參選的情況，如 2008 年的徐欣瑩和 2016 年的鄭永金，但仍屬泛藍黨派陣營。

　　至於新竹市的國民黨候選人，近四次立委選舉中，僅有 2008、2012 年參選的呂學樟是台灣客家人，而該候選人在 2016 年黨內初選失利，

敗於同黨台灣閩南族群的候選人鄭正鈐後，就未投入近兩屆新竹市區域
立委選舉。

表 2-4：區域立委選舉客家候選人（新竹縣市）

選舉	縣市	族群身分	姓名	黨籍	參選年度
區域立委	新竹縣	台灣客家人	林碩彥	其他政黨	2020
區域立委	新竹縣	台灣客家人	邱鏡淳	國民黨	2008
區域立委	新竹縣	台灣客家人	邱靖雅	其他政黨	2020
區域立委	新竹縣	台灣客家人	鄭朝方	民進黨	2020
區域立委	新竹縣	台灣客家人	鄭永金	無黨籍	2016
區域立委	新竹縣	台灣客家人	陳冠宇	其他政黨	2020
區域立委	新竹縣	台灣客家人	黃秀龍	無黨籍	2016
區域立委	新竹縣	台灣客家人	黃秀龍	無黨籍	2020
區域立委	新竹市	台灣客家人	呂學樟	國民黨	2008
區域立委	新竹市	台灣客家人	呂學樟	國民黨	2012

資料來源：本書研究整理

3. 苗栗縣立委候選人

　　在苗栗縣，過去四十年來從未發生過縣市長層級民進黨執政之政黨
輪替，但曾經出現過立委當選事件。不過民進黨在 2008-2020 年四次區
域立委選舉中，先後推出了 5 位客家候選人，均未能當選，其中 2008
年，詹運喜代表民進黨於苗栗第二選區參選，2012 年則提名楊長鎮在第
二選區競選，2016 年，則提名吳宜臻於苗栗第二選區參選；而 2020 年，
民進黨在苗栗第一、第二選區，均提名客家候選人，分別是第一選區的
羅貴星，及第二選區的徐定禎。

　　國民黨在苗栗縣近四次立委選舉中，共推出過 3 位客家候選人，除

脫黨競選，但仍保有黨籍的何智輝外，徐志榮、徐耀昌均成功當選：2008 年徐耀昌，自親民黨重返國民黨，出戰苗縣第二選區，與何智輝、詹運喜等競逐第二選區立委席位，並成功勝選，且連任 2012 年苗縣第二選區立委；2016 年，徐志榮代表國民黨出戰苗縣第二選區，成功勝選，並在 2020 年獲連任。至於無黨籍和其他政黨，雖前後有曾經 15 人加入苗栗縣第一、二選區的立委選舉，但相比兩黨和地方派系的合縱連橫，難以對選情產生衝擊。

表 2-5：區域立委選舉客家候選人名冊（苗栗縣）

選舉	縣市	族群身分	姓名	黨籍	參選年度
區域立委	苗栗縣	台灣客家人	溫俊勇	無黨籍	2020
區域立委	苗栗縣	台灣客家人	何智輝	國民黨	2008
區域立委	苗栗縣	台灣客家人	劉文忠	其他政黨	2016
區域立委	苗栗縣	台灣客家人	吳宜臻	民進黨	2016
區域立委	苗栗縣	台灣客家人	周書涵	無黨籍	2016
區域立委	苗栗縣	台灣客家人	徐定禎	民進黨	2020
區域立委	苗栗縣	台灣客家人	徐志榮	國民黨	2016
區域立委	苗栗縣	台灣客家人	徐志榮	國民黨	2020
區域立委	苗栗縣	台灣客家人	徐耀昌	國民黨	2008
區域立委	苗栗縣	台灣客家人	徐耀昌	國民黨	2012
區域立委	苗栗縣	台灣客家人	戴文祥	無黨籍	2016
區域立委	苗栗縣	台灣客家人	曾國良	無黨籍	2020
區域立委	苗栗縣	台灣客家人	曾宛菁	其他政黨	2020
區域立委	苗栗縣	台灣客家人	朱哲成	其他政黨	2020
區域立委	苗栗縣	台灣客家人	朱英濠	無黨籍	2020

續表 2-5

選舉	縣市	族群身分	姓名	黨籍	參選年度
區域立委	苗栗縣	台灣客家人	李朝雄	其他政黨	2012
區域立委	苗栗縣	台灣客家人	林一方	其他政黨	2016
區域立委	苗栗縣	台灣客家人	林名哲	其他政黨	2020
區域立委	苗栗縣	台灣客家人	林昱同	其他政黨	2020
區域立委	苗栗縣	台灣客家人	楊長鎮	民進黨	2012
區域立委	苗栗縣	台灣客家人	羅貴星	民進黨	2020
區域立委	苗栗縣	台灣客家人	詹運喜	民進黨	2008
區域立委	苗栗縣	台灣客家人	鍾林芷綸	其他政黨	2020
區域立委	苗栗縣	台灣客家人	黃玉燕	無黨籍	2012
區域立委	苗栗縣	台灣客家人	黃玉燕	無黨籍	2016

資料來源：本書研究整理

4. 花蓮縣立委候選人

在花蓮縣的選舉史上從未出現過民進黨縣長，立委選舉則有過一位民進黨籍的蕭美琴當選。過去 12 年的區域立委選舉，僅有一位客家候選人傅崐萁，然而他僅在 2008 年代表國民黨出戰立委選舉，2009 年後，他轉投入縣市長選舉，並以無黨籍身分勝選 2009 年縣市長，擊敗當年度國民黨提名候選人杜麗華；2014 又以無黨籍身分，大勝國民黨提名縣市長候選人蔡啟塔，2020 年，又在花蓮縣，擊敗國民黨籍候選人黃啟嘉和民進黨籍候選人蕭美琴，概言之，傅崐萁派系在花蓮縣的政治實力，甚至大過藍綠兩黨。目前，傅崐萁又重返國民黨。

表 2-6：區域立委選舉客家候選人名冊（花蓮縣）

選舉	縣市	族群身分	姓名	黨籍	參選年度
區域立委	花蓮縣	台灣客家人	傅崐萁	國民黨	2008
區域立委	花蓮縣	台灣客家人	傅崐萁	無黨籍	2020

資料來源：本書研究整理

5. 桃園市立委候選人

　　在桃園市過去的地方選舉史上，縣市長曾有兩黨輪替且立委選舉各有勝負。民進黨在 2008-2020 年四次區域立委選舉中，共推出 5 位客家候選人，其中 2 位當選立委，2008 年，彭添富代表民進黨於舊桃園縣第三選區參選，2016 年，則提名陳賴素美於桃園市第二選區參選並當選；而 2020 年，民進黨在桃園市第二、第三、第五選區，均提名客家候選人，分別是第二選區，接替陳賴素美競選並順利當選的黃世杰，及第三選區的彭俊豪，以及第五選區的蔣絜安。

　　而國民黨在桃園市近四次立委選舉中，共推出過 2 位客家候選人，分別是自 2012 年起，在桃園市第五選區，連任三屆的呂玉玲，以及 2008 年於第三選區當選、2020 年於第二選區落選的前桃園市市長吳志揚。

表 2-7：區域立委選舉客家候選人名冊（桃園市）

選舉	縣市	族群身分	姓名	黨籍	參選年度
區域立委	桃園市	台灣客家人	吳志揚	國民黨	2008
區域立委	桃園市	台灣客家人	吳志揚	國民黨	2020
區域立委	桃園市	台灣客家人	呂玉玲	國民黨	2012
區域立委	桃園市	台灣客家人	呂玉玲	國民黨	2016
區域立委	桃園市	台灣客家人	呂玉玲	國民黨	2020

續表 2-7

選舉	縣市	族群身分	姓名	黨籍	參選年度
區域立委	桃園市	台灣客家人	彭俊豪	民進黨	2020
區域立委	桃園市	台灣客家人	彭添富	民進黨	2008
區域立委	桃園市	台灣客家人	蔣絜安	民進黨	2020
區域立委	桃園市	台灣客家人	陳賴素美	民進黨	2016
區域立委	桃園市	台灣客家人	黃世杰	民進黨	2020

資料來源：本書研究整理

6. 台北市立委候選人

台北市的客家政治，仍不脫蕭新煌、黃世明（2001）劃歸的「客家族群被隱性化」情形，近 12 年來，唯一一位曾經強調客家身分的候選人，只有民進黨 2020 年於第六選區推出的謝佩芬，但此區並非客家鄉鎮市區。

7. 高雄市立委候選人

在高雄市，民進黨在 2008-2020 年四次區域立委選舉中，共推出了 3 位客家候選人，均順利當選，其中 2008 年，管碧玲代表民進黨於高雄市第二選區參選，2012 年，高雄縣市合併，管碧玲於第五選區參選，並於 2016 年再次連任立委；邱志偉則於 2012 年起，連續三屆在第二選區獲民進黨提名，並順利連任；邱議瑩則是 2012 年、2016 年兩度於高雄市一選區，代表民進黨競選，並獲連任。

表 2-8：區域立委選舉客家候選人名冊（台北市、高雄市）

選舉	縣市	族群身分	姓名	黨籍	參選年度
區域立委	台北市	台灣客家人	謝佩芬	民進黨	2020

續表 2-8

選舉	縣市	族群身分	姓名	黨籍	參選年度
區域立委	高雄市	台灣客家人	管碧玲	民進黨	2008
區域立委	高雄市	台灣客家人	管碧玲	民進黨	2012
區域立委	高雄市	台灣客家人	管碧玲	民進黨	2016
區域立委	高雄市	台灣客家人	邱志偉	民進黨	2012
區域立委	高雄市	台灣客家人	邱志偉	民進黨	2016
區域立委	高雄市	台灣客家人	邱志偉	民進黨	2020
區域立委	高雄市	台灣客家人	邱議瑩	民進黨	2012
區域立委	高雄市	台灣客家人	邱議瑩	民進黨	2016
區域立委	高雄市	台灣客家人	邱議瑩	民進黨	2020

資料來源：本書研究整理

（二）縣市長選舉裡的客家候選人，2009~2018

　　縣市長選舉的候選人總數較少，可直接列於表 2-9 而不需分區說明。民進黨在 2009-2018 年一次縣市長、兩次直轄市既縣市長選舉中，共推出了 4 位客家候選人，然而均未能當選，其中 2009 年，民進黨於苗栗縣、新竹縣，分別推出縣長候選人楊長鎮、彭紹瑾；2014 年，民進黨於苗栗縣推出吳宜臻參選縣長；而 2018 年，民進黨於新竹縣，推出發言人、客家部主任鄭朝方參選縣長。

　　在 2009-2018 年的縣市長選舉中，國民黨共推出過 3 位客家縣市長候選人：在 2009 年新竹縣縣長候選人邱鏡淳、桃園市市長候選人吳志揚均順利當選；2014 年，桃園市提名吳志揚、新竹縣提名邱鏡淳、苗栗縣提名徐耀昌，只有吳志揚落選；2018 年，新竹縣提名楊文科、苗栗縣提名徐耀昌，均順利當選。

表 2-9：縣市長選舉客家候選人名冊

選舉	縣市	族群身分	姓名	黨籍	參選年度
縣市長選舉	新竹縣	台灣客家人	張碧琴	無黨籍	2009
縣市長選舉	新竹縣	台灣客家人	彭紹瑾	民進黨	2009
縣市長選舉	新竹縣	台灣客家人	徐欣瑩	其他政黨	2018
縣市長選舉	新竹縣	台灣客家人	曾錦祥	無黨籍	2009
縣市長選舉	新竹縣	台灣客家人	楊文科	國民黨	2018
縣市長選舉	新竹縣	台灣客家人	莊作兵	無黨籍	2014
縣市長選舉	新竹縣	台灣客家人	葉芳棟	無黨籍	2014
縣市長選舉	新竹縣	台灣客家人	葉芳棟	無黨籍	2018
縣市長選舉	新竹縣	台灣客家人	邱鏡淳	國民黨	2009
縣市長選舉	新竹縣	台灣客家人	邱鏡淳	國民黨	2014
縣市長選舉	新竹縣	台灣客家人	鄭朝方	民進黨	2018
縣市長選舉	新竹縣	台灣客家人	鄭永金	無黨籍	2014
縣市長選舉	桃園市	台灣客家人	吳富彤	其他政黨	2009
縣市長選舉	桃園市	台灣客家人	吳富彤	無黨籍	2018
縣市長選舉	桃園市	台灣客家人	吳志揚	國民黨	2009
縣市長選舉	桃園市	台灣客家人	吳志揚	國民黨	2014
縣市長選舉	花蓮縣	台灣客家人	傅崐萁	無黨籍	2009
縣市長選舉	花蓮縣	台灣客家人	傅崐萁	無黨籍	2014
縣市長選舉	苗栗縣	台灣客家人	吳宜臻	民進黨	2014
縣市長選舉	苗栗縣	台灣客家人	徐定禎	無黨籍	2018
縣市長選舉	苗栗縣	台灣客家人	徐耀昌	國民黨	2014

續表 2-9

選舉	縣市	族群身分	姓名	黨籍	參選年度
縣市長選舉	苗栗縣	台灣客家人	徐耀昌	國民黨	2018
縣市長選舉	苗栗縣	台灣客家人	曾國良	無黨籍	2014
縣市長選舉	苗栗縣	台灣客家人	楊長鎮	民進黨	2009
縣市長選舉	苗栗縣	台灣客家人	江明修	無黨籍	2014
縣市長選舉	苗栗縣	台灣客家人	陳淑芬	無黨籍	2014
縣市長選舉	苗栗縣	台灣客家人	黃玉燕	無黨籍	2018

資料來源：本書研究整理

　　而在無黨籍及其他政黨縣市長的客家候選人也不少，2009 年國民黨脫黨參選的新竹縣議長張碧琴、2014 年退黨參選的前縣長鄭永金，造成新竹縣藍營分裂投票，使兩屆國民黨縣長均以較低的得票率當選；在苗栗縣，原來以無黨籍參選的前頭份鎮長徐定禎也是縣市長選舉的有力競爭者；至於花蓮縣，在地派系實力強於國、民兩黨，親國民黨的無黨籍候選人傅崐萁，於 2009、2014 年順利連任縣長；此外 2018 年，前國民黨立委徐欣瑩，成立民國黨，加入新竹縣縣長選舉，也和國民黨、民進黨候選人在各鄉鎮選舉中具有競爭性。

　　簡言之，國、民兩黨對縣市長客籍候選人提名上，均比區域立委來得保守，僅有在客家人口占比最高的桃園市、新竹縣、苗栗縣，提名客家候選人。而部分無黨籍、其他政黨候選人，往往是派系頭人、在地方政治有實力者。這經常在選舉中，造成大黨分裂投票。更有甚者，無黨籍候選人，其派系在地實力，在國、民兩黨之上；如前花蓮縣長傅崐萁。這也意味著，在縣市長此一層級選情，地方派系與政黨政治的合縱連橫與交互作用，乃是不可忽視的重要因素。

最後，本書整理了候選人在該次選舉所獲得的政治獻金，來自監察院各區域立委、縣市長候選人申報之政治獻金資料；無論政治獻金總額可以帶來競選資源而勝選、或是存在所謂的「花車效應」（西瓜偎大邊效應），即企業與選民押注在看起來聲勢顯示當選機率偏高的一方，常識性的假設都是無論候選人出自哪個黨派或族群，政治獻金越多者，得票率會越高，這也是我們在候選人層次的控制變量，事實上，據此可以估計出客家與非客家候選人的政治獻金差異。由於政治獻金具有右側長尾分布的特性，也就是極少數候選人可能獲得較集中的大量資金，我們對此變量取自然對數調整，以避免長尾造成的統計偏誤。

三、國民黨與民進黨候選人相關資料的敘述統計

根據前述編碼後的客家變量，我們的統計分析將以兩黨提名候選人的特徵與區域特徵為自變量，選區表現也就是該候選人得票率為依變量，由於影響國民黨與民進黨候選人表現的因素與效果可能不同，本研究將國民黨與民進黨候選人的選區表現（得票率）視為兩種依變量，而非國、民兩黨的得票比例當成一個依變量，以免忽視無黨籍與小黨候選人的影響。而選區表現有立委與地方首長兩種層級，我們將其分為四個不同的敘述統計表來呈現與說明。

（一）民進黨、國民黨總統候選人的描述統計

表 2-10 是中國國民黨與民進黨的總統候選人的得票率與其他自變量的敘述統計表，在 2008 年到 2020 年間近期內共四次總統選舉中，四

次選舉乘以全國 368 個鄉鎮市區，等於會有 1,472 個鄉鎮市區得票率的追蹤（Panel）資料樣本，據此得到兩黨候選人與各項選區特徵的平均值、標準差、最大值與最小值。立委與地方首長選舉的候選人與選區資料，依據相同的邏輯來編製敘述統計表，但由於某些年度的選區，兩黨可能沒有提名候選人，因此未達到 1,472 個樣本。

表 2-10：總統選舉兩黨候選人得票率描述統計

變項名稱	樣本數	平均值	標準差	最小值	最大值
總統中國國民黨得票率	1,472	46.70	17.71	14.84	97.08
總統民主進步黨得票率	1,472	48.16	16.35	2.92	78.10
客家鄉鎮(1/0)	1,472	0.19	0.39	0.00	1.00
眷村數	1,472	2.73	5.82	0.00	37.00
老化指數	1,472	139.01	93.46	0.00	696.84
製造業資本額對數	1,472	8.61	10.64	0.00	27.79
服務業資本額對數	1,472	8.71	10.71	0.00	28.61
20-29歲人口比例	1,472	14.29	1.90	7.80	21.11
30-39歲人口比例	1,472	15.22	1.78	8.91	26.48
40-49歲人口比例	1,472	15.59	1.27	12.17	22.87
50-59歲人口比例	1,472	14.87	2.01	8.60	21.68
60-65歲人口比例	1,472	4.60	1.33	1.26	8.47
65歲以上人口比例	1,472	14.84	4.72	5.14	30.79
縣市虛擬變項（參考項：彰化縣）					
屏東縣	1,472	0.09	0.29	0.00	1.00
新竹市	1,472	0.01	0.09	0.00	1.00
新竹縣	1,472	0.04	0.18	0.00	1.00
苗栗縣	1,472	0.05	0.22	0.00	1.00

續表 2-10

縣市虛擬變項（參考項：彰化縣）					
花蓮縣	1,472	0.04	0.18	0.00	1.00
桃園市	1,472	0.04	0.18	0.00	1.00
台中市	1,472	0.08	0.27	0.00	1.00
高雄市	1,472	0.10	0.30	0.00	1.00
澎湖縣	1,472	0.02	0.13	0.00	1.00
台北市	1,472	0.03	0.18	0.00	1.00
台南市	1,472	0.10	0.30	0.00	1.00
台東縣	1,472	0.04	0.20	0.00	1.00
連江縣	1,472	0.01	0.10	0.00	1.00
金門縣	1,472	0.02	0.13	0.00	1.00
雲林縣	1,472	0.05	0.23	0.00	1.00
嘉義市	1,472	0.01	0.07	0.00	1.00
嘉義縣	1,472	0.05	0.22	0.00	1.00
基隆市	1,472	0.02	0.14	0.00	1.00
宜蘭縣	1,472	0.03	0.18	0.00	1.00
南投縣	1,472	0.04	0.18	0.00	1.00
新北市	1,472	0.08	0.27	0.00	1.00
桃園市、台中市、高雄市、新竹縣市（虛擬變項）	1,472	0.26	0.44	0	1
苗栗縣、花蓮縣（虛擬變項）	1,472	0.08	0.28	0	1
屏東縣客家鄉鎮（政黨競爭）	1,472	0.02	0.15	0	1
桃中高竹竹客家鄉鎮（虛擬變項：轉型客家）	1,472	0.08	0.27	0	1
苗花客家鄉鎮（虛擬變項：派系主導）	1,472	0.07	0.26	0	1

續表 2-10

年度虛擬變項（參考項：2008年）				
2012	1,472	0.25	0.43	0	1
2016	1,472	0.25	0.43	0	1
2020	1,472	0.25	0.43	0	1

資料來源：本書研究整理

　　根據表 2-10 的敘述統計，在 2008 年到 2012 年間，國民黨總統候選人，在各鄉鎮市區，平均得票率是 46.70%；同一時期裡，民進黨總統候選人，在各鄉鎮市區，平均得票率是 48.16%。在族群區域分布的變項上，全國鄉鎮市區中，19% 為客家鄉鎮；每一個鄉鎮市區平均有 2.73 座眷村。在各鄉鎮市區內，企業製造業資本額對數，平均為 8.61 個單位；服務業資本額，平均為 8.71 個單位。而區域的世代人口比例上，各鄉鎮市區 20-29 歲人口比例平均為 14.29%，30-39 歲人口比例平均為 15.22%，40-49 歲人口比例平均為 15.59%，50-59 歲人口比例平均為 14.87%，60-65 歲人口比例平均為 4.60%，65 歲以上人口比例平均為 14.84%。

　　至於縣市的虛擬變項，我們也計算出平均值，反映了該縣市的鄉鎮市區個數，其占總樣本的比例，而在年度虛擬變項上，平均值同樣反映得票率樣本數所在年度，占總樣本數的比例，其數值並無特別意涵。

（二）民進黨立委候選人特徵與表現的描述統計

　　民進黨在 2008 年到 2020 年共四次區域立委選舉中，共提名了 168 名立委候選人，有些選區並未提名，而區域立委選區平均包含 8.119 個

鄉鎮市區，這個追蹤數據可以轉換為以人為單位的結構、也可以轉換為以鄉鎮市區為單位的結構，本書採用的做法是後者，也就是每個立委平均有八個以上的得票率結果，有些是客家選區、有些不是客家選區，故鄉鎮市區層級的區域立委得票率樣本數，為 8.119 乘以 168，等於 1364 個樣本。

表 2-11：民進黨立委候選人得票率描述統計

變項名稱	樣本數	平均值	標準差	最小值	最大值
民進黨候選人得票率	1,364	0.46	0.15	0.00	0.84
生理男性	1,364	0.77		0.00	1.00
候選人族群中國各省市	1,364	0.03		0.00	1.00
候選人族群台灣客家人	1,364	0.13		0.00	1.00
候選人族群台灣閩南人	1,364	0.85		0.00	1.00
國民黨對手得票率	1,242	0.43	0.14	0.03	0.85
國民黨對手族群中國各省市	1,364	0.04		0.00	1.00
國民黨對手族群台灣客家人	1,364	0.09		0.00	1.00
國民黨對手族群台灣閩南人	1,364	0.78		0.00	1.00
總統民主進步黨得票率	1,364	44.77	21.08	0.00	78.10
候選人年紀	1,364	50.18	7.94	28.00	77.00
候選人年紀平方	1,364	2581.28	802.55	784.00	5929.00
客家鄉鎮	1,364	0.11		0.00	1.00
眷村數	1,364	1.28	4.44	0.00	37.00
政治獻金對數	1,364	15.87	2.52	0.00	17.76
製造業資本額對數	1,364	11.01	11.07	0.00	27.79
服務業資本額對數	1,364	11.08	11.09	0.00	28.61
20-29歲人口比例	1,364	14.28	1.88	7.80	21.11

續表 2-11

30-39歲人口比例	1,364	15.25	1.74	9.38	22.17
40-49歲人口比例	1,364	15.60	1.24	12.17	22.87
50-59歲人口比例	1,364	14.87	1.94	9.23	21.68
60-65歲人口比例	1,364	4.58	1.32	1.26	8.47
65歲以上人口比例	1,364	14.81	4.74	5.14	30.79
縣市虛擬變項					
彰化縣	1,364	0.08		0.00	1.00
屏東縣	1,364	0.08		0.00	1.00
桃園市	1,364	0.04		0.00	1.00
台中市	1,364	0.07		0.00	1.00
高雄市	1,364	0.12		0.00	1.00
新竹市	1,364	0.01		0.00	1.00
新竹縣	1,364	0.02		0.00	1.00
苗栗縣	1,364	0.05		0.00	1.00
花蓮縣	1,364	0.04		0.00	1.00
澎湖縣	1,364	0.02		0.00	1.00
台北市	1,364	0.03		0.00	1.00
台南市	1,364	0.11		0.00	1.00
台東縣	1,364	0.04		0.00	1.00
連江縣	1,364	0.06		0.00	1.00
金門縣	1,364	0.01		0.00	1.00
雲林縣	1,364	0.05		0.00	1.00
嘉義市	1,364	0.02		0.00	1.00
嘉義縣	1,364	0.04		0.00	1.00
基隆市	1,364	0.03		0.00	1.00
宜蘭縣	1,364	0.09		0.00	1.00

續表 2-11

縣市虛擬變項					
南投縣	1,364	0.25		0.00	1.00
新北市	1,364	0.09		0.00	1.00
地區虛擬變項					
桃園市、台中市、高雄市、新竹縣市（虛擬變項）	1,364	0.25		0.00	1.00
苗栗縣、花蓮縣（虛擬變項）	1,364	0.09		0.00	1.00
屏東縣客家鄉鎮（政黨競爭）	1,364	0.01		0.00	1.00
桃中高竹竹客家鄉鎮（虛擬變項：轉型客家）	1,364	0.03		0.00	1.00
苗花客家鄉鎮（虛擬變項：派系主導）	1,364	0.06		0.00	1.00
年度虛擬變項					
2008年	1,364	0.25		0.00	1.00
2012年	1,364	0.27		0.00	1.00
2016年	1,364	0.24		0.00	1.00
2020年	1,364	0.24		0.00	1.00

資料來源：本書研究整理

　　根據表 2-11，民進黨區域立委候選人，在各鄉鎮市區，平均得票率是 46%，標準差為 15%，最大值 84%，最小值低於 1%；提名的區域立委中，77% 屬於生理男性；候選人族群身分，則是 3% 中國各省市、13% 台灣客家人、85% 台灣閩南人；而候選人選區內，如果有國民黨籍的對手，該對手的得票率，平均為 43%，標準差 14%，最小值為於 3%，最大值 85%；至於國民黨對手族群身分，則是 4% 中國各省市、9% 台灣客家人、78% 台灣閩南人；候選人年紀部分，民進黨區域立委候選

人平均年紀為 50 歲，近 12 年來最年輕的區域立委候選人歲數是 28 歲，最高齡則是 77 歲。此外，民進黨總統候選人得票率，平均是 44.77%。

在族群區域分布的變項上，民進黨區域立委候選人競選的鄉鎮市區中，11% 為客家鄉鎮；每個鄉鎮市區平均有 1.28 座眷村。

在政治獻金這個變量的處理上，捐獻給立委候選人的政治獻金，依據候選人所得的金額對鄉鎮市區編碼，在幾個鄉鎮市區裡的同一候選人即為同一金額，各鄉鎮市區平均值為 15.87 個對數單位；而各鄉鎮市區內，企業製造業資本額對數平均為 11.01 個單位的政治獻金；服務業資本額平均為 11.08 個單位。

在區域的世代人口比例上，各鄉鎮市區 20-29 歲人口比例平均為 14.28%，30-39 歲人口比例平均為 15.25%，40-49 歲人口比例平均為 15.60%，50-59 歲人口比例平均為 14.87%，60-65 歲人口比例平均為 4.58%，65 歲以上人口比例平均為 14.81%。

至於區域立委候選人的縣市虛擬變項，平均值反映了該縣市候選人人數，乘以選區鄉鎮數的樣本，占總樣本的比例：以嘉義市民進黨籍候選人為例，2008-2020 年，該市候選人樣本比例占總樣本約為 2%。

其餘縣市的民進黨得票率樣本，則可參見上表 2-11 較詳細的數據。

（三）國民黨立委候選人特徵與表現的描述統計

在 2008 年到 2020 年共四次區域立委選舉中，國民黨提名了 177 名立委候選人，而區域立委選區平均包含 8.22 個鄉鎮市區，故鄉鎮市區層級的區域立委得票率樣本數，為 8.22 乘以 177，共 1455 個樣本。由於國民黨提名候選人之選區數量多於民進黨之選區數量，使得兩黨得票率樣本數不一致，因此必須另外表列。

表 2-12：區域立委──國民黨候選人樣本描述統計

變項名稱	樣本數	平均值	標準差	最小值	最大值
民進黨候選人得票率	1,455	0.44	0.14	0.03	0.96
候選人生理男性	1,455	0.73		0.00	1.00
候選人族群中國各省市	1,455	0.07		0.00	1.00
候選人族群台灣客家人	1,455	0.09		0.00	1.00
候選人族群台灣閩南人	1,455	0.83		0.00	1.00
國民黨對手得票率	1,254	0.46	0.16	0.01	0.84
國民黨對手族群中國各省市	1,455	0.04		0.00	1.00
國民黨對手族群台灣客家人	1,455	0.12		0.00	1.00
國民黨對手族群台灣閩南人	1,455	0.70		0.00	1.00
總統民主進步黨得票率	1,455	41.96	21.56	0.00	97.08
候選人年紀	1,455	51.43	9.35	27.00	72.00
候選人年紀平方	1,455	2732.16	937.77	729.00	5184.00
客家鄉鎮	1,455	0.12		0.00	1.00
眷村數	1,455	1.21	4.35	0.00	37.00
政治獻金對數	1,455	15.51	3.56	0.00	17.85
製造業資本額對數	1,455	10.46	11.03	0.00	27.79
服務業資本額對數	1,455	10.54	11.07	0.00	28.61
20-29歲人口比例	1,455	14.24	1.90	7.80	21.11
30-39歲人口比例	1,455	15.27	1.79	8.91	26.48
40-49歲人口比例	1,455	15.60	1.26	12.17	22.87
50-59歲人口比例	1,455	14.90	1.98	8.60	21.68
60-65歲人口比例	1,455	4.62	1.31	1.26	8.47
65歲以上人口比例	1,455	14.75	4.71	5.14	30.79

續表 2-12

縣市虛擬變項					
彰化縣	1,455	0.07		0	1
屏東縣	1,455	0.08		0.00	1.00
桃園市	1,455	0.04		0.00	1.00
台中市	1,455	0.07		0.00	1.00
高雄市	1,455	0.11		0.00	1.00
新竹市	1,455	0.01		0.00	1.00
新竹縣	1,455	0.04		0.00	1.00
苗栗縣	1,455	0.06		0.00	1.00
花蓮縣	1,455	0.04		0.00	1.00
澎湖縣	1,455	0.01		0.00	1.00
台北市	1,455	0.04		0.00	1.00
台南市	1,455	0.09		0.00	1.00
台東縣	1,455	0.04		0.00	1.00
連江縣	1,455	0.01		0.00	1.00
金門縣	1,455	0.02		0.00	1.00
雲林縣	1,455	0.05		0.00	1.00
嘉義市	1,455	0.01		0.00	1.00
嘉義縣	1,455	0.04		0.00	1.00
基隆市	1,455	0.02		0.00	1.00
宜蘭縣	1,455	0.03		0.00	1.00
南投縣	1,455	0.03		0.00	1.00
新北市	1,455	0.09		0.00	1.00
地區虛擬變項					
桃園市、台中市、高雄市、新竹縣市（虛擬變項）	1,455	0.27		0.00	1.00

續表2-12

地區虛擬變項					
苗栗縣、花蓮縣（虛擬變項）	1,455	0.09		0.00	1.00
屏東縣客家鄉鎮（政黨競爭）	1,455	0.01		0.00	1.00
桃中高竹竹客家鄉鎮（虛擬變項：轉型客家）	1,455	0.04		0.00	1.00
苗花客家鄉鎮（虛擬變項：派系主導）	1,455	0.07		0.00	1.00
年度虛擬變項					
2008年	1,455	0.24		0.00	1.00
2012年	1,455	0.25		0.00	1.00
2016年	1,455	0.26		0.00	1.00
2020年	1,455	0.25		0.00	1.00

資料來源：本書研究整理

　　根據表 2-12，國民黨區域立委候選人，在各鄉鎮市區，平均得票率是 44%,；提名的區域立委中，73% 屬於生理男性；候選人族群身分，則是 7% 中國各省市、9% 台灣客家人、83% 台灣閩南人；而候選人選區內，如果有民進黨籍的對手，該對手的得票率，平均為 46%,；至於民進黨對手族群身分，則是 4% 中國各省市、12% 台灣客家人、70% 台灣閩南人；候選人年紀部分，國民黨區域立委候選人平均年紀為 51 歲，近 12 年來最年輕的區域立委候選人歲數是 27 歲，最高齡則是 72 歲，此外，中國國民黨總統候選人得票率平均是 41.96%。

　　國民黨區域立委候選人競選的鄉鎮市區，12% 為客家鄉鎮；每一個鄉鎮市區平均有 1.21 座眷村。捐獻給立委候選人的各鄉鎮市區之政治獻金平均值為 15.51 個對數單位；而各鄉鎮市區內，企業製造業資本額對

數平均為 10.46 個單位；服務業資本額對數平均為 10.53 個單位。區域的世代人口比例與前表 2-11 相當類似。至於區域立委候選人的縣市虛擬變項或年度虛擬變項，平均值反映其占總樣本數的比例，並無特別意涵。

（四）民進黨地方首長候選人特徵與表現的描述統計

在 2009 年到 2018 年共四次直轄市暨縣市長（本書有時簡稱為地方首長）選舉中，民進黨共提名了 55 名地方首長候選人，而地方首長選區平均包含 18.218 個鄉鎮市區，故鄉鎮市區層級的區域縣市長得票率樣本數，為 18.218 乘以 55，等於 1,002 個樣本。

表 2-13：直轄市暨縣市長——民進黨候選人樣本描述統計

變項名稱	樣本數	平均值	標準差	最小值	最大值
民進黨候選人得票率	1,002	0.49	0.14	0.07	0.81
生理男性	1,002	0.79		0.00	1.00
候選人族群中國各省市	1,002	0.04		0.00	1.00
候選人族群台灣客家人	1,002	0.06		0.00	1.00
候選人族群台灣閩南人	1,002	0.89		0.00	1.00
國民黨對手得票率	1,002	0.45	0.14	0.14	0.92
國民黨對手族群中國各省市	1,002	0.22		0.00	1.00
國民黨對手族群台灣客家人	1,002	0.07		0.00	1.00
國民黨對手族群台灣閩南人	1,002	0.71		0.00	1.00
總統民主進步黨得票率	1,002	54.99	6.89	38.00	71.00
候選人年紀	1,002	3070.81	764.35	1444.00	5041.00
候選人年紀平方	1,002	0.16		0.00	1.00

續表 2-13

變項名稱	樣本數	平均值	標準差	最小值	最大值
客家鄉鎮	1,002	2.63	5.71	0.00	37.00
眷村數	1,002	13.50	7.37	0.00	18.79
政治獻金對數	1,002	21.29	3.89	0.00	27.80
製造業資本額對數	1,002	21.50	3.50	0.00	28.67
服務業資本額對數	1,002	14.25	1.72	8.60	21.55
20-29歲人口比例	1,002	15.41	1.70	9.58	22.42
30-39歲人口比例	1,002	15.58	1.20	12.38	19.95
40-49歲人口比例	1,002	15.07	1.71	9.16	21.58
50-59歲人口比例	1,002	4.62	1.13	1.83	7.82
60-65歲人口比例	1,002	14.59	4.48	5.47	28.91
65歲以上人口比例	1,455	14.75	4.71	5.14	30.79
縣市虛擬變項					
彰化縣	1,002	0.08		0.00	1.00
屏東縣	1,002	0.10		0.00	1.00
桃園市	1,002	0.04		0.00	1.00
台中市	1,002	0.09		0.00	1.00
高雄市	1,002	0.11		0.00	1.00
新竹市	1,002	0.01		0.00	1.00
新竹縣	1,002	0.03		0.00	1.00
苗栗縣	1,002	0.04		0.00	1.00
花蓮縣	1,002	0.01		0.00	1.00
澎湖縣	1,002	0.02		0.00	1.00
縣市虛擬變項					
台北市	1,002	0.02		0.00	1.00
台南市	1,002	0.11		0.00	1.00

續表 2-13

縣市虛擬變項					
台東縣	1,002	0.05		0.00	1.00
連江縣	1,002	0.00		0.00	0.00
金門縣	1,002	0.00		0.00	0.00
雲林縣	1,002	0.06		0.00	1.00
嘉義市	1,002	0.01		0.00	1.00
嘉義縣	1,002	0.05		0.00	1.00
基隆市	1,002	0.02		0.00	1.00
宜蘭縣	1,002	0.04		0.00	1.00
南投縣	1,002	0.04		0.00	1.00
新北市	1,002	0.09		0.00	1.00
地區虛擬變項					
桃園市、台中市、高雄市、新竹縣市（虛擬變項）	1,002	0.27		0.00	1.00
苗栗縣、花蓮縣（虛擬變項）	1,002	0.05		0.00	1.00
屏東縣客家鄉鎮（政黨競爭）	1,002	0.02		0.00	1.00
桃中高竹竹客家鄉鎮（虛擬變項：轉型客家）	1,002	0.07		0.00	1.00
苗花客家鄉鎮（虛擬變項：派系主導）	1,002	0.04		0.00	1.00
年度虛擬變項					
2008年	1,002	0.34		0	1
2012年	1,002	0.32		0	1
2016年	1,002	0.34		0	1
2020年	1,455	0.25		0.00	1.00

資料來源：本書研究整理

　　根據表 2-13，民進黨地方首長候選人，在各鄉鎮市區，平均得票率是 49%；提名的縣市長中，79% 屬於生理男性；候選人族群身分，則是 4% 中國各省市、6% 台灣客家人、89% 台灣閩南人；而候選人選區內，如果有國民黨籍的對手，該對手的得票率，平均為 45%；國民黨對手的族群身分，則是 22% 來自中國各省市、7% 台灣客家人、71% 台灣閩南人；候選人年紀部分，民進黨地方首長候選人平均年紀為 55 歲。

　　在族群區域分布的變項上，民進黨地方首長候選人競選的鄉鎮市區中，16% 為客家鄉鎮；每一個鄉鎮市區平均有 2.63 座眷村。各鄉鎮市區平均捐獻給地方首長候選人 13.50 個對數單位的政治獻金；而各鄉鎮市區內，企業製造業資本額對數，平均為 21.29 個單位；服務業資本額對數，平均為 21.50 個單位。區域的世代人口比例，各鄉鎮市區 20-29 歲人口比例平均為 14.25%，30-39 歲人口比例平均為 15.41%，40-49 歲人口比例平均為 15.58%，50-59 歲人口比例平均為 15.07%，60-65 歲人口比例平均為 4.62%，65 歲以上人口比例平均為 14.59%。至於地方首長候選人的虛擬變項與年度虛擬變項，平均值反映所在縣市與年度占總樣本比例，其數值並無特別意涵。

（五）國民黨縣市長候選人特徵與表現的描述統計

　　在 2009 年到 2018 年共四次地方首長選舉中，國民黨提名了 68 名地方首長候選人，而地方首長選區平均包含 16.308 個鄉鎮市區，故鄉鎮市區層級的地方首長得票率樣本數，為 16.308 乘以 68，共 1,109 個樣本。相對於民進黨較常在少數地方首長提名上缺席，國民黨的候選人數量較多，也擴大其得票率的總樣本數，等於是另一個追蹤資料，因此無法用同一張表來顯示數據的平均值。

表 2-14：直轄市暨縣市長——國民黨候選人樣本描述統計

變項名稱	樣本數	平均值	標準差	最小值	最大值
國民黨候選人得票率	1,109	0.45	0.14	0.12	0.92
候選人生理男性	1,109	0.78		0.00	1.00
候選人族群中國各省市	1,109	0.23		0.00	1.00
候選人族群台灣客家人	1,109	0.09		0.00	1.00
候選人族群台灣閩南人	1,109	0.68		0.00	1.00
民進黨對手得票率	1,002	0.49	0.14	0.07	0.81
民進黨對手族群中國各省市	1,109	0.04		0.00	1.00
民進黨對手族群台灣客家人	1,109	0.06		0.00	1.00
民進黨對手族群台灣閩南人	1,109	0.81		0.00	1.00
候選人年紀	1,109	55.94	6.45	37.00	67.00
候選人年紀平方	1,109	3170.70	717.39	1369.00	4489.00
客家鄉鎮	1,109	0.19		0.00	1.00
眷村數	1,109	2.61	5.75	0.00	37.00
政治獻金對數	1,109	13.74	7.04	0.00	18.71
製造業資本額對數	1,109	21.08	4.21	0.00	27.80
服務業資本額對數	1,109	21.36	3.68	0.00	28.67
20-29歲人口比例	1,109	14.26	1.78	7.43	21.55
30-39歲人口比例	1,109	15.42	1.72	9.58	22.42
40-49歲人口比例	1,109	15.60	1.26	12.38	23.21
50-59歲人口比例	1,109	15.13	1.76	8.36	21.58
60-65歲人口比例	1,109	4.64	1.14	1.83	7.82
65歲以上人口比例	1,109	14.51	4.50	5.47	28.91

續表 2-14

縣市虛擬變項					
彰化縣	1,109	0.07		0.00	1.00
屏東縣	1,109	0.09		0.00	1.00
桃園市	1,109	0.04		0.00	1.00
台中市	1,109	0.08		0.00	1.00
高雄市	1,109	0.10		0.00	1.00
新竹市	1,109	0.01		0.00	1.00
新竹縣	1,109	0.04		0.00	1.00
苗栗縣	1,109	0.05		0.00	1.00
花蓮縣	1,109	0.04		0.00	1.00
澎湖縣	1,109	0.02		0.00	1.00
台北市	1,109	0.03		0.00	1.00
台南市	1,109	0.10		0.00	1.00
台東縣	1,109	0.04		0.00	1.00
連江縣	1,109	0.02		0.00	1.00
金門縣	1,109	0.02		0.00	1.00
雲林縣	1,109	0.05		0.00	1.00
嘉義市	1,109	0.01		0.00	1.00
嘉義縣	1,109	0.05		0.00	1.00
基隆市	1,109	0.02		0.00	1.00
宜蘭縣	1,109	0.03		0.00	1.00
南投縣	1,109	0.04		0.00	1.00
新北市	1,109	0.08		0.00	1.00
地區虛擬變項					
桃園市、台中市、高雄市、新竹縣市（虛擬變項）	1,109	0.26		0.00	1.00

續表 2-14

地區虛擬變項					
苗栗縣、花蓮縣（虛擬變項）	1,109	0.08		0.00	1.00
屏東縣客家鄉鎮（政黨競爭）	1,109	0.02		0.00	1.00
桃中高竹竹客家鄉鎮（虛擬變項：轉型客家）	1,109	0.08		0.00	1.00
苗花客家鄉鎮（虛擬變項：派系主導）	1,109	0.07		0.00	1.00
年度虛擬變項					
2009 / 2010年	1,109	0.33		0	1
2014年	1,109	0.33		0	1
2018年	1,109	0.33		0	1

資料來源：本書研究整理

　　根據表 2-14，國民黨地方首長候選人，在各鄉鎮市區平均得票率是 45%，提名的縣市長中，78% 屬於生理男性；候選人族群身分，則是 23% 中國各省市、9% 台灣客家人、68% 台灣閩南人；而候選人選區內，如果有民進黨籍的對手，該對手的得票率，平均為 49%；至於民進黨對手族群身分，則是 4% 中國各省市、6% 台灣客家人、89% 台灣閩南人；候選人年紀部分，國民黨地方首長候選人平均年紀為 55.94 歲。

　　在族群區域分布上，國民黨地方首長候選人競選的鄉鎮市區中，19% 為客家鄉鎮；每一個鄉鎮市區平均有 2.61 座眷村。在政治獻金對數上，各鄉鎮市區平均捐獻給地方首長候選人 13.74 個對數單位的政治獻金；而各鄉鎮市區企業製造業資本額對數平均為 21.08 個單位；服務業資本額對數平均為 21.36 個單位。區域的世代人口比例及其他變量與前表 2-13 差異不大，不再重複說明。

四、量化研究的缺陷與質化研究的互補

本章我們詳細說明了本書的研究方法，包括選舉資料庫與其他資料合併的數據處理，將影響民進黨與國民黨選情的依變量區分為總統選舉、立法委員與地方首長三個層次，特別是後兩者當中有不少客家身分的候選人，以資與非客家候選人互相比較，並且依據台灣現實當中的黨派政治情況，區分為國民黨籍候選人得票率與民進黨籍候選人得票率，之所以做此區分，主要是因為國、民兩黨未必在每次選舉的每個選區裡都有提名人選，這導致雙方統計數據遺漏與估計時，可能出現因少數選區掛零所造成的偏誤。例如，民進黨或國民黨在某次選舉禮讓或支持某個選區的無黨籍候選人時，會使該選區的民進黨或國民黨得票率掛零，如此應該讓該次樣本自然流失為好。此一策略會導致國民黨或民進黨的選舉結果樣本數不一致，我們因此選擇將國、民兩黨的得票率分開估計為兩個模型，如此一來，總統、立委與地方首長這三種選舉就會得到六個依變量。

資料的品質和完整程度會影響統計結果。讀者可以看出，本書逐步進行個別候選人整理族群背景與人口地理因素時，發現許多數據處理上的疑難雜症，因此不厭其煩地反覆說明，以及地方首長與立法委員選舉提名策略的有趣差異。例如，相對於兩黨對立法委員的提名人選族群背景比例比較接近各族群的人口分布，兩黨在地方首長提名候選人的比例上，呈現了較強烈的族群偏好，即國民黨候選人外省籍的超高比例、與民進黨候選人當中閩南人的較高比例。這也顯示將地方首長與立法委員得票率結果分開來估計，才是比較合理的研究分析策略。在下一章，我們將著重在民進黨區域立委得票率、國民黨區域立委得票率、民進黨地方首長得票率、國民黨地方首長得票率等，這四個模型的統計估計進行

結果的分析說明與延伸討論，並鋪陳在三種客家政治模式的不同顯著結果。

　　值得說明的是，本書在研究設計之初，便是採取量化研究與質化研究同步進行與互補的多元整合研究方法，研究團隊互相分享量化研究結果與質化研究田野調查、團隊成員通常都會參與、旁聽深度訪談，從客家政治菁英的經驗去歸納與理解客家選區「三分天下」的現象，而非一般量化研究者從數據分析倒推原因，質化研究的資料則是依據客家各地區政治差異，邀請關鍵的政治菁英擔任受訪者，以找出客家族群參與地方政治、改變藍綠局勢的政治機會結構與關鍵機制，屬於客家政治菁英的立意抽樣與深度訪談法，據此連結到第四章之後對客家三種地方政治模式的說明。雖然受訪者多半願意具名提供客家族群的從政經驗，為符合研究倫理的規範，本書的受訪者採匿名並且以英文字母 A、B、C 等順序編號，其背景經歷一覽表如表 2-15 所示。

表 2-15：受訪者一覽表

編號	背景、經歷	訪談時間	訪談地點	備註
A	屏東縣中央級民意代表、行政機關主管	2021.1.21	中央研究院	
B	屏東縣行政機關主管	2021.3.9	中央研究院	受訪者均為客家籍。
C	桃園市中央級民意代表	2020.11.18	受訪者自宅（桃園市）	
D	記者、文史工作者	2021.3.9	中央研究院	
E	台中市行政機關主管	2022.3.4	中央大學	

資料來源：本書繪製

　　最後，質量並用法經常採取有次序的研究設計，然後進行循環分析，本研究大致上是採取先量後質，局部融合，質量並重的研究方式（黃紀，2012），首先確認三分天下類型、與族群政治平權機制的選舉統計結果，其次回溯該地區的客家政治歷史變遷與重要人物、事件的影響，進行追蹤訪談，最後有助於形塑我們從派系到政黨政治的民主轉型理論與推論，力圖整合量化與質化資料，也相當有信心地認為，讀者們最後會接受我們整合後的證據與結論。

第 3 章

三分天下
歷年總統、立委與地方首長選舉結果的分析

一、前言

　　本書採質量並用的綜合研究方法，本章先描述量化方法與統計分析結果，從第 4 章起提供質化研究成果作為佐證。如前一章對資料庫與變量的說明，旨在分析候選人個人族群身分、生理性別、年齡，對於選民投票的影響力。同時，輔以結構性的鄉鎮市區資料，控制歷次選舉的整體政治與經濟環境；透過兩層次的實證資料，本章力圖在既有的客家政治發展類型化研究成果上（蕭新煌、黃世明，2001），推陳出新，分析台灣客家選區政治模式近年來的變遷軌跡。

　　首先在第一節，我們使用中央選舉委員會的投票結果追蹤數據，本章會先依描述統計圖，說明當前台灣鄉鎮市區選民對國民黨與民進黨兩個主要政黨的投票偏好類型，呈現客家文化重點發展區域（以下稱客家鄉鎮）與非客家區域的差異與相同之處；其次，在推論統計部分，本章會透過客家政治發展的三種模式，進一步編碼出類型虛擬變項，加入推論統計迴歸模型，俾以檢視客家鄉鎮偏好投給國民黨、或北藍南綠與族

群賦權理論的假說，在客家選民投票行為變動與新三分法的地區分類下，是否已經遭到挑戰。

　　本章第二節將說明設計統計模型的基本構想、在方法上採取線性迴歸模型最小二乘法的數據特徵與模型設計的依據，並順著兩大黨在總統、區域立委、地方首長選舉中的六個得票率，分別納入客家政治發展的三個模式，以縣市虛擬變量來劃分三個地區，以檢視地方派系與族群分布對選舉得票的影響。

　　第三節將呈現推論統計的完整模型估計，控制各縣市的區域虛擬變項，以檢視候選人族群身分、年齡、性別等社會因素，以及客家鄉鎮、眷村數等區域因素，對於總統選舉、立委選舉與地方首長選舉得票率的效果為何，特別是將三種客家政治模式，以及該三模式及客家鄉鎮的交互作用放進自變量，以量化模型說明三類客家政治模式的存在與內部分化情況。

　　我們用屏東縣代表台灣客家政治模式的第一類。屏東縣近年來均由民進黨執政，而且地方首長是以閩南人為多數，然而其中的客家選民比閩南選民更為深綠，顛覆一般認為客家選民或選區偏藍的想像。這個「政黨競爭」類型有助於我們打破客家選區政治立場偏藍的迷思，但屏東縣仍與高雄市的客家政治動向不同，因此屏東模式也挑戰了以往過度簡化的「北藍南綠」之說。

　　客家政治第二個模式是「轉型客家」，這個模式包括桃園市、台中市與高雄市這三個近年來升格的直轄市，除了桃園市以外客家族群屬於少數，在這三都雖然民進黨客家選票稍有落後，但客家選票已經不再一面倒向藍營，隨著三都的經濟發展與年輕世代移入，我們預期客家鄉鎮將會影響國、民兩黨的勝負。

　　第三個政治類型是「派系主導」的客家政治模式。在這個類型裡，

該縣市由於經濟邊緣化與年輕人口外流，穩定的傳統宗族與地方派系根深蒂固，對派系頭人的個人恩庇關係強，政治人物脫黨參選，在泛藍黨派或無黨籍之間遊走，仍能獲得選民支持。穩定派系的地方統治，與全台灣相比起來政治變化滯後。在苗栗縣，全縣均為客家鄉鎮，至於花蓮縣，客家鄉鎮固然沒有特別偏藍，但是要改變該地區由派系政治與宗族認同所構成的恩侍關係，相當不易。

　　在這三種分類中，新竹縣市可能是未來值得關注的模糊地帶。客家人比例不低的新竹市，曾經歷過多次藍綠政黨輪替，已經偏向「轉型客家」區域；而在新竹縣，雖然統計證據顯示此地藍營長期執政，表面上類似於苗栗與花蓮的「派系主導」，其實與非客家鄉鎮相比，當地客家選民並不特別偏向藍營，而且隨著竹北發展或縣市合併，我們也預期新竹縣會逐漸走向「轉型客家」。

　　在第四節，為了檢視前述中央選舉委員會得票率資料，與個體層次數據之間結果是否一致，引進了中央研究院社會學研究所同一期間的台灣社會變遷調查，進行四大族群的民主意向與政治態度分析。結果發現，加總層級資料與社會調查資料有相當不錯的一致性，減少了加總層級資料區位謬誤的疑慮。此外，我們也藉由社會調查資料檢視了對客家選民政治偏好的一些刻板印象。[6] 最後，我們列表比較中央選舉委員會鄉鎮市區得票率追蹤資料與台灣社會變遷調查的異同，結果顯示客家選民轉型與三分天下的觀點，得到這兩份資料的支持。

6　這個部分曾經以林宗弘、蕭新煌、周錦宏，〈轉型中的客家族群政治：台灣社會變遷調查的分析，2010-2020〉，發表於 2022 年人口學會的年度研討會。

二、全國與客家政治變化趨勢的比較

在第 1 章我們提出了客家政治的變化趨勢，已經不太能用客家族群比較支持泛藍陣營或國民黨，或北藍南綠來概括。我們在本節將仔細回顧 1996 年以來的總統選舉、區域立委選舉與縣市長選舉裡，客家選區與非客家選區之間的差異與變化，從以下的描述統計來看，除了大致上仍有北藍南綠的差異外，多數選區明顯出現邁向「轉型客家」的趨勢。

（一）總統選舉裡的客家選區變化

以下用圖示來顯示國民黨與民進黨歷年來的得票率折線圖，藍色代表國民黨得票率、綠色代表民進黨得票率、虛線為對照組的全國得票率，實線則是客家鄉鎮的平均值。如圖 3-1 所示，自 1996 年首次總統民主直選起，國民黨的全國得票率分別是 1996 年 54%、2000 年 23.10%、2004 年 49.91%、2008 年 58.45%、2012 年 51.6%、2016 年 31.04%、2020 年 38.61%；而民進黨總統的全國得票率，則分別是 1996 年 21.13%、2000 年 39.30%、2004 年 50.09%、2008 年 41.55%、2012 年 45.63%、2016 年 56.12%、2020 年 57.13%。如日本學者小笠原欣幸（2020）所言，藍綠雙方的得票率消長與台灣意識的逐步擴張，以及急於統一與期待獨立的兩極勢力無法吸引足夠選民有關。

客家鄉鎮的國、民兩黨總統候選人得票率是否呈現了同步的變化，是這段時期值得關注的趨勢。國民黨在客家鄉鎮的得票率為 1996 年 61.99%、2000 年 22.50%、2004 年 56.27%、2008 年 66.03%、2012 年 58.44%、2016 年 34.81%、2020 年 44.12%，除了兩千年國民黨與親民黨分裂，與 2016 年國民黨總統候選人半途換人所造成的衝擊之外，國

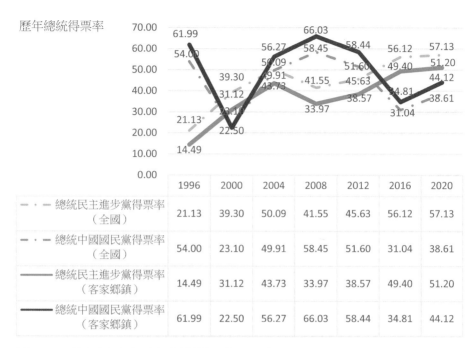

歷年總統得票率	1996	2000	2004	2008	2012	2016	2020
— · — 總統民主進步黨得票率（全國）	21.13	39.30	50.09	41.55	45.63	56.12	57.13
— · — 總統中國國民黨得票率（全國）	54.00	23.10	49.91	58.45	51.60	31.04	38.61
—— 總統民主進步黨得票率（客家鄉鎮）	14.49	31.12	43.73	33.97	38.57	49.40	51.20
—— 總統中國國民黨得票率（客家鄉鎮）	61.99	22.50	56.27	66.03	58.44	34.81	44.12

圖 3-1：歷年國民黨與民進黨總統候選人得票率，1996-2020
資料來源：本書參考中央選舉委員會資料繪製

民黨總統候選人在客家鄉鎮仍有基本盤四成以上的表現。客家鄉鎮投給民進黨總統候選人的得票率，則是 1996 年 14.49%、2000 年 31.12%、2004 年 43.73%、2008 年 33.97%、2012 年 38.57%、2016 年 49.40%、2020 年 51.20%，雖有起伏，但整體來說綠營的得票率逐漸穩定上揚。

　　從以上得票率變化可以發現，七次總統大選中，民進黨在客家鄉鎮於 2000 年、2016 年、2020 年取得領先，其中 2000 年得益於宋楚瑜參選，藍營分裂，但泛藍的得票率，無論全國還是客家鄉鎮，都勝過民進黨；在 2004 年，民進黨以 0.19% 的微幅得票率差距勝選，且客家鄉鎮中，國民黨得票率領先 12.55%；然而到了 2016 年、2020 年兩次總統選

舉，民進黨均在客家鄉鎮以將近過半且超過國民黨的得票率而勝選。由此可以發現，無論是全國或客家鄉鎮，民進黨已經翻轉相對於國民黨基本盤的長期劣勢，挑戰客家選民偏藍的刻板印象。

依據前述藍綠得票趨勢變化，2016 年之前，國民黨在客家鄉鎮的總統選舉得票率，明顯優於民進黨；2016 年之後，全國藍綠選情翻轉，客家鄉鎮也非死忠支持國民黨，投票傾向基本和全國的得票變化一致，這讓民進黨於 2016 年、2020 年，分別於客家鄉鎮取得了 14.59%、7.08% 的得票率優勢。

顯然在總統大選層級，資料並未顯示國民黨在客家鄉鎮始終具有優勢。當 2016 年以後，全國藍綠得票率發生翻轉時，國民黨於客家鄉鎮的原有派系政治實力，受衝擊程度與全國趨勢一致。雖然先前國民黨有較強的基本盤，但變化幅度與全國結果相近，光靠以前的基本盤依然無法扭轉藍綠得票變動的趨勢。

（二）立委選舉裡的客家選區變化

一般認為，總統大選比較依賴全國政黨的動員力，而立法委員選舉雖然受到總統選情牽動，卻相對有賴於地方政治工程與派系動員的基本盤。就這一差別來看，民進黨籍候選人在立法委員層級的平均得票率應該會下降，國民黨候選人的得票率優勢會相對提升。但是，根據前述的全國政治變遷趨勢，客家鄉鎮的選情應該也會有綠營逐步成長與藍營震盪下滑的變化，以至於原來綠營優勢的客家區域變成深綠，某些國民黨選情衰退的區域，落入藍綠互有勝負的「轉型客家」類型。

圖 3-2 顯示了區域立委選舉的客家鄉鎮選情變化趨勢。自 1995 年起，國民黨區域立委的全國得票率分別是 1995 年 53.24%、1998 年

53.24%、2001 年 33.99%、2004 年 35.47%、2008 年 56.03%、2012 年 46.72%、2016 年 38.67%、2020 年 41.97%；而民進黨區域立委的全國得票率，則分別是 1995 年 31.46%、1998 年 26.60%、2001 年 32.12%、2004 年 35.01%、2008 年 39.66%、2012 年 46.74%、2016 年 54.25%、2020 年 48.25%。與前述總統大選的趨勢類似，即國民黨震盪下滑、民進黨逐漸成長到近半數選民支持，但是兩黨立委的得票率略低於總統候選人得票率。

　　至於客家鄉鎮的區域立委選情，國民黨一方的歷年得票率分別為 1995 年 56.92%、1998 年 52.69%、2001 年 35.16%、2004 年 37.52%、2008 年 65.74%、2012 年 51.96%、2016 年 42.98%、2020 年 43.54%；

歷年區域立委得票率	1995	1998	2001	2004	2008	2012	2016	2020
年度	1995	1998	2001	2004	2008	2012	2016	2020
- - 區域立委民主進步黨得票率（全國）	31.46	26.60	32.12	35.01	39.66	46.74	54.25	48.25
— — 區域立委中國國民黨得票率（全國）	53.24	53.24	33.99	35.47	56.03	46.72	38.67	41.97
— — 區域立委民主進步黨得票率（客家鄉鎮）	31.77	22.33	27.63	33.33	33.95	39.43	47.05	41.20
— — 區域立委中國國民黨得票率（客家鄉鎮）	56.92	52.69	35.16	37.52	65.74	51.96	42.98	43.54

圖 3-2：歷年國民黨與民進黨立委得票率，1995-2020
資料來源：本書參考中央選舉委員會資料繪製

民進黨的歷年得票率則是 1995 年 31.77%、1998 年 22.33%、2001 年 27.63%、2004 年 33.33%、2008 年 33.95%、2012 年 39.43%、2016 年 47.05%、2020 年 41.20%。在客家鄉鎮，國民黨的得票率通常比全國平均得票率略高 3% 到 5%；民進黨在客家鄉鎮得票率則比全國得票率約低 7%，也就是說，當民進黨在總統選情優勢超過五成時，客家鄉鎮就會成為高度競爭與兩黨勝負不確定的區域。

　　從以上得票率變化可以發現，八次區域立委選舉中，從 2012 年起，民進黨於全國的得票率，就曾以 0.02% 的幅度領先國民黨，2016 年、2020 年的優勢擴大至 15.57%、6.68%。而在客家鄉鎮，2016 年起，民進黨對國民黨得票率平均約有 4.07% 的優勢，雖然在 2020 年，國民黨又領先 2.34% 得票率，但整體而言，國民黨在區域立委的優勢幾不存在，即使是客家鄉鎮，國民黨領先幅度也相當微弱，勝負可能繫於地方提名策略與候選人特質等，可以人為操作的影響因素。

　　簡言之，在 1995 年到 2012 年間，國民黨確實在客家鄉鎮有相當的政治優勢，然而 2016 年起，全國藍綠實力翻盤，即使是客家鄉鎮，也隨全國的得票率波動起伏，並未始終支持國民黨，即便國民黨得票率在 2020 年又重新在客家地區居於領先，但已經使一大半的客家區域落入兩黨競逐的「轉型客家」範圍。

（三）縣市長選舉裡的客家選區變化

　　相對於總統大選與立法委員選舉，從 2009／2010 年起與中央選舉交錯的地方首長選情，似乎更受制於候選人本身的魅力與先前的地方政治版圖。相對於 2008 年，這段時期藍綠在地方上的競爭態勢翻轉，2018 年的韓國瑜旋風反而異於往常，算是對民進黨中央政府年金改革等

各種社會議題刺激，立基於「公投綁大選」與選務疏失的契機下，泛藍選民的一次民粹主義巨大浪潮，之後似乎快速退潮（林文正、林宗弘，2020、2022）。因此，2022 年底的九合一地方選舉，將是這股風潮是否衰退、以及民進黨能否在執政縣市建立地方政治優勢的重大考驗。

　　圖 3-3 顯示縣市長選舉的藍綠消長，此處應該特別說明的是，該圖與以下針對國、民兩黨的全國得票率所計算出來的比例，都不包括無黨籍的地方首長候選人或當選、連任者，例如台北市長柯文哲或花蓮

歷年縣市長得票率（2014年起與直轄市長合併計算）

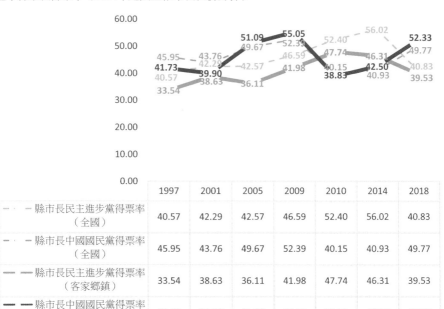

	1997	2001	2005	2009	2010	2014	2018
− − 縣市長民主進步黨得票率（全國）	40.57	42.29	42.57	46.59	52.40	56.02	40.83
− − 縣市長中國國民黨得票率（全國）	45.95	43.76	49.67	52.39	40.15	40.93	49.77
── 縣市長民主進步黨得票率（客家鄉鎮）	33.54	38.63	36.11	41.98	47.74	46.31	39.53
── 縣市長中國國民黨得票率（客家鄉鎮）	41.73	39.90	51.09	55.05	38.83	42.50	52.33

− − 縣市長民主進步黨得票率（全國）　　　− − 縣市長中國國民黨得票率（全國）
── 縣市長民主進步黨得票率（客家鄉鎮）　── 縣市長中國國民黨得票率（客家鄉鎮）

圖 3-3：歷年國民黨與民進黨地方首長得票率，1997-2018
資料來源：本書參考中央選舉委員會資料繪製

縣長傅崐萁等人，僅包括受到兩黨正式提名的候選人。自 1997 年起，國民黨在地方首長選舉的全國得票率分別是 1997 年 45.95%、2001 年 43.76%、2005 年 49.67%、2009 年 52.39%、2010 年 40.15%、2014 年 40.93%、2018 年 49.77%；而民進黨地方首長選舉的全國得票率，則分別是 1997 年 40.57%、2001 年 42.29%、2005 年 42.57%、2009 年 46.59%、2010 年 52.40%、2014 年 56.02%、2018 年 40.83%。而客家地區的國民黨地方首長候選人得票率，則是 1997 年 41.73%、2001 年 39.90%，2005 年 51.09%、2009 年 55.05%、2010 年 38.83%、2014 年 42.50%、2018 年 52.33%；民進黨的則分別是 1997 年 33.54%、2001 年 38.63%、2005 年 36.11%、2009 年 41.98%、2010 年 47.74%、2014 年 46.31%、2018 年 39.53%。若要說明整體選情趨勢，國民黨在 2009 年馬英九前總統與 2018 年前高雄市長韓國瑜兩位政治明星的聲勢影響下，兩度取得全國得票率優勢，民進黨則在 2010 年與 2014 年的九合一地方選戰裡兩度勝出，後者亦與太陽花運動有關，2018 年反而是民進黨二十年來地方首長選情的谷底。

從以上得票率變化可以發現，七次選區包含客家鄉鎮的地方首長選舉中，民進黨於全國僅有 2010、2014 年，以 8.91%、3.81% 的幅度領先國民黨，其餘年度均屬落後，尤其 2018 年的六都選舉，民進黨執政遭受批評失利，連執政二十年的高雄市都失守於國民黨民粹政治明星韓國瑜，使全國得票率不增反退，遜於國民黨 8.94%。在客家鄉鎮，國民黨的領先幅度擴大至 12.80%，顯見國民黨在客家鄉鎮地方首長的選舉仍有組織優勢，雖曾在 2010 年、2014 年兩次重要地方選舉失敗，2018 年國民黨大勝，顯示其於各縣市的地方派系政治實力，不容小覷，而在客家鄉鎮的地方首長選情領先幅度，尤為明顯。

簡言之，在 1997 年到 2018 年間，國民黨在客家鄉鎮的地方首長選

舉時有相當的政治優勢，然而藍綠的得票率消長和全國大致一致，即使是客家鄉鎮也並未始終支持國民黨。雖然國民黨在客家區域的地方首長選情優勢略為穩定，民進黨仍有 2010 年與 2014 年，兩度在全國客家鄉鎮得票率獲得勝利，有一定的競爭性。

（四）客家選區變化：以舊台中縣區為例

由於原台中縣區的選戰曾多次政黨輪替，最近又發生台中市第二選區的顏寬恆落選、陳柏惟被罷免，乃至於民進黨提名林靜儀醫師贏得補選的戲劇性事件，原台中縣區有相當範圍屬於客家文化重點發展區，我們以此一區域過去的選情來呈現客家鄉鎮選情與前述全國趨勢的同步性。如圖 3-4 所示，自 1996 年起，國民黨在舊台中縣，非客家鄉鎮的總

舊台中縣總統得票率

	1996	2000	2004	2008	2012	2016	2020
總統民主進步黨得票率（客家鄉鎮）	13.70	32.28	46.85	36.89	42.91	51.36	49.76
總統中國國民黨得票率（客家鄉鎮）	65.42	28.10	53.15	63.11	53.77	32.85	45.87
總統民主進步黨得票率	15.47	35.77	51.66	40.89	46.21	56.36	58.30
總統中國國民黨得票率	61.79	25.63	48.34	59.11	50.77	28.91	36.67

圖 3-4：國民黨與民進黨在原台中縣客家鄉鎮之總統選舉得票率，1996-2020
資料來源：本書參考中央選舉委員會資料繪製

統得票率，分別是 1996 年 61.79%、2000 年 25.63%、2004 年 48.34%、2008 年 59.11%、2012 年 50.77%、2016 年 28.91%、2020 年 36.67%；而民進黨於舊台中縣，非客家鄉鎮的總統得票率，則分別是 1996 年 15.47%、2000 年 35.77%、2004 年 51.66%、2008 年 40.89%、2012 年 46.21%、2016 年 56.36%、2020 年 58.30%。

在舊台中縣客家鄉鎮，國民黨總統候選人得票率為 1996 年 65.42%、2000 年 28.10%、2004 年 53.13%、2008 年 63.11%、2012 年 53.77 年、2016 年 32.85%、2020 年 45.87%；民進黨的則是 1996 年 13.70%、2000 年 32.28%、2004 年 46.85%、2008 年 36.89%、2012 年 42.91%、2016 年 51.36%、2020 年 49.76%。從圖上可以看出，舊台中縣區客家區域國民黨地方派系與全國政治明星帶來的優勢雖然明顯，在 2016 年與 2020 年仍由民進黨籍總統勝出。

值得一提的是，2000 年至 2004 年，首次政黨輪替時，舊台中縣的客家鄉鎮，不只總統選舉，連區域立委選舉也出現民進黨得票率大於國民黨的現象，或反映客家委員會當時有效的客家政策，贏得舊台中縣客家庄民心。然而，隨著 2008 年民進黨於總統、立委選舉失利，加之台中縣市合併後，政治格局重組，台中縣客家鄉鎮的總統、區域立委藍綠得票對比，仍是國民黨勝出，直到 2016 年才又出現綠大於藍的狀況。

自 1997 年起，國民黨地方首長選舉在舊台中縣非客家鄉鎮得票率，分別是 1997 年 54.60%、2001 年 51.91%、2005 年 59.58%、2009 年 49.54%、2014 年 41.26%、2018 年 55.28%；而民進黨地方首長的舊台中縣，非客家鄉鎮得票率則分別是 1997 年 34.89%、2001 年 38.07%、2005 年 38.85%、2009 年 50.46%、2014 年 58.74%、2018 年 43.54%。

地方首長在客家鄉鎮得票率，國民黨是 1997 年 60.69%、2001 年 52.89%、2005 年 64.15%、2009 年 52.51%、2014 年 46.82%、2018 年

圖 3-5：舊台中客家鄉鎮縣長選舉藍綠得票率
資料來源：本書參考中央選舉委員會資料繪製

60.39%；民進黨的則分別是 1997 年 32.79%、2001 年 39.74%、2005 年
34.33%、2009 年 47.49%、2014 年 53.18%、2018 年 38.44%。

　　從以上得票率變化可以發現，七次選區包含客家鄉鎮的舊台中地
方首長選舉中，民進黨僅有 2014 年在客家鄉鎮以 6.36%、非客家鄉鎮
17.47% 的幅度領先國民黨，2018 年的六都選舉，民進黨在全國各選區
均失利，得票率不增反退，國民黨地方派系結盟，在台中市班師回朝。
但整體而言，1997 年到 2018 年間，舊台中縣客家鄉鎮，國、民兩黨的
得票率消長，與非客家鄉鎮大致一致，最明顯的就是 2014 年的六都選
舉，即使是客家鄉鎮，民進黨的得票率依然領先國民黨。

　　自 1995 年起，國民黨在舊台中縣，非客家鄉鎮的區域立委
得票率，分別是 1995 年 62.00%、1998 年 53.55%、2001 年 33.32%、2004
年 37.84%、2008 年 55.78%、2012 年 49.38%、2016 年 41.04%、2020 年

31.20%；而民進黨於舊台中縣，非客家鄉鎮的區域立委得票率，則分別是1996 年 25.69%、1998 年 19.41%、2001 年 31.45%、2004 年 34.48%、2008年 39.38%、2012 年 44.83%、2016 年 53.82%、2020 年 65.34%。

在舊台中縣客家鄉鎮，國民黨的區域立委得票率則是 1995 年64.22%、1998 年 56.00%、2001 年 32.82%、2004 年 37.92%、2008 年67.78%、2012 年 47.33%、2016 年 54.03%、2020 年 64.88%；民進黨 的 則 是 1995 年 25.75%、1998 年 19.91%、2001 年 37.72%、2004 年29.57%、2008 年 未 推 出 人 選 0%、2012 年 37.47%、2016 年 44.00%、2020 年 33.26%。

值得一提的是，2001 年首次政黨輪替後的區域立委選舉，舊台中縣的客家鄉鎮出現民進黨的得票率大於國民黨得票率的現象。這或許反映了客委會當時的政策，有效贏得舊台中縣客家庄民心；但隨著 2008 年

圖3-6：舊台中客家鄉鎮立委選舉藍綠得票率
資料來源：本書參考中央選舉委員會資料繪製

民進黨在總統選舉失利，以及台中縣市合併後，政治格局重組，舊台中縣區域立委的國、民兩黨得票對比，就未能重現藍綠翻轉的態勢。無論客家或非客家鄉鎮，國民黨於舊台中縣區的區域立委選情仍有優勢，但遭到挑戰；民進黨候選人得票率則同時在客家鄉鎮與非客家區域緩步成長。在 2020 年陳柏惟挑戰顏寬恆成功後，顏寬恆動員罷免陳柏惟，但也顯示罷免票數的地方派系動員上限，隨後補選輸給林靜儀，但中二選區所包括的客家選民並不多，對鄰近中三、中八等客家選區的影響也有待觀察。據此評估，我們將台中市列入「轉型客家」的政治模式。

三、全國選舉的客家與非客家選區統計分析

根據前述的全國與地區變化趨勢，我們提出「政黨競爭」、「轉型客家」與「派系主導」三種客家政治地理分類，並依序對總統選舉結果、立委選舉結果與地方首長選舉結果，進行客家選區與三種分類的統計檢定。

（一）關於統計模型的說明

以下模型，使用中央選舉委員會公布的總統、區域立委、地方首長鄉鎮市區得票率做為依變量進行分析，年度自 2008 年至 2020 年止，使用模型為線性迴歸最小二乘法（Ordinary Least Squares）估計。

從資料性質來看，線性迴歸模型的依變項，是一常態分布的連續變量，譬如本章使用的選舉得票率，多數鄉鎮的候選人得票率，有一穩定集中的分布趨勢，數據偏度（skewness）低於 0.5，則分析時使用線性迴歸最小二乘法即為合情理之選。

　　而自變項上，本章的貢獻在於將客家政治發展三模式，作為虛擬變項納入模型，並加入候選人個人族群身分、主要競爭對手政黨、族群身分等因素，檢視族群動員投票的實證效果。另外，本文也將競選年度、各縣市，作為虛擬變項納入模型，故本章的模型亦可視為控制縣市、年度的二維固定效應模型（Two-Way Linear Fixed Effects Regression），而其他重要控制變項，包括劉嘉薇（2019）提出的候選人個人特質，如性別、年紀，會影響選民投票行為；以及陳陸輝、耿曙（2003）提出的產業發產變項，如製造業資本額對數、服務業資本額對數；此外，族群的地理空間分布，如客家鄉鎮、該鄉鎮的眷村數，以及總統大選對區域立委的連動效應，亦納入模型考量。

　　在具體的研究設計上，本章首先區分總統、區域立委、地方首長三類選舉；其後，將國內主要兩大政黨，民主進步黨、國民黨的得票率，作為模型的依變項；再則，將客家政治發展模式與縣市虛擬變項互為替代，模型分別控制客家政治發展三模式，即屏東縣、桃中高竹竹、苗花，檢驗三類型客家政治發展的實證效果，接著再替換加入縣市虛擬變項，檢視縣市劃分對選舉得票的影響。

　　在說明統計細節之前，概括以下結果：在總統選舉方面，民進黨在「政黨競爭」的屏東縣有明顯優勢，而且客家鄉鎮比閩南或原民鄉鎮更支持綠營；或者反過來說，顯著排斥藍營（受到對照組為彰化縣與本縣市裡無黨籍比例的影響，若是對綠營支持不顯著時，藍營會變成負向顯著），此一結果在三級選舉裡都適用。其次，在轉型客家區域，近年來隨著全國民意動向使綠營略有優勢，其中的客家鄉鎮與非客家鄉鎮的投票行為通常沒有顯著差異，此一結果在總統與地方首長選戰有統計顯著性，在立委選舉則不明顯。最後，在派系主導的苗栗縣與花蓮縣，藍營有明顯的長期選戰優勢，即便綠營在客家鄉鎮（與原民鄉鎮比較）並非

表現最糟，短期內恐怕難以翻轉舊有的派系版圖，這個統計結果在總統與地方首長的選情較為顯著，這兩類選舉通常兩黨都會提名，立委選情則仍有無黨籍，或綠營與無黨籍合作的操作空間，並非毫無勝算。

（二）總統選舉裡的客家選區藍綠得票比例

表 3-1A 以總統得票率為依變項，其中模型一到三，是民進黨的總統得票率，表 3-1B 的模型四到六是國民黨的總統得票率。

模型一和模型二的區別，在於模型一檢視三大區域是否有不同的投票傾向；而在模型二中，三類區域的政治發展，進一步控制客家族群的空間分布，意即三類型虛擬變項，與含括區域內的客家鄉鎮市區，交互作用，以檢視在地的客家政治發展；而在模型三，則把縣市虛擬變項加入，分析更細的縣市地理區位劃分，是否影響客家政治發展三模式的推論效果；而模型四至六，則是國民黨的總統得票率，區別和模型一至三類同。

表 3-1A：2008-2020民進黨總統得票率模型

依變項	模型一 民進黨總統得票率	模型二 民進黨總統得票率	模型三 民進黨總統得票率
年度（參考項 2008）			
2012年	3.664*	4.537**	2.427*
2016年	10.04***	11.58***	14.09***
2020年	7.018**	8.965***	10.83***
族群分布			
客家鄉鎮（1/0）	-4.965***	-9.122***	3.136***

續表 3-1A

依變項	模型一 民進黨總統得票率	模型二 民進黨總統得票率	模型三 民進黨總統得票率
眷村數	0.144*	0.122	0.0263
政治獻金			
政治獻金對數	-0.102	-0.110*	-0.0985*
產業發展			
製造業資本額對數	1.287***	1.400***	0.0305
服務業資本額對數	-1.227***	-1.337***	0.201
世代人口比例			
20-29歲人口比例	0.114	-0.0761	0.947***
30-39歲人口比例	1.703***	1.567***	1.374***
40-49歲人口比例	-0.903*	-0.979**	0.597*
50-59歲人口比例	-0.953**	-1.044**	-1.227***
60-65歲人口比例	0.669	0.0189	2.418***
65歲以上人口比例‹	1.987***	1.922***	1.466***
客家政治模式			
桃中高竹竹	3.520***	5.026***	
苗花	-15.67***	-25.09***	
屏東縣客家鄉鎮（1/0）		21.89***	
桃中高竹竹客家鄉鎮（1/0）		-1.990	
苗花客家鄉鎮（1/0）		15.12***	
縣市虛擬變項（參考項：彰化縣）			
屏東縣	4.139***	-0.215	0.482

續表 3-1A

依變項	模型一 民進黨總統得票率	模型二 民進黨總統得票率	模型三 民進黨總統得票率
桃園市			-1.978
台中市			1.165
高雄市			6.300***
新竹市			-4.158
新竹縣			-18.32***
苗栗縣			-19.18***
花蓮縣			-26.35***
澎湖縣			-6.761**
台北市			-5.489**
台南市			12.98***
台東縣			-23.00***
連江縣			-33.12***
金門縣			-34.94***
雲林縣			5.315***
嘉義市			6.625
嘉義縣			6.598***
基隆市			-5.496**
宜蘭縣			2.039
南投縣			-6.885***
新北市			1.948

續表 3-1A

依變項	模型一	模型二	模型三
	民進黨總統得票率	民進黨總統得票率	民進黨總統得票率
截距項	12.46	22.97	-16.39
N	1472	1472	1472
R^2	0.384	0.417	0.698
adj. R^2	0.377	0.409	0.691

t statistics in parentheses

*$p < 0.05$, **$p < 0.01$, ***$p < 0.001$

資料來源：本書研究整理

　　首先是年度部分，反映民進黨總統選舉得票率變化的模型一至三，均指出民進黨在 2008 年之後，得票率顯著向上提升，不受縣市虛擬變項影響；其次是族群分布，模型一、二指出客家鄉鎮明顯不支持民進黨（P-value ＜ 0.001），然而在模型三，進一步控制縣市層級的效果後，總統選舉的客家鄉鎮影響，顯示客家鄉鎮民進黨的支持度並不低，較其他非客家鄉鎮，多出 3.136 單位的得票率（P-value ＜ 0.001）。

　　其次，在產業發產的變項上，模型一至二，乍看顯示了民進黨在製造業活躍的地區得票率較高（P-value ＜ 0.001）；但進一步在模型三控制了縣市的區位劃分後，可以發現產業發展與得票率的關聯不清晰，產業結構和民進黨總統候選人得票率的關聯，或許更繫於國內不同地理區位的複雜政治經濟關聯與階級結構，而非單單受產業類型影響。

　　至於世代人口比例上，20-29 歲的世代，在模型一、二當中，乍看和民進黨的得票率關聯並不明顯，但控制縣市層級的虛擬變項後，

模型三顯示 20-29 歲人口比例每高 1%，民進黨得票率就增加 0.947%（P-value ＜ 0.001）。民進黨直到 49 歲以下的人口比例，都具有提升其總統得票率的優勢。

在關鍵的客家政治發展分類部分，總統選舉得票率模型恰恰顯示了三類地區的政治模式不同。模型一至二模型指出，民進黨在屏東縣客家鄉鎮的優勢相當明顯（P-value ＜ 0.001），但控制了縣市虛擬變項，意即將民進黨在屏東縣的得票率與參考組的彰化縣相比後，就會發現屏東縣整體雖然偏向投給民進黨總統，但優勢不明顯（0.05 ＜ P-value），真正的差異來自客家鄉鎮特別深綠。

在桃園、台中、高雄、新竹縣市則可以發現，此區的總統選舉得票率，模型一、二均指出，民進黨已經分別有 3.520、5.026 單位（%）的得票率優勢（0.001 ＜ P-value），但進一步控制客家鄉鎮與縣市的交互作用後就會發現，此地區的客家鄉鎮得票優勢略低，並未明顯倒向民進黨（0.05 ＜ P-value），而與整個選區沒有顯著差異。但離客家人傾向投藍的說法相去甚遠。在苗花地區，模型一至二顯示，民進黨處於相當劣勢，平均少非苗花地區 15.67 單位、25.09 單位（%）的得票率（P-value ＜ 0.001），而模型三則指出，苗栗縣與花蓮縣相較於彰化縣，民進黨總統得票率分別低了 19.18 單位、26.35 單位（%）。

但模型二的結果，將客家鄉鎮與縣市交互作用後可以發現，相較於其他鄉鎮市區，苗花客家鄉鎮反而更支持民進黨（從前數偏藍加回 15%），這或許反映縣市一級和鄉鎮市區一級的投票行為差異，主要是因為縣市層級受到原住民更偏國民黨或泛藍所致，相比之下，客家鄉鎮反而屬於相對淺藍的區域。

相較於民進黨在客家鄉鎮的得票率逐步提高，國民黨近十三年在客家鄉鎮的選票基礎卻流失嚴重。在模型三當中，客家鄉鎮相較非客家鄉

鎮，平均仍更為支持國民黨（P-value ＜ 0.001），但控制縣市層級的區域效果後卻發現，縣市的地理區位才是國民黨得票率領先的重要原因。

其次，模型四、五則顯示服務業活躍的鄉鎮，國民黨總統候選人得票率占優勢（P-value ＜ 0.001）；但在模型六控制了縣市後，可以發現產業發展與得票率的關聯不清晰，產業結構和國民黨總統候選人得票率的關聯，或繫於國內不同地理區位的政治經濟整體發展，而非產業類型直接起作用。

至於世代人口比例上，國民黨得票率與 20-29 歲人口比例的關聯，在模型四、模型五中並不清晰，可是一旦放入縣市層級的虛擬變項後，模型六指出，每增加 1% 的 20-29 歲人口比例，國民黨的得票率就下滑 0.851%（P-value ＜ 0.001）。在其他世代上，模型四至六中，國民黨除了 50-59 歲這組年齡層的得票率明顯勝過民進黨，其餘具投票權的年齡層，均無明確一致的偏好。

表 3-1B：2008-2020國民黨總統得票率模型

依變項	模型四	模型五	模型六
	國民黨總統得票率	國民黨總統得票率	國民黨總統得票率
年度（參考項 2008）			
2012年	-7.646***	-8.442***	-5.736***
2016年	-25.90***	-27.32***	-28.22***
2020年	-13.80***	-15.59***	-15.83***
族群分布			
客家鄉鎮（1/0）	4.183***	8.322***	-2.992***
眷村數	-0.122*	-0.101	-0.0130

續表 3-1B

依變項	模型四 國民黨總統得 票率	模型五 國民黨總統得 票率	模型六 國民黨總統得 票率
政治獻金			
政治獻金對數	0.105*	0.112*	0.108**
產業發展			
製造業資本額對數	-1.154***	-1.261***	-0.0936
服務業資本額對數	1.088**	1.192***	-0.116
世代人口比例			
20-29歲人口比例	-0.162	0.00899	-0.851**
30-39歲人口比例	-1.785***	-1.656***	-1.482***
40-49歲人口比例	1.061**	1.121**	-0.458
50-59歲人口比例	0.701*	0.790*	0.823**
60-65歲人口比例	0.439	1.020	-1.610*
65歲以上人口比例‹	-1.938***	-1.876***	-1.346***
客家政治模式			
桃中高竹竹	-3.342***	-4.717***	
苗花	15.28***	24.67***	
屏東縣客家鄉鎮（1/0）		-20.26***	
桃中高竹竹客家鄉鎮（1/0）		1.522	
苗花客家鄉鎮（1/0）		-15.09***	
縣市虛擬變項（參考項：彰化縣）			
屏東縣		-3.054	0.853
桃園市			2.544

續表 3-1B

依變項	模型四 國民黨總統得票率	模型五 國民黨總統得票率	模型六 國民黨總統得票率
台中市			-1.024
高雄市			-4.738***
新竹市			3.793
新竹縣			15.58***
苗栗縣			18.06***
花蓮縣			25.85***
澎湖縣			2.851
台北市			6.361***
台南市			-11.32***
台東縣			22.05***
連江縣			32.86***
金門縣			36.22***
雲林縣			-4.753***
嘉義市			-5.903
嘉義縣			-5.907***
基隆市			4.756*
宜蘭縣			-2.051
南投縣			6.268***
新北市			-0.663
截距項	86.47***	76.89***	114.7***
N	1472	1472	1472

續表 3-1B

依變項	模型四 國民黨總統得票率	模型五 國民黨總統得票率	模型六 國民黨總統得票率
R^2	0.526	0.549	0.761
adj. R^2	0.520	0.543	0.755

資料來源：本書研究整理

　　最後，在關鍵的客家政治發展分類部分，總統選舉模型恰恰顯示三類地區的發展模式不同。模型五指出，民進黨在屏東縣客家鄉鎮的優勢相當明顯（P-value ＜ 0.001），但控制了縣市虛擬變項，意即將民進黨在屏東縣的得票率與彰化縣相比後，就會發現屏東縣整體對兩黨總統候選人的偏好不明顯（0.05 ＜ P-value），但客家鄉鎮最不願意投票給國民黨。

　　而模型五的結果，將客家鄉鎮與縣市交互作用後可以發現，相較於其他鄉鎮市區，苗花客家鄉鎮反而降低國民黨 15% 的得票率，相對於原住民鄉鎮屬於較為淺藍的範圍，與全國平均得票率較為近似。這反映了縣市加總和鄉鎮市區投票行為差異，以及客家鄉鎮相對於深藍的原住民鄉鎮只能說是淺藍。

　　整體而言，近年民進黨爭取客家鄉鎮的選票，其實有長足進步，而鑑於苗栗縣、花蓮縣的國民黨支持率高於平均值 24.6%，在縣的層級派系頭人勢力仍根深蒂固，反倒是民進黨在客家鄉鎮得票率略有斬獲。不過在桃園市、台中市、高雄市、新竹縣、新竹市這一區域，總統選舉較不願意投給國民黨（少 4.7%），客家鄉鎮得票率雖然稍微偏藍，但已沒有統計上的顯著差異，明顯暴露此一「轉型客家」現象，對於未來兩黨的政治競爭前景有重大意義。

（三）立委選舉裡的客家候選人與客家選區藍綠得票比例

　　表 3-2A 以區域立委得票率為依變項，其中模型七到九，是民進黨的區域立委得票率，表 3-2B 的模型十到十二是國民黨的區域得票率。

　　模型七和模型八的區別，在於模型七檢視三大區域是否有不同投票傾向；而在模型八，三類區域的政治發展，則進一步控制客家族群的空間分布，意即三類型虛擬變項，與含括區域內的客家鄉鎮市區，交互作用，以檢視在地的客家政治發展和該區域的政治生態；模型九則加入縣市虛擬變項；模型十至十二，是國民黨的區域立委得票率，其設計和模型七至九類同。

表 3-2A：2008-2020民進黨區域立委得票率模型

依變項	模型七 民進黨候選人 得票率	模型八 民進黨候選人 得票率	模型九 民進黨候選人 得票率
候選人性別			
女性（1/0）	-0.0333***	0.0315***	0.0313***
候選人族群（參考項：台灣閩南人）			
中國各省市	0.00478	-0.0136	0.00884
台灣客家人	0.0130	-0.00723	-0.00673
對手得票率			
國民黨對手得票率	-0.102***	-0.0966***	-0.0200
對手族群（參考項：台灣閩南人）			
藍營對手中國各省市	0.116***	-0.148***	-0.0641***
藍營對手台灣客家人	0.147***	-0.0286	-0.0156
年齡			
候選人年紀	0.0182***	0.0181***	0.0121***

續表 3-2A

依變項	模型七 民進黨候選人 得票率	模型八 民進黨候選人 得票率	模型九 民進黨候選人 得票率
候選人年紀平方	-0.000177***	-0.000176***	-0.000120***
政治獻金			
政治獻金對數	0.00275*	0.00276*	-0.000492
年度（參考項2008）			
2012年	0.0349**	0.0325*	0.0500***
2016年	0.0560	0.0511	0.146***
2020年	0.00263	-0.00276	0.0900*
族群分布			
客家鄉鎮	-0.00484	-0.0496	0.00597
眷村數	-0.00215**	-0.00211**	-0.00151
產業發展			
製造業資本額對數	0.00483	0.00454	0.00236
服務業資本額對數	-0.00496	-0.00482	0.0000152
總統得票率			
民主進步黨得票率	0.00343***	0.00348***	0.00314***
世代人口比例			
20-29歲人口比例	0.00259	0.00258	0.00660
30-39歲人口比例	0.00236	0.00256	0.0000987
40-49歲人口比例	0.000415	0.000271	-0.00251
50-59歲人口比例	0.00955**	0.00962**	-0.000174
60-65歲人口比例	-0.0189*	-0.0184*	-0.0164
65歲以上人口比例‹	0.00558**	0.00553**	0.00615**

續表 3-2A

依變項	模型七 民進黨候選人 得票率	模型八 民進黨候選人 得票率	模型九 民進黨候選人 得票率
客家政治模式			
屏東縣客家鄉鎮		0.0897	
桃中高竹竹	0.00700	0.00375	
桃中高竹竹客家鄉鎮		0.0654	
苗花	-0.0707***	-0.0562**	
苗花客家鄉鎮		0.0212	
縣市虛擬變項（參考項：彰化縣）			
屏東縣	0.0123	0.00552	0.0974***
桃園市			0.0433
台中市			0.0706***
高雄市			0.102***
新竹市			0.0272
新竹縣			0.0153
苗栗縣			-0.0431
花蓮縣			-0.00389
澎湖縣			0.0942**
台北市			-0.00354
台南市			0.166***
台東縣			0.152***
連江縣			-0.0871
金門縣			-0.101*
雲林縣			0.0773***

續表 3-2A

依變項	模型七民進黨候選人得票率	模型八民進黨候選人得票率	模型九民進黨候選人得票率
嘉義市			0.0583
嘉義縣			0.105***
基隆市			0.0405
宜蘭縣			0.0617**
南投縣			0.00148
新北市			0.0369*
截距項	-0.513**	-0.337	-0.201
N	1242	1242	1242
R^2	0.523	0.525	0.600
adj. R^2	0.513	0.514	0.585

t statistics in parentheses

*$p < 0.05$, **$p < 0.01$, ***$p < 0.001$

資料來源：本書研究整理

　　針對前述的族群政治理論，客家人是否會投給客家人？在候選人個人族群身分對得票率的影響上，模型七顯示，民進黨候選人族群身分若是台灣客家人，比同黨台灣閩南籍的候選人，略提升 0.0130 的得票率單位（0.05 ＜ P-value），加入客家鄉鎮與客家政治發展模式的交互作用後，則略降低 0.00723 的得票率單位（0.05 ＜ P-value）；如果是中國各省市的候選人，模型七顯示會提升 0.00478 的得票率（0.05 ＜ P-value），

模型八則指出會略降 0.00723 單位的得票率；而模型九加入縣市的虛擬變項後顯示，無論是客家人或中國各省市，相對台灣閩南籍候選人的得票率，其族群動員效果均不顯著。這或許表明民進黨在立委選舉時，透過候選人族群認同而帶動族群動員投票的效果非常有限，受各縣市複雜的地緣、族群分布因素影響，使族群動員的效果在模型七至九均不顯著。此外，民進黨推出女性候選人的得票率似乎顯著較高，但是在控制地區差異後便不顯著。

至於對手得票率部分，模型七指出，民進黨提名區域立委候選人的鄉鎮市區若存在國民黨籍的對手，會影響其得票率，對手每增加一個單位得票率，則民進黨該區候選人得票率會降低 0.102 單位（P-value < 0.001），模型八將客家政治發展類型與在地客家鄉鎮交互作用後，則降低 0.0966 個單位（P-value < 0.001），而在模型九，國民黨對手降低民進黨得票的方向依舊一致，但將具體的縣市因素加入模型考量，則控制其他地緣與政治生態因素後，國民黨對手雖會壓縮民進黨的區域立委得票率 0.02 個單位（P-value < 0.001），但效果不明顯。

另外，民進黨總統候選人的得票率變化，也在鄉鎮層級對區域立委造成影響，模型七至九當中，顯示民進黨總統候選人的得票率每提升一單位，能連帶提升同黨區域立委候選人 0.00343、0.00348、0.00314 個單位的得票率（P-value < 0.001）。

至於世代人口比例上，20-49 歲的三個世代，在模型七到九當中，民進黨與國民黨區域立委的得票率關聯並不明顯，但從 50-59 歲這一組世代開始，模型七首先呈現 50-59 歲人口比例提升 1%，民進黨得票率就上升 0.00955、0.00962 個單位的情形（P-value < 0.01），但控制縣市層級的效果後，這一影響就轉為降低民進黨得票率 0.000174 單位，但不明顯（0.05 < P-value）。

　　至於國民黨區域立委得票率，估計結果為模型十至十二，呈現較強的族群動員效果，模型十、十一當中，國民黨候選人是台灣客家籍，比台灣閩南籍候選人能提升 0.0786、0.576 單位的得票率（P-value ＜ 0.001）。如果是中國各省市，則效果相對不一致，在模型十相比台灣閩南籍的候選人，提升 0.143（P-value ＜ 0.001），但加入客家政治發展與客家鄉鎮的交互作用後，則方向轉為降低 0.0773 的得票率（P-value ＜ 0.001），到了模型十二，進一步把縣市細分的虛擬變項放入，國民黨的中國各省市候選人，仍比台灣閩南人得票率低了 0.0633（P-value ＜ 0.001）。

表 3-2B：2008-2020 國民黨區域立委得票率模型

依變項	模型十 國民黨候選人 得票率	模型十一 國民黨候選人 得票率	模型十二 國民黨候選人 得票率
候選人性別			
女性（1/0）	-0.00679	0.00628	-0.00857
候選人族群（參考項：台灣閩南人）			
中國各省市	0.143***	-0.0773***	-0.0633**
台灣客家人	0.0786***	0.0576***	0.0897***
對手得票率			
民進黨對手得票率	-0.121***	-0.117***	-0.0637*
對手族群（參考項：台灣閩南人）			
綠營對手中國各省市	0.00182	-0.0352	-0.0245
綠營對手台灣客家人	0.0341	-0.0347**	-0.0267
年齡			
候選人年紀	-0.0166***	-0.0162***	-0.0191***
候選人年紀平方	0.000173***	0.000167***	0.000193***

續表 3-2B

依變項	模型十 國民黨候選人 得票率	模型十一 國民黨候選人 得票率	模型十二 國民黨候選人 得票率
政治獻金			
政治獻金對數	0.00404***	0.00364***	0.00432***
年度（參考項2008）			
2012年	-0.00291	-0.00340	-0.0146
2016年	0.0245	0.0213	-0.0226
2020年	0.0331	0.0293	0.00919
族群分布			
客家鄉鎮	0.0439**	0.00797	0.0401*
眷村數	-0.0000480	-0.000110	-0.000232
產業發展			
製造業資本額對數	0.00804*	0.00802*	0.0116**
服務業資本額對數	-0.00713	-0.00717	-0.0115**
總統得票率			
中國國民黨得票率	0.00265***	0.00268***	0.00246***
世代人口比例			
20-29歲人口比例	0.00575	0.00594	-0.00156
30-39歲人口比例	-0.000898	-0.00128	0.00182
40-49歲人口比例	-0.00243	-0.00180	-0.0000807
50-59歲人口比例	0.00864*	0.00827*	0.0156***
60-65歲人口比例	-0.0471***	-0.0452***	-0.0473***
65歲以上人口比例‹	0.00613**	0.00593**	0.00253

續表 3-2B

依變項	模型十 國民黨候選人 得票率	模型十一 國民黨候選人 得票率	模型十二 國民黨候選人 得票率
客家政治模式			
屏東縣客家鄉鎮		-0.0199	
桃中高竹竹	0.0120	0.0132	
桃中高竹竹客家鄉鎮		0.0397	
苗花	-0.0574***	-0.0858***	
苗花客家鄉鎮		0.0790	
縣市虛擬變項（參考項：彰化縣）			
屏東縣	-0.0268*	-0.0205	-0.0793***
桃園市			-0.0958***
台中市			-0.00448
高雄市			-0.0507**
新竹市			-0.0468
新竹縣			-0.0885**
苗栗縣			-0.0851**
花蓮縣			-0.110***
澎湖縣			0.0226
台北市			-0.0672**
台南市			-0.107***
台東縣			-0.110***
連江縣			-0.0814
金門縣			-0.0676
雲林縣			-0.0525**

續表 3-2B

依變項	模型十 國民黨候選人 得票率	模型十一 國民黨候選人 得票率	模型十二 國民黨候選人 得票率
嘉義市			-0.0680
嘉義縣			-0.0117
基隆市			-0.0278
宜蘭縣			-0.0636**
南投縣			0.0892***
新北市			-0.0705***
截距項	0.537**	0.626***	0.708***
N	1254	1254	1254
R^2	0.356	0.359	0.426
adj. R^2	0.342	0.344	0.405

t statistics in parentheses

$*p < 0.05$, $**p < 0.01$, $***p < 0.001$

資料來源：本書研究整理

　　至於民進黨對手得票率的影響，在國民黨區域立委得票率的模型十至十二之中，民進黨對手的得票率對國民黨得票率，始終有比較明顯的負向關聯，分別降低了國民黨區域立委的得票率 0.121 個單位（P-value ＜ 0.001）、0.117 個單位（P-value ＜ 0.001）、0.0637 個單位（P-value ＜ 0.001）。相對來說，國民黨候選人得票率比較容易被民進黨得票率影響，反而民進黨得票率比較不容易流向國民黨得票率。

　　進一步檢視對手的族群身分就會發現，民進黨對手的族群身分，對國民黨的得票率影響相對不明顯，只有在模型十一未納入縣市虛擬變項時，綠營的台灣客家籍候選人能相較於台灣閩南籍，多降低國民黨得票率 0.0347 個單位，但這一效果到模型十二就消失了；這可側面說明，其他控制變項和客家政治的區域發展，對於民進黨候選人的得票成績有更重要的影響。

　　在各屆區域立委選舉中，國民黨總統候選人的得票率連帶提升區域立委得票率的狀況，在模型十至十二中，分別是 0.00265、0.00268、0.00246 個單位的得票率（P-value ＜ 0.001），足見總統候選人影響區域立委得票率的效果相當明顯。

　　至於世代人口比例對國民黨立委得票率的影響，模型十至十二的估計結果顯示，國民黨在 50-59 歲人口比例上有明顯優勢，無論是否控制縣市的虛擬變項，國民黨立委候選人在此一年齡層占優；民進黨立委選情則不存在效果一致的年齡層得票優勢。

　　綜合而言，在模型中的對手族群身分、候選人族群身分上，兩黨得票率與世代人口比例所呈現的複雜結果，對於藍綠的區域立委得票有重要影響。

　　本章認為，這樣的結果可以分為四點來討論，其一，國民黨在客家鄉鎮確實仍有些微得票率優勢，但在控制縣市的固定效果後影響有限。其二、政黨提名的影響：顯然地，在民進黨、國民黨都有提名立委候選人的選區，兩黨的得票率都會下降，雙方各自也會瓜分部分中間選民的支持；其三，在政黨候選人的個人族群身分上，國民黨的區域立委候選人當中，提名中國各省市的候選人得票率，相對不如台灣客家人、台灣閩南人候選人的得票率。其四，在區域立委選舉裡，兩黨提名客家候選人對得票率的影響經常變化、不太穩定。

（四）地方首長選舉裡的客家候選人與客家鄉鎮得票比例

　　如前所述，我們將直轄市以及縣市層級首長的選舉得票率，簡稱為「地方首長」得票率。由於六都與過去的縣市行政區域有一定的重疊性，不會出現重複估計的樣本。表 3-3A 以地方首長得票率為依變項，其中模型十三到十五，是民進黨的地方首長得票率，表 3-3B 的模型十六到十八，是國民黨的地方首長得票率。

　　模型十三和模型十四的區別，在於模型十三檢視三大區域是否有不同的投票傾向；而在模型十四，三類區域的政治發展，進一步控制客家族群的空間分布，意即三類型虛擬變項，與含括區域內的客家鄉鎮之交互作用，以檢視在地的客家政治發展和該區域的政治生態；而模型十五則把縣市虛擬變項加入，分析更細的縣市地理區位劃分，是否影響客家政治發展三模式的推論效果；而模型十六至十八，國民黨的地方首長得票率，區別和模型十三至十五類同。

　　我們首先關注候選人個人族群身分對得票率的影響。在族群身分上，黨內候選人互相比較時，模型十三、十四指出，台灣閩南人的民進黨縣市長候選人，比台灣客家籍的同黨候選人高 0.156 個單位、0.159 個單位的得票率（P-value ＜ 0.001），即使在縣市虛擬變項放入模型十五後，此一方向並未變化。在中國各省市相對台灣閩南籍的得票上，中國各省市分別落後 0.111、0.112、0.126 單位的得票率，且效果相當明顯（P-value ＜ 0.001）。性別控制變項部分，在民進黨縣市長候選人得票率的模型十三、十四上，女性的得票表現顯著低於男性 0.0262、0.0258 個單位得票率（P-value ＜ 0.001）；但進一步控制縣市虛擬變項後，模型十五指出，女候選人的得票率略低於男性縣市長候選人 0.00870 個單位（0.05 ＜ P-value）。總之，民進黨女性候選人在立委層級有優勢、在地

方首長選舉裡反而有負面影響，然而這些效果在控制縣市虛擬變量後都不顯著。

　　至於對手得票率部分，模型十三指出，民進黨提名縣市長候選人的鄉鎮市區若存在國民黨籍的對手，則該區得票率會降低 0.573 個單位的得票率（P-value ＜ 0.001），加入客家政治發展與客家鄉鎮交互作用後，此因素仍降低民進黨地方首長得票率 0.570 個單位（P-value ＜ 0.001），而在模型十五，效果的方向依舊一致，在地方首長單一選區捉對廝殺時，國民黨的對手得票率，會壓縮民進黨的縣市長得票率，達 0.604 個單位（P-value ＜ 0.001）。

表 3-3A：2009-2018民進黨地方首長得票率模型

依變項	模型十三 民進黨候選人 得票率	模型十四 民進黨候選人 得票率	模型十五 民進黨候選人 得票率
性別			
候選人女性	-0.0262***	-0.0258***	-0.00870
候選人族群（參考項：台灣閩南人）			
中國各省市	-0.111***	-0.112***	-0.126***
台灣客家人	-0.156***	-0.159***	-0.0759***
對手得票率			
國民黨對手得票率	-0.573***	-0.570***	-0.604***
對手族群（參考項：台灣閩南人）			
藍營對手中國各省市	0.00711	0.00632	0.0717***
藍營對手台灣客家人	-0.0764***	-0.0724***	-0.146***
年齡			
候選人年紀	-0.0148**	-0.0151***	-0.0334***

續表 3-3A

依變項	模型十三 民進黨候選人 得票率	模型十四 民進黨候選人 得票率	模型十五 民進黨候選人 得票率
候選人年紀平方	0.000129**	0.000132**	0.000308***
政治獻金			
政治獻金對數	0.0000760	0.0000411	0.00134**
年度（參考項2010）			
2014年	0.0263**	0.0275**	0.00581
2018年	-0.111***	-0.108***	-0.131***
族群分布			
客家鄉鎮	0.0104	0.0136	-0.00545
眷村數	-0.00194***	-0.00195***	-0.000798
產業發展			
製造業資本額對數	0.00290	0.00295*	0.00246
服務業資本額對數	0.000235	0.000134	0.00149
世代人口比例			
20-29歲人口比例	0.0109***	0.0106***	0.00957***
30-39歲人口比例	-0.00175	-0.00181	-0.00128
40-49歲人口比例	0.00907***	0.00902***	0.00709**
50-59歲人口比例	-0.00944***	-0.00928***	-0.00840***
60-65歲人口比例	0.0258***	0.0246***	0.0280***
65歲以上人口比例‹	0.00472***	0.00469***	0.00473***
客家政治模式			
桃中高竹竹	0.0116	0.0148*	

續表 3-3A

依變項	模型十三 民進黨候選人 得票率	模型十四 民進黨候選人 得票率	模型十五 民進黨候選人 得票率
苗花	-0.00214	-0.0358	
屏東縣客家鄉鎮		0.0178	
桃中高竹竹客家鄉鎮		-0.0159	
苗花客家鄉鎮		0.0332	
縣市虛擬變項（參考項：彰化縣）			
屏東縣	0.0495***	0.0445***	0.0749***
桃園市			0.133***
台中市			-0.0215
高雄市			-0.0344*
新竹市			-0.0696**
新竹縣			0.00774
苗栗縣			0
花蓮縣			-0.0215
澎湖縣			-0.0220
台北市			-0.154***
台南市			0.0156
台東縣			0.0861***
連江縣			0
金門縣			0
雲林縣			0.0355**
嘉義市			-0.0209
嘉義縣			0.0235

續表 3-3A

依變項	模型十三 民進黨候選人 得票率	模型十四 民進黨候選人 得票率	模型十五 民進黨候選人 得票率
基隆市			-0.0818***
宜蘭縣			0.0279*
南投縣			-0.0147
新北市			-0.0426*
截距項	0.817***	0.834***	1.300***
N	1002	1002	1002
R^2	0.761	0.762	0.810
adj. R^2	0.755	0.755	0.802

t statistics in parentheses

*$p < 0.05$, **$p < 0.01$, ***$p < 0.001$

※註：連江縣、金門縣、苗栗縣出現只有國民黨候選人，而無民進黨縣市長候
　　選人的情形，故在藍綠對決的樣本數太少下，將這三縣市樣本移除模型。

資料來源：本書研究整理

　　而在族群分布部分，在未控制縣市虛擬變項前，客家鄉鎮在地方
首長選舉上對民進黨的得票率影響，其實相較非客家鄉鎮，分別略高
0.0104、0.0136 單位的得票率（0.05 ＜ P-value），然而一旦控制縣市虛
擬變項後，客家鄉鎮對民進黨的得票率，就略低於非客家鄉鎮 0.00545
單位（0.05 ＜ P-value）；而在眷村數上，乍看是對民進黨得票的不利因
素，在模型十三、十四當中，鄉鎮眷村數每增加一處，就會降低民進黨

縣市長候選人 0.00194、0.00195 單位的得票率（P-value ＜ 0.001），但放入縣市虛擬變項後，這一效果不再明顯；換言之，地理空間分布的族群投票，受該縣市長期的政治經濟環境延續性因素影響更大。

在政治獻金部分，模型十五指出，每提升一單位的政治獻金對數，民進黨縣市長候選人得票率就會隨之提升 0.00134（P-value ＜ 0.001）。

另外，在產業發展方面，民進黨乍看在製造業密集的地區，取得愈高的支持度，模型十三到模型十五當中，每一單位的製造業資本額，分別提升 0.00290（0.05 ＜ P-value）、0.00295（P-value ＜ 0.05）、0.00246（0.05 ＜ P-value）的得票率，顯然控制各縣市的虛擬變項後，製造業對民進黨得票率的影響，被縣市的地區變項給稀釋；在服務業資本額上，對民進黨的得票率影響同樣不明顯。

而關鍵的客家政治發展三模式上，大致上呈現屏東縣對民進黨縣市首長的穩定支持，相對於其他縣市，模型十三中的民進黨候選人，在屏東縣平均多獲得 0.0495 單位的得票率（P-value ＜ 0.001），模型十四納入客家政治發展與客家鄉鎮的交互作用後，此一效果仍提升得票率 0.0445 單位（P-value ＜ 0.001）。在模型十三中，桃中高竹竹相對其他區域，對民進黨的得票率增加 0.0148（P-vlaue ＜ 0.05），在這五縣市內的客家鄉鎮與非客家鄉鎮比較，民進黨的支持率出現優勢。

而在苗花部分，模型十三到十四的結果，乍看下像是積極支持國民黨籍候選人，但加入縣市與客家鄉鎮的交互作用項後發現，苗花的客家鄉鎮對民進黨的排斥並不明顯；簡言之，在客家政治發展模式上，屏東縣已經具有較清晰的政黨政治格局；苗花乍看死忠藍營，但泛藍地方派系與國民黨中央的暗潮洶湧，分裂投票衝擊選情屢屢發生；桃中高竹部分則是民進黨的政黨支持已占上風，但國民黨縣市長候選人還有勝選的競爭力。

　　最後值得一提的是，在地方首長選舉裡，民進黨提名客家候選人、與泛藍對手為客家人的影響。首先，作為較受多數閩南族群支持的民進黨，提名外省族群與客家族群候選人會造成得票率下降的效果；但在控制本人族群身分後，當泛藍競爭對手提名客家人，會造成民進黨候選人得票率進一步下降。也就是說，民進黨提名客家人未必達到「族群賦權」，在客家鄉鎮提升得票率的效果。然而，國民黨對手提名客家人，卻會削弱民進黨候選人得票率，造成「族群制衡效應」（ethnic check balance effect）的現象。接下來對國民黨候選人得票率的分析，也會呈現類似的效果。

表 3-3B：2009-2018國民黨地方首長得票率模型

依變項	模型十六	模型十七	模型十八
	國民黨候選人得票率	國民黨候選人得票率	國民黨候選人得票率
性別			
候選人女性	0.00653	0.00613	-0.0152*
候選人族群（參考項：台灣閩南人）			
中國各省市	0.0785***	0.0794***	0.0871***
台灣客家人	-0.0141	-0.00992	-0.0103
對手得票率			
民進黨對手得票率	-0.724***	-0.717***	-0.681***
對手族群（參考項：台灣閩南人）			
綠營對手中國各省市	-0.0467***	-0.0499***	-0.145***
綠營對手台灣客家人	-0.164***	-0.167***	-0.0746**

續表 3-3B

依變項	模型十六 民進黨候選人 得票率	模型十七 民進黨候選人 得票率	模型十八 民進黨候選人 得票率
年齡			
候選人年紀	-0.0235***	-0.0233***	0.00360
候選人年紀平方	0.000220***	0.000218***	0.000000329
政治獻金			
政治獻金對數	-0.00436***	-0.00439***	-0.00363***
年度（參考項2010）			
2014年	0.0598***	0.0607***	0.0203
2018年	0.0284*	0.0316*	-0.00750
族群分布			
客家鄉鎮	0.0193*	0.0608***	-0.0122
眷村數	-0.000614	-0.000570	0.000318
產業發展			
製造業資本額對數	0.00172	0.00160	0.00247
服務業資本額對數	-0.00573**	-0.00550**	-0.00578***
世代人口比例			
20-29歲人口比例	0.00558	0.00592*	0.00366
30-39歲人口比例	-0.0126***	-0.0124***	-0.0104***
40-49歲人口比例	0.00981***	0.00976**	0.0101***
50-59歲人口比例	-0.00655*	-0.00598	-0.00247
60-65歲人口比例	0.00661	0.00515	0.0112
65歲以上人口比例‹	-0.00463**	-0.00446**	-0.00356*

續表 3-3B

依變項	模型十六 民進黨候選人 得票率	模型十七 民進黨候選人 得票率	模型十八 民進黨候選人 得票率
客家政治模式			
桃中高竹竹	-0.0391***	-0.0369***	
苗花	0.105***	0.0815*	
屏東縣客家鄉鎮		-0.0764**	
桃中高竹竹客家鄉鎮		-0.0477*	
苗花客家鄉鎮		-0.0112	
縣市虛擬變項（參考項：彰化縣）			
屏東縣	-0.00241	0.00713	-0.0566***
桃園市			0.00557
台中市			-0.0750***
高雄市			-0.129***
新竹市			-0.139***
新竹縣			-0.165***
苗栗縣			0
花蓮縣			0.108***
澎湖縣			-0.0976***
台北市			-0.132***
台南市			-0.0753***
台東縣			0.122***
連江縣			0

續表 3-3B

依變項	模型十六	模型十七	模型十八
	民進黨候選人 得票率	民進黨候選人 得票率	民進黨候選人 得票率
金門縣			0
雲林縣			0.0141
嘉義市			-0.0252
嘉義縣			-0.103***
基隆市			-0.155***
宜蘭縣			-0.0385*
南投縣			-0.0214
新北市			-0.0267
截距項	1.616***	1.550***	0.749***
N	1002	1002	1002
R^2	0.677	0.680	0.770
adj. R^2	0.669	0.672	0.761

t statistics in parentheses

*$p < 0.05$, **$p < 0.01$, ***$p < 0.001$

資料來源：本書研究整理

　　在族群身分與得票率的關聯上，國民黨地方首長中，中國各省市候選人的得票率優勢相當明顯，相較於台灣閩南人，中國各省市的首長候選人，分別在模型十六到十八當中，增加了 0.0785、0.0794、0.0871 個單位的得票率（0.001 ＜ P-value），而國民黨的客家籍候選人得票率，

則略弱於閩南籍的地方首長。至於性別虛擬變項上，模型十八加入縣市虛擬變項後，女性地方首長候選人略弱於男性候選人 0.0152 個得票率（P-value ＜ 0.05），這或顯示藍營的女性地方首長候選人，在近三屆地方首長選舉長，得票表現略遜於同黨男性候選人。

而當國民黨提名選區內，有民進黨候選人競爭時，模型十六到模型十八則表明，民進黨中國各省市、台灣客家人，平均能比台灣閩南籍候選人，更能降低國民黨地方首長候選人選票 0.0467 個單位、0.0499 個單位、0.167 個單位的得票率（P-value ＜ 0.001），這一方向納入縣市虛擬變項後仍未變化。一般來說，台灣閩南籍的候選人可以增加民進黨整體得票率，但面臨與國民黨的選舉競爭時，如前所述的「族群制衡效應」，綠營若提名中國各省市、特別是提名台灣客家籍的候選人，可以顯著制衡、減少國民黨候選人的得票率。

在國民黨部分的模型十六到模型十八，民進黨對手的得票率對於國民黨縣市長得票率始終有較明顯的負向關聯，分別降低國民黨縣市長的得票率 0.724 個單位（P-value ＜ 0.001）、0.717 個單位（P-value ＜ 0.001）、0.681 個單位（P-value ＜ 0.001）。這個結果與民進黨地方首長候選人得票率的分析一致。

相比民進黨政治獻金愈多，愈能提升得票的狀況，國民黨的政治獻金在得票率轉換上，卻有相反的結果。模型十一、模型十二指出，藍營縣市長在各鄉鎮，每增加一單位的政治獻金對數，就會分別降低得票率 0.00436 單位（P-value ＜ 0.001）、0.00439 單位（P-value ＜ 0.001）、0.00363 單位（P-value ＜ 0.001），這反映了國民黨地方首長候選人有較高募款優勢的區域，不一定能轉換成得票率優勢。

而在地方的產業發展上，模型十六顯示，製造業資本額每提升一單位，會造成 0.00172 單位的得票率上升（0.05 ＜ P-value），模型十七進

一步控制客家政治發展與客家鄉鎮的交互作用後，這一趨勢不變，製造業資本額提升一單位，會增加 0.00160 單位的得票率（0.05 ＜ P-value），到了模型十八，則是一單位製造業資本額提升，增加 0.00247 的得票率（0.05 ＜ P-value），不過整體來說效果不顯著；服務業數量愈密集之處，國民黨得票率愈低，模型十六、十七、十八中，服務業資本額每提升一單位，分別降低國民黨地方首長得票率 0.00573 單位（P-value ＜ 0.01）、0.00550 單位（P-value ＜ 0.01）、0.00578 單位（P-value ＜ 0.001）。

　　而在關鍵的客家政治發展模式上，屏東縣選民對於國民黨候選人大致上和其他縣市沒有太大差異，但客家鄉鎮特別抗拒國民黨；苗花部分則是乍看下積極支持國民黨籍候選人，但加入縣市與客家鄉鎮的交互作用項後發現，苗花的客家鄉鎮對國民黨的支持並不明顯，反而是模型十八中縣市層級的變項，國民黨的得票率顯著增加（P-value ＜ 0.05）；而在桃園、台中、高雄、新竹縣市，模型十七顯示民進黨在這些直轄市中，已經具有 0.0148 單位的得票率優勢（P-value ＜ 0.05），但國民黨的劣勢並不明顯。簡言之，在客家政治發展模式上，屏東縣客家鄉鎮有較清晰的政黨認同；苗花乍看死忠藍營，但藍營地方派系與國民黨中央提名人常有分裂投票；桃中高竹部分則是民進黨地方首長候選人的得票率稍有優勢，但國民黨候選人的政治實力仍相當堅實。

　　綜合模型十三至十八，候選人與對手族群的身分、對手的得票率、該縣市與鄉鎮的產業發展、客家政治等三個分類，對地方首長得票率均有重要影響。

　　前項結果可以得到四個結論。其一，多數選區已經以政黨競爭；國、民兩黨候選人捉對廝殺為主：相對總統與區域立委選舉的連動，近三屆的地方首長選舉，國民黨除 2014 年遭逢大敗，2009／2010 年、2018 年，均較民進黨更有優勢，但兩黨均能有效削弱彼此得票率。第

二，國民黨的地方首長得票率中，外省族群的候選人得票率顯著優於台灣客家人、台灣閩南人；反之，民進黨的閩南籍首長候選人，得票率也顯著略高於中國各省市、台灣客家人。其三，唯有在地方首長的選舉裡，兩黨若提名客家候選人，都會發生有效減少對手得票率的「族群制衡效應」。其四，客家政治三類發展，分別代表客家鄉鎮中，民進黨占優勢、民進黨與國民黨勢均力敵、國民黨占優勢的三種政治版圖，在第一類屏東縣，民進黨縣市長候選人有相當優勢，但國民黨仍有競爭性，客家鄉鎮比其他鄉鎮更挺民進黨；第二類轉型客家區域當中，則是民進黨候選人略有優勢，近三次選舉中國民黨也有勝選機會；第三類國民黨占盡優勢的苗栗與花蓮，派系頭人比國民黨中央影響力更大，政黨競爭未必影響選舉勝負。

　　值得一提的是，在地方首長選舉裡，兩黨提名客家候選人可以顯著減少對手的得票率，但未必能有效增加自身的得票率。例如，以動員閩南族群為主的民進黨來說，如果提名外省族群與客家族群候選人，可能會造成得票率下降，所以民進黨提名客家候選人未必能在客家鄉鎮帶動得票率的提升，也就是沒有達到預期的「族群賦權」效果；但泛藍競爭對手提名客家候選人卻會削弱民進黨候選人得票率，不論其候選人族群身分。同樣地，以動員外省族群為主的國民黨，當國民黨提名客家候選人時，會提升該黨在客家選區的得票率，不過只要民進黨也提名客家候選人，就可以顯著減少國民黨客家候選人的優勢。我們將這個有趣的結果稱為「族群制衡效應」（ethnic check balance effect），這個現象反映客家選民會因兩大黨均提名客家候選人，而可能會制衡、削弱或打平對手族群動員的得票率優勢。

　　在美國民主黨、共和黨提名不同族裔候選人的得票分析也有類似情形，Fairdosi, A. S. and Rogowski, J. C.（2015）的研究指出，共和黨提

名黑人候選人不會增加得票，但民主黨提名黑人候選人會提高黑人選民的投票率。Leslie, Gregory John, Christopher T. Stout, and Naomi Tolbert（2019）的研究也認為，當共和黨強調提名黑人候選人時，會使同選區白人投票增加，卻無法獲得黑人票。這結果呼應了「族群賦權」確實會影響族群投票行為，且特定族群會對特定政黨的得票有增加的效果，若提名其他族群則不會增加得票。只不過這兩篇研究並未討論，若民主、共和兩黨都提名黑人候選人時，兩黨的族群選票是不是會分散或制衡。

　　然而，族群賦權不只是為了提供政治參與的管道或機會，更積極的作為應是保障弱勢族群政治參與的管道或機會，因為相對於主流、優勢的族群而言，模糊化、去識別化的族群界線，是他們刻意忽略族群政治權力差異的現實狀態，或許較有利於從主流、優勢的族群中獲取政治資源。換言之，如果我們將族群賦權衍生解釋為一種族群制衡觀點的話，或許客家選民想藉由投票給不同政黨的客家候選人，讓政黨間彼此相互制約，以保持相對平衡的狀態，並避免任一政黨力量過於強大，而壓迫弱小的政黨，造成政治權力的不對等；而這種制衡策略，可能是客家選民對政黨政治一種「最適回應」（best response）的投票行為，以期達到均衡和穩定政治結構之目的。本書發現的「族群制衡效應」是特例？還是普同？是值得族群政治再深究的議題。

四、台灣社會變遷調查：四大族群的民主意向與政治態度分析

　　在總統、立委與地方首長選舉加總層級的資料分析之外，我們也對個體層級的民意調查進行分析。然而，個體層級的民意調查問卷未

必適合分析選情，以中央研究院社會學研究所的《台灣社會變遷基本調查》來說，該調查的綜合組問卷為五年一期，在我們的研究時段（2008-2020）當中即為 2010、2015 與 2020 年三次調查，其中的年度穿插了健康組、性別組與環境組等其他問卷題目，是故有關各種政治意向與態度的調查，僅有五年一次的全國代表性橫斷面重複樣本，而且與選舉年度錯開，可能會影響調查信度與效度。

在這三次重複抽樣的樣本中，有些由於資料特性而不易克服的研究限制，例如每年的抽樣是先進行地區的選定，樣本來自一百多個鄉鎮市區域內的某個村里，而其中的客家選區被抽中的情況有限，客家民眾的樣本數量也未必充足。其次，各年度僅能回溯性追問之前的投票行為，例如 2015 年的綜合組調查是問 2014 年九合一選舉的投票行為，依賴受訪者的回憶可能會稍有偏誤。雖然我們對政黨傾向與投票行為也進行了一些分析，社會調查未必比真實的選舉資料更精準。不過，社會變遷調查提供了一些客家選民除了投票行為之外的民主價值測量，非常有助於澄清一些對客家選民刻板印象所造成的政治論述。

在本章詳盡分析中央選舉委員會的投票結果後，以下我們選擇一些《台灣社會變遷基本調查》內曾經涉及的重要的政治態度問題，運用 2010、2015 與 2020 年三波調查資料合併檔，來證實或澄清一些客家選民特質的論點，作為本書的補充資料。四大族群的定義依據「父親是哪裡人」一題來區分為閩南、客家、外省、原住民族，政黨支持則是將民進黨、時代力量、基進黨與社會民主黨等歸類於泛綠，國民黨、親民黨、新黨等歸類到泛藍。請讀者參考個體層次的統計結果、並與選區層次的分析對照。此一合併檔的敘述統計請見表 3-4。

表3-4：《台灣社會變遷基本調查》2010／2015／2020三波資料的敘述統計表

	平均數	標準差	最小值	最大值
個人月收入（對數）	0.90	0.87	-0.69	3.40
對政治感興趣（2015／2020）a	1.77	0.82	1.00	4.00
民主與獨裁偏好（2015／2020）b	6.39	2.29	0.00	10.00
民主滿意度	5.70	2.27	0.00	10.00
泛綠	0.29	0.45	0.00	1.00
泛藍	0.29	0.46	0.00	1.00
台灣人認同	0.73	0.44	0.00	1.00
女性	0.48	0.50	0.00	1.00
年齡	47.01	16.56	19.00	94.00
已婚	0.54	0.50	0.00	1.00
教育年數	12.17	4.12	0.00	22.00
階級				
非勞動力	0.18	0.38	0.00	1.00
雇主	0.03	0.18	0.00	1.00
新中產階級	0.21	0.41	0.00	1.00
非技術工人	0.34	0.47	0.00	1.00
自營作業者	0.14	0.35	0.00	1.00
失業	0.09	0.29	0.00	1.00
族群				
閩南	0.75	0.43	0.00	1.00
客家	0.13	0.33	0.00	1.00
大陸／外省	0.10	0.30	0.00	1.00
原住民族與其他	0.02	0.15	0.00	1.00

續表 3-4

	平均數	標準差	最小值	最大值
縣市分群				
其他縣市	0.58	0.49	0.00	1.00
政黨競爭（屏東）	0.06	0.23	0.00	1.00
轉型客家（桃園台中高雄新竹市）	0.30	0.46	0.00	1.00
派系主導（苗栗花蓮新竹縣）	0.06	0.24	0.00	1.00
N	4947			

a N = 3162 b N = 3148

資料來源：台灣社會變遷基本調查

　　首先，我們的研究發現，客家族群收入已經高於台灣民眾的平均值。過去的研究曾經指出，客家族群所在的文化區域，往往是台灣介於平原與高山之間的山麓丘陵地帶，這些區域的經濟活動偏向農業且收入偏低，使客家族群比較依賴傳統的宗族勢力或派系人脈帶來的恩庇關係。然而，近年來的統計數據顯示，客家族群面對工業化與都市化的發展，年輕世代人口外移，從事的職業與收入不僅未低於台灣整體平均值，反而比人口多數的閩南族群享有更佳的平均所得。此處我們所使用的依變量是問卷裡的個人每月平均所得之對數。

　　其次，在身分認同方面，客家族群的台灣認同有逐步提升的傾向。我們知道過去在身分認同的民意調查測量上，長期以來都有詢問受訪者自認為是「台灣人」、「中國人」或「兩者皆是」，客家族群也有不少比例人口自認為是「台灣人」，但通常比人口比例占絕對多數的閩南族群更偏向「兩者皆是」；而外省族群或新移民當中的大陸配偶，相對也會

比較傾向「中國人」或「兩者皆是」，這種身分認同的差距長期存在且影響台灣民眾的投票行為（小笠原，2020）。

　　圖 3-7 呈現了四個族群在近年來的調查裡，除了外省族群偏低、原住民偏高以外，在 2010 年到 2020 年間，閩南族群與客家族群自認為是台灣人的比例都大幅提升，又以客家族群上升比例最大，從 2010 年的 66%、2015 年的 69%，上升到 2020 年的 77%，且年輕世代自認為是「台灣人」的比例都有大幅提升，其中客家年輕世代與閩南年輕世代早已沒有統計上的差異，過去統計模型裡造成身分認同的族群統計顯著差異，通常都是戰後嬰兒潮（1950-1964）或戰爭世代（～ 1949）較為穩固的身分認同與政治態度所造成的影響。

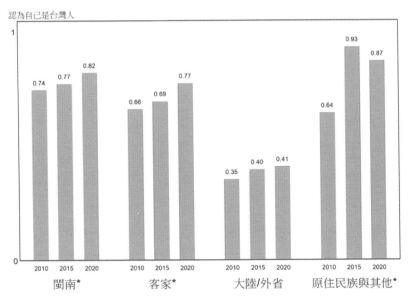

圖 3-7：《台灣社會變遷基本調查》各族群認為自己是台灣人的平均　　　　機率，2010-2020

資料來源：台灣社會變遷基本調查（2010-2020）

　　第三，我們使用三個問題來測量各個族群的政治參與及民主態度，第一題是「對台灣民主的滿意度」，答項是一分到十分，越高分代表越滿意、越低分則表示越不滿意，五分則是普通，從圖3-8可以看出，從2010年到2020年這三波調查的四個族群身分來區分，所有民眾的平均值是2010年5.7分、2015年5.3分、2020年6.1分，主要受到閩南族群的平均值所影響，客家族群在這三個年度的調查裡則分別為5.8分、5.6分與6.0分，可以看出這些數值不太可能造成顯著的統計差異。相反地，原住民族對民主滿意度的平均分數通常偏低，而外省族群的平均分數則由2010年的6.2分逐漸下滑到2020年的5.1分。

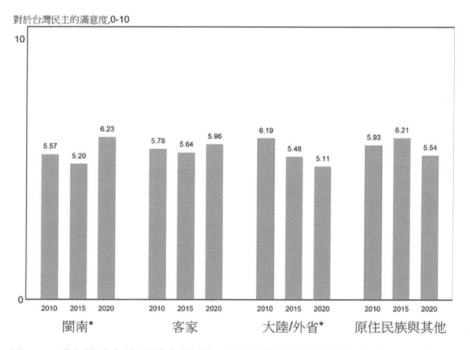

對於台灣民主的滿意度,0-10

圖3-8：《台灣社會變遷基本調查》各族群對台灣民主滿意度（0-10分），2010-2020

資料來源：台灣社會變遷基本調查（2010-2020）

　　從 2015 年開始，《台灣社會變遷基本調查》從世界價值觀調查等其他問卷引進了對民主與獨裁的偏好，詢問民眾認為在不同的政治制度裡，民主是最好的制度、或獨裁有時表現得比民主更好，或是兩者差不多。圖 3-9 呈現 2015 年到 2020 年間各族群對民主的偏好，台灣民眾偏向民主的平均值由 6.2 分上升到 6.6 分，主要受到閩南族群變化所影響；客家族群兩次調查為 6.4 到 6.46 分；原住民族在 6.3 分與 6.1 分之間，前述變化通常沒有達到統計顯著程度，外省族群則由 6.9 分衰退到 5.7 分。

　　我們比較各族群政治態度的第三題，是對政治感興趣的程度，1 分為完全不感興趣、2 分是不太感興趣、3 分是有點感興趣、4 分為很感興趣。

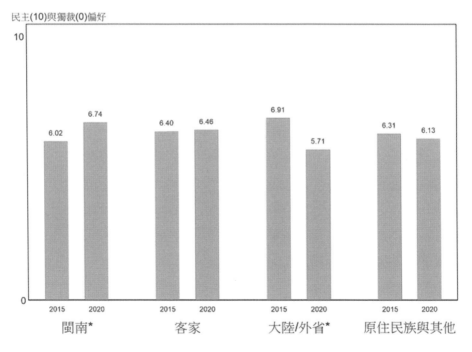

圖 3-9：《台灣社會變遷基本調查》各族群對民主與獨裁的偏好，2015-2020
資料來源：台灣社會變遷基本調查（2010-2020）

圖 3-10 呈現 2015 年到 2020 年間各族群對政治感興趣程度，閩南族群約在 1.7-1.8 分之間；客家由 1.72 分上升到 1.82 分；外省族群由 1.83 分上升到 1.86 分；原住民族則維持在 1.7 分左右。從數據大致可以看出，客家族群不僅沒有政治冷感，算是對政治稍為感興趣的群體。

最後是民眾對各個陣營政黨的支持度，這個支持度雖然通常與選舉結果高度相關，但是選舉行為還受到很多候選人、選區與國際局勢等外生因素的影響。從 2010 年到 2020 年間，在《台灣社會變遷基本調查》泛藍與泛綠兩個陣營支持率的主要變化，是泛綠政黨支持率的穩定略為上升，與泛藍政黨支持率的大幅下滑，後者同時發生在四大族群的

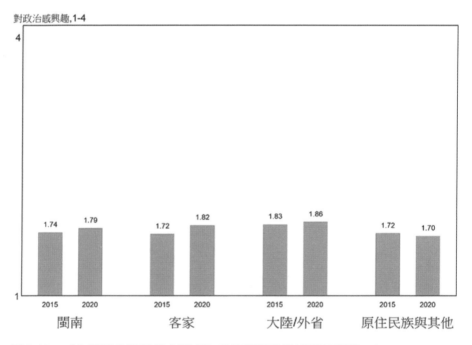

圖 3-10：《台灣社會變遷基本調查》各族群對政治感興趣程度，2015-2020
資料來源：台灣社會變遷基本調查（2010-2020）

受訪者，如圖 3-11 所呈現的，在 2010 年到 2020 年間，閩南族群對民進黨的支持率由 30% 上升到 34%，對國民黨的支持率則由 32% 下降到 17%，而且早在 2015 年太陽花學運之後就出現了藍綠翻轉。類似的逆轉出現在客家族群，對民進黨的支持率在三波調查裡分別為 20%、29% 與 26%，對國民黨的支持率則為 45%、33% 與 21%，也在 2020 年出現了藍綠翻轉。雖然外省族群與原住民族對泛綠支持度過低，沒有出現藍綠翻轉，但是外省族群對泛藍的支持率由 70% 下降到 39%，原住民則是由 64% 下降到 32%。

在表 3-5A 上，更詳細的線性迴歸統計分析結果顯示，客家族群在月收入對數、對政治感興趣的程度、對民主或獨裁的偏好、或是民主滿

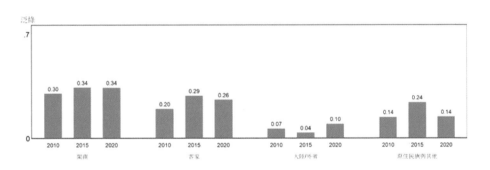

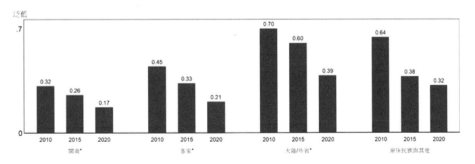

圖 3-11：《台灣社會變遷基本調查》各族群對泛綠與泛藍的支持度，2010-2020
資料來源：台灣社會變遷基本調查（2020）

意度方面，都與其他族群沒有顯著差異，三個客家地理區域也沒有顯著效果，破除了一些對客家人政治態度的迷思。相對地，在這幾個政治態度變量上，教育與階級的影響力較大，教育程度越高者對政治越感興趣、新中產階級明顯偏向民主制度，而工人階級與自營作業者的民主滿意度偏低，此外時期的效果明顯，即從 2010 年到 2020 年間，台灣民眾對民主的偏好與滿意度有明顯的提升。

表 3-5A：族群、每月所得對數與民主態度的迴歸分析，2010-2020

	個人月收入（對數）	對政治感興趣	民主／獨裁偏好	民主滿意度
女性	-0.20***	-0.19***	-0.15	-0.09
	（0.02）	（0.03）	（0.08）	（0.07）
年齡	0.00***	0.01***	-0.01***	-0.01*
	（0.00）	（0.00）	（0.00）	（0.00）
已婚	0.22***	-0.05	0.17*	-0.02
	（0.02）	（0.03）	（0.09）	（0.07）
教育年數	0.07***	0.05***	0.03	0.03*
	（0.00）	（0.00）	（0.01）	（0.01）
階級（參考組：非勞動力）				
雇主	0.91***	-0.04	0.30	-0.30
	（0.06）	（0.08）	（0.23）	（0.19）
新中產階級	1.03***	0.00	0.51**	0.09
	（0.03）	（0.06）	（0.16）	（0.11）
非技術工人	0.69***	-0.09	0.22	-0.20*
	（0.03）	（0.05）	（0.14）	（0.10）

續表 3-5A

	個人月收入 （對數）	對政治感興趣	民主／獨裁 偏好	民主滿意度
自營作業者	0.55***	0.04	0.15	-0.24*
	（0.04）	（0.05）	（0.15）	（0.12）
失業	0.36***	0.10	0.55*	0.17
	（0.04）	（0.09）	（0.24）	（0.13）
族群 （參考組：閩南）				
客家	0.02	-0.02	0.09	0.14
	（0.03）	（0.05）	（0.14）	（0.10）
大陸／外省	0.05	0.02	-0.21	-0.11
	（0.03）	（0.05）	（0.14）	（0.11）
原住民族與其他	-0.05	0.06	-0.21	0.05
	（0.07）	（0.08）	（0.24）	（0.22）
縣市分群 （參考組：其他縣市）				
政黨競爭	-0.06	0.07	0.38	0.09
（屏東）	（0.04）	（0.07）	（0.21）	（0.14）
轉型客家	-0.00	-0.01	-0.04	-0.02
（桃園台中高雄新竹市）	（0.02）	（0.03）	（0.09）	（0.07）
派系主導	-0.04	0.03	-0.22	-0.11
（苗栗花蓮新竹縣）	（0.04）	（0.06）	（0.17）	（0.14）
年份	0.08***	0.04	0.61***	0.25***
	（0.01）	（0.03）	（0.09）	（0.04）
常數	-0.90***	0.97***	5.52***	5.56***

	個人月收入（對數）	對政治感興趣	民主／獨裁偏好	民主滿意度
	（0.08）	（0.13）	（0.37）	（0.25）
N	4947	3162	3148	4947
R2	0.38	0.07	0.04	0.02
adj. R2	0.38	0.07	0.04	0.02
Log likelihood	-5104.22	-3739.17	-7008.31	-11025.92

括弧內為標準誤
*p<0.05 **p<0.01 ***p<0.001
資料來源：本書研究整理

　　表 3-5B 則顯示台灣認同、泛藍與泛綠支持率的二元邏輯迴歸結果，由此估計勝算比顯示，外省族群的台灣認同明顯偏低，客家族群次之，原住民族則無異於閩南族群，這也影響了外省與客家選民對泛藍與泛綠的平均支持率，如過去的文獻多次呈現的，客家族群的政治態度介於閩南與外省族群之間且平均值偏向前者。此外，在我們的客家政治地理三分類裡，屏東的台灣認同特別強烈，對泛綠的支持率也特別高，對泛藍的支持率明顯偏低。在轉型客家區域，對泛藍的支持率也低於全台灣的平均值，由此呈現出藍綠競爭的特質。至於時間變量上，數據呈現台灣認同大幅成長，泛綠支持率小幅成長、泛藍支持率大幅衰退的整體態勢。在我們嘗試多種交互作用後發現，台灣認同的成長與泛藍支持率的衰退，在外省族群的年輕世代有明顯的統計效應，其餘的族群則是全部隨著主效應漲退，沒有顯著影響，客家族群也不例外。

表 3-5B：台灣認同、泛藍與泛綠支持率的二元邏輯迴歸分析，2010-2020

	台灣人認同	泛綠	泛藍
女性	0.38***	-0.23***	0.23***
	（0.07）	（0.07）	（0.07）
年齡	-0.03***	0.01*	0.02***
	（0.00）	（0.00）	（0.00）
已婚	-0.26***	-0.11	0.08
	（0.08）	（0.07）	（0.07）
教育年數	-0.12***	-0.01	0.09***
	（0.01）	（0.01）	（0.01）
階級 （參考組：非勞動力）			
雇主	-0.04	-0.14	0.28
	（0.20）	（0.19）	（0.19）
新中產階級	-0.37**	-0.04	0.21
	（0.12）	（0.12）	（0.11）
非技術工人	-0.05	0.10	0.09
	（0.11）	（0.10）	（0.10）
自營作業者	-0.23	0.23*	-0.04
	（0.13）	（0.12）	（0.12）
失業	-0.02	0.17	0.03
	（0.15）	（0.13）	（0.14）
族群 （參考組：閩南）			
客家人	-0.39*	-0.93***	0.57***
	（0.15）	（0.19）	（0.14）

續表 3-5B

	台灣人認同	泛綠	泛藍
大陸／外省	-1.57***	-1.90***	1.20***
	（0.13）	（0.23）	（0.13）
原住民族與其他	0.32	-1.22**	0.99**
	（0.45）	（0.41）	（0.30）
縣市分群 （參考組：其他縣市）			
政黨競爭	0.51*	0.29	-0.37
（屏東）	（0.22）	（0.16）	（0.20）
轉型客家	0.05	-0.08	-0.15
（桃園台中高雄新竹市）	（0.09）	（0.08）	（0.09）
派系主導	-0.01	-0.35	0.08
（苗栗花蓮新竹縣）	（0.23）	（0.22）	（0.22）
年份	0.33***	0.09*	-0.55***
	（0.05）	（0.04）	（0.04）
族群 x 縣市分群 （參考組：閩南 x 其他縣市）			
客家人 x 政黨競爭	0.45	0.79*	-0.98*
	（0.41）	（0.34）	（0.38）
客家人 x 轉型客家	0.13	0.93***	-0.27
	（0.25）	（0.26）	（0.24）
客家人 x 派系主導	-0.16	0.76*	-0.08
	（0.33）	（0.35）	（0.32）
大陸／外省 x 政黨競爭	0.29	0.30	0.53
	（0.56）	（0.80）	（0.55）
大陸／外省 x 轉型客家	-0.35	0.19	0.14

續表 3-5B

	台灣人認同	泛綠	泛藍
	（0.24）	（0.41）	（0.23）
大陸 / 外省 x 派系主導	-0.75	-0.09	-0.12
	（0.57）	（1.07）	（0.51）
原住民族與其他 x 政黨競爭	-0.85	1.45	-1.04
	（1.21）	（0.88）	（1.15）
原住民族與其他 x 轉型客家	0.53	0.48	0.06
	（0.88）	（0.69）	（0.55）
原住民族與其他 x 派系主導	-0.82	0.59	0.31
	（0.67）	（0.68）	（0.53）
常數	3.76***	-0.83**	-2.99***
	（0.28）	（0.26）	（0.26）
N	4947	4947	4947
Log likelihood	-2555.38	-2833.43	-2750.54

括弧內為標準誤
*p<0.05 **p<0.01 ***p<0.001
資料來源：本書研究整理

　　客家族群的台灣認同與對泛綠的支持度確實低於閩南族群，但是朝台灣認同移動與藍綠翻轉的斜率與閩南族群趨於一致，僅戰後嬰兒潮與戰爭世代的身分認同與政黨認同比較僵固。我們可以很有信心的說，首先，認為客家族群在民主化過程裡較為保守、政治冷感的觀點，在最近十年已是經驗證據薄弱。其次，就台灣認同或對泛綠陣營的支持度來

看，客家族群除了在屏東的「政黨競爭」區域特別突出外，與閩南族群相比略為偏向雙重認同或支持泛藍，一開始進入民主轉型的起始點就與閩南族群不太相同，但是就台灣認同提升與對泛藍支持率衰退的速度來看，客家族群並不亞於閩南族群，以至於客家選民可能是引導台灣政治轉變最重要的動力來源之一。

最後，我們也曾進一步做出三個客家政治地理區域與其客家族群投票傾向的交互作用。由於表格太過繁雜，此處僅以圖 3-12 與文字說明。簡單地說，2010 年到 2020 年間，客家選民在這三個選區裡的態度顯著不同，在「政黨競爭」選區裡的客家選民與閩南族群同樣偏綠且更明顯不願支持泛藍。在「轉型客家」選區裡的客家選民加速偏綠而與閩

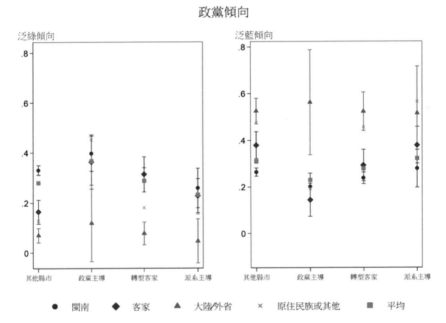

圖 3-12：三種客家政治地區與四大族群個體投票傾向的交互作用，2010-2020
資料來源：台灣社會變遷基本調查（2000-2020）

南族群相同，但傳統泛藍支持率略高於閩南族群，以至於兩者的支持率相近。在「派系主導」區域，客家族群比閩南族群更不支持泛綠也更偏藍，但是其藍綠支持率對比的滑動也接近於全國平均值。整體來說，客家選民整體平均比閩南族群稍微偏藍，也受到全國趨勢率動甚大，較依賴傳統派系與宗族勢力的泛藍黨派投票動員力仍不可小覷。另一方面，在估計個人族群與選區的交互作用後，仍然可以證實前述三分法的統計顯著性，即在苗花藍與屏東綠之間，主流客家選民正在經歷深刻的身分認同與民主轉型，改變了個體的投票行為。

　　須注意的是，在處理前述個體層級的數據時，我們暫時將新竹市劃歸轉型區、新竹縣劃歸派系區，如此作法會影響轉型客家區域的顯著程度（去除新竹縣會使客家選民偏綠的趨勢明顯），但新竹縣併入派系主導也會沖淡該區客家選民對泛藍的支持度（從較為顯著變成不顯著），也就是說，新竹縣確實是三個分類界線上的模糊地區。總之，本節使用《台灣社會變遷基本調查》個體層級分析所得到的趨勢，基本上與前述加總層級的鄉鎮市區選票變動趨勢若合符節。

五、政黨競爭、派系主導與轉型客家三類型的綜合比較

　　由於前述的統計結果相當複雜，不容易看出客家區域整體，以及區分政黨競爭、派系主導與轉型客家三個區域的差別，我們將總統選舉、立委選舉與地方首長選舉在客家鄉鎮與前述三個區域的統計結果，整理為表3-6，可以讓讀者看到客家區域與客家族群的全國統計平均值、與三個客家政治區域的平均值有很大差異。全國抽樣統計經常可以發現，客家民眾台灣認同的比例介於閩南人與外省族群之間，略低於全國平均

表3-6：統計結果的總整理──政黨競爭、派系主導與轉型客家，以及所有客家區域與社會調查的統計差異，2008-2020

地區分類	總統選舉（08、12、16、20）		立委選舉（08、12、16、20）		地方首長選舉（10、14、18）		個人民意調查
	民進黨	國民黨	民進黨	國民黨	民進黨	國民黨	認同與支持
政黨競爭：屏東縣	客家鄉鎮顯著支持，全縣、全國無差異	客家鄉鎮顯著不支持，與全國無差異全縣	全縣與客家鄉鎮與全國差異均不顯著	全縣不支持藍，客家鄉鎮無顯著差異	全縣偏深綠，客家鄉鎮差異不顯著	客家鄉鎮不支持，與全國全縣差異	全縣台灣認同強，縣內客家人更不支持藍
派系主導：苗栗與花蓮縣	全縣不支持綠，客家鄉鎮反而正向顯著（淺藍）	全縣深藍，客家鄉鎮反而負向顯著（淺藍）	全縣不支持，客家鄉鎮差異不顯著（無黨）	全縣不支持藍，客家鄉鎮差異不顯著（無黨）	全縣與客家鄉鎮差異均不顯著	全縣深藍，客家鄉鎮無顯著差異	全藍，客家人相對只是淺藍
轉型客家：桃竹高中市	全市顯著偏綠，客家鄉鎮差異不顯著	全市較不支持藍，客家鄉鎮差異不顯著	全縣與客家鄉鎮與全國差異均不顯著	全縣與客家鄉鎮與全國差異均不顯著	全市偏淺綠，客家鄉鎮差異不顯著	全市較不支持藍，客家鄉鎮顯著不支持	全市無顯著差異，客家個人反而偏綠
全體客家區域	未控制縣市為負值，控制縣市後為正值	未控制縣市為正值，控制縣市後為負值	無顯著差異	客家鄉鎮偏正向顯著4%	無顯著差異	未控制縣市為正值，控制縣市後不顯著	台灣認同較閩南弱，政黨支持均偏藍

資料來源：本書研究整理

值，而且整體投票傾向為偏藍少綠，也就是表 3-6 最右下角一格的說明。然而，當本書分為政黨競爭、派系主導與轉型客家三區後的統計證據顯示，過去把客家人的政治傾向同質化的觀點恐怕大有問題。

　　首先，我們可以橫向觀察「政黨競爭」選區，在全國所有鄉鎮與抽樣調查的受訪者當中，是否有統計顯著的特徵。前述成果發現，屏東全縣的台灣認同較強，當地客家人也是如此，而且明顯更不支持泛藍政黨。從選舉結果來看，與屏東全縣相比，在總統選舉時，縣內客家鄉鎮更支持民進黨；立委選舉時，全縣更不支持國民黨，客家鄉鎮與全縣沒有顯著差異。而地方首長選舉時，則是全縣偏民進黨，客家鄉鎮國民黨得票率顯著偏低。從以上三類選舉與民調結果可以得知，「政黨競爭」是個相當適當的名稱，屏東縣已經是全國政黨傾向偏綠的地區，其中客家人更支持民進黨，或更不願支持國民黨。

　　其次，「派系主導」選區位於花蓮縣與苗栗縣，縣內的平均值屬於深藍支持傾向，客家選區雖然有時與全縣無差異，卻未必一樣深藍。從總統選舉來看，苗栗與花蓮客家選區是比較淺藍的地區；從立委選舉來看，藍綠兩黨都敗給當時無黨籍的傅崐萁家族成員；地方首長選舉時，客家鄉鎮也沒有特別的傾向。以上結果可以說明，派系主導未必等於深藍，反而是地方派系頭人與宗族力量大過黨派的效應，因此稱為「派系主導」，會比藍色客家的刻板印象更為合理。從花蓮與苗栗的縣市地區效應也可以看出，由於原住民與全區平均值非常偏向國民黨，導致苗花客家人也跟隨地方上的西瓜效應，使全國客家人選票的統計平均值易於偏向國民黨，未來的選舉分析，應該把花蓮與苗栗當成偏離值來處理，而非將這兩個縣當成客家族群投票偏好的代表性案例。

　　第三，「轉型客家」區域，包括桃園、新竹縣市、高雄與台中市的選民結構與態度變化，已經逐漸改變了客家偏藍或北藍南綠的政治版

圖。首先，這個區域在總統選舉當中顯著偏向民進黨、不支持國民黨，而且客家鄉鎮與非客家區域差異不顯著。其次，在立委選舉之中，全區與客家鄉鎮都與全國情況沒有顯著差異。第三，在地方首長選舉的結果上，此區更偏綠，而且其中客家鄉鎮對國民黨的支持度更低，最後是在《台灣社會變遷基本調查》資料裡，此區的客家個人偏向泛綠政黨為多。「轉型客家」區域的特徵，是向全國或全市的政治趨勢融合，可以說是走向選舉制度不確定性，以現代政黨競爭為核心的民主轉型的重大一步。

　　最後，我們再回到所有客家鄉鎮區域的統計結果。在總統選舉時，表面上客家鄉鎮較不支持民進黨，較多投票給國民黨，但是控制縣市層級的固定效應後，客家鄉鎮層級反而比較支持民進黨。在立委選舉時，客家鄉鎮與全國對民進黨的支持率沒有顯著差異，但是對國民黨有顯著支持，由於立委與總統是共同選舉，這可能顯示客家鄉鎮有更強烈的分裂投票傾向。在地方首長選舉時，控制縣市層級固定效應後，客家鄉鎮也沒有顯著差異。由上述結果可以推論，在總統選舉時客家人可能投民進黨，但首長選舉或立委選舉時，越是貼近地方派系動員與宗族影響力的範圍，客家鄉鎮就更偏向投給國民黨。然而，在同一縣市內，客家鄉鎮與非客家鄉鎮的投票行為，已經越來越難找出顯著差異。

　　透過前述的統計分析，我們區分出屏東縣，客家鄉鎮比非客家鄉鎮更深綠的第一個「政黨競爭」政治模式。第二個類型則是「派系主導」，在這個類型裡，該縣市由於經濟邊緣化與年輕人口外流，穩定的傳統宗族與地方派系根深蒂固，派系頭人實力大過黨派，以苗栗縣與花蓮縣為代表。第三個政治類型是「轉型客家」，桃中高、新竹縣市這五個縣市，我們指出這個地區的客家鄉鎮或個體選民，已經不再一面倒向藍營，隨著經濟發展與年輕世代移入，我們預期轉型客家地區會發生政黨輪替，

並將影響藍綠雙方在全國選戰的勝負。而在轉型客家與派系主導之間，新竹縣表面上選舉結果類似苗栗與花蓮，受派系與傳統政治左右，且由國民黨長期執政，但新竹市已多次政黨輪替，隨著當前竹北發展，甚至未來若發生縣市合併，我們認為新竹縣市會走入「轉型客家」的分類。

在本章的第四節，我們引進個體層級的調查資料《台灣社會變遷基本調查》，運用 2010、2015 與 2020 年三波調查數據整合之後，基本上呈現出符應前述加總層級選舉數據的結果。首先，我們發現近年來客家族群的所得已經略高於台灣民眾的平均值。其次，客家族群對台灣人的身分認同程度雖然略低於閩南人與原住民，卻快速成長到 77%，台灣認同平均值上升速度與其他族群相同。第三，與全國趨勢類似，客家族群對泛綠陣營的支持度緩慢上升，對泛藍陣營的支持度則大幅下滑，以至於出現藍綠支持比例翻轉的現象，而且與閩南族群的藍綠支持比例逐漸匯合。由於調查時間與數據的限制，個體層級的政黨支持率與選區內的投票結果，數據仍有一點落差，但是從統計分析結果來看，總體選舉資料與個體政治調查資料有明顯一致的趨勢，那就是「轉型客家」將是客家選民的主流。

依據上述的統計結果，我們對客家政治的三種分類有了基本證據的支持，然而數字本身畢竟無法說明這三類客家政治型態的歷史轉型過程。故在下一章將說明「政黨競爭」屏東模式的歷史演進，第五章將探討花蓮與苗栗的「派系主導」地區所面對的困境與挑戰，第六章則將說明藍綠對決區域的「轉型客家」政治模式，包括桃園市、台中市與高雄市三都與新竹縣市等地區的客家政治變遷。

第 4 章

政黨競爭的客家政治：屏東

　　依據本書提出客家族群地方政治的三種分類，即政黨競爭、派系主導與轉型的客家政治。接續本書將分三章進一步說明這三類客家政治型態的歷史轉型過程。

　　本章先從政黨輪替次數最多的縣市之一，也是客家人比其他族群更支持民進黨的屏東縣開始。從第三章 2008-2020 年民進黨與國民黨總統選舉得票率的線性迴歸模型來看，民進黨在屏東縣的優勢相當明顯，可是當控制了縣市虛擬變項後，屏東縣整體雖然偏向投給民進黨總統，但優勢不明顯，而真正的差異是來自客家鄉鎮特別深綠，且客家鄉鎮最不願意投票給國民黨。屏東縣的客家鄉鎮特別支持民進黨，對於客家人偏藍的刻板印象提出現實的挑戰。究竟屏東縣客家人是如何在國民黨操控的地方派系政治中，獲取客家人更自主的參政機會和管道？接著在客家黨外政治與文化菁英的領導與深耕下，如何透過選舉來推動客家政治的民主轉型，並翻轉為具有政黨競爭格局的客家政治？本章進一步指出「政黨競爭」的屏東模式，不但打破客家鄉鎮偏藍的迷思，也挑戰了過去過度簡化的「北藍南綠」說法。

　　確實，屏東縣歷次的選舉結果顯示，客家族群已經從派系頭人改為以政黨提名者為主要的選舉偏好，這是許多歷史條件與行動者的創造力造成的結果。我們發現，關鍵少數的客家族群會善用自身族群的政治資源，在屏東縣建立了閩南縣長與客家「副座」的族群合作任命機制；其次是威權體制民主化的年代裡，幾場關鍵性的選舉造成族群政治的重組。閩南族群主導的地區如屏東市與沿海鄉鎮以及原住民部落，多半由國民黨的派系頭人掌握勢力範圍，客家族群支持民進黨反倒可以獲得族群結盟與地方首長勝選，或是成為副座的機會，民進黨長期執政後，前述政治菁英的民主態度與地方結盟日益擴散，成為當地客家選民的主要偏好。

一、關鍵少數的「副座」政治

　　屏東縣客家人約占全縣人口的四分之一，主要是在六堆地區的長治、麟洛、高樹、萬巒、內埔、竹田、新埤、佳冬等 8 個鄉，除了麟洛、竹田、內埔的客家人口比例超過 6 成以上外，而其餘 5 鄉差不多是客閩各半。就地理位置來看，這 8 個鄉分布於閩南與原住民族群的鄉鎮之間。不難看出，閩南族群[7]是屏東縣優勢多數，在原住民族過去偏藍的背景下，客家族群人數比例少，在地方政治上恐面臨社會排除的困境。事實上，屏東縣歷年來的縣長與議長，除了邱連輝、吳應文[8]外，

7　依據內政部 2020 年底的統計，屏東縣原住民人口有 60,500 人，占全縣人口的 7.44%。

8　2004 年 4 月因蘇嘉全縣長被延攬擔任內政部部長，行政院指派時任副縣長

都是由閩南人擔任。

因此，屏東的地方派系是由閩南人主導，以張派和林派最具代表性。張派的開山祖師是 1951 年當選首屆縣長的張山鐘。第 2 屆 1954 年縣長選舉時，原本張山鐘有意爭取連任，國民黨卻改提名林派領袖林石城參選，雖引發張山鐘不滿，但經國民黨協調張山鐘出任省府委員後，林石城順利當選，也連任第 3 屆。從此，屏東縣形成了張、林兩派分配政治資源的傳統派系政治局勢，張派多次擔任縣長，議長和省議員則多為林派人士，國民黨實質掌控候選人的提名，讓兩派在選舉中相互牽制，分而治之，避免任何一方趁勢坐大。在戰後初期的地方選舉裡，客家族群要如何在屏東縣派系夾縫中獲得政治資源呢？

在 1951 年首屆屏東縣長選舉時，萬丹醫生張山鐘為爭取客家選票，與客家庄大老們協商，承諾當選後將邀請客籍人士擔任縣政府的主任秘書，讓張山鐘全面獲得屏東八個客家鄉鎮的選票支持（李旺台、邱薇樺，2021）。而這個選舉策略也讓屏東客家人得以擔任縣政府主任秘書或機要秘書一職成為慣例。1999 年 1 月 25 日公布施行《地方制度法》，縣政府依規定可以設置副縣長職位時，一樣延續「副座」政治的慣例，延攬客家籍的吳應文、古源光、鍾佳濱出任副縣長，直到現任縣長潘孟安才打破這個慣例。

此外，1952 年第 1 屆縣議會議長選舉，當時議長候選人有兩人，一位是官派時期的縣參議會議長張吉甫，是從新竹北埔移居屏東的客家人，另一位是屏東本地的閩南人林石城。在 51 位新科議員中，有 33 位閩南人，9 位客家人，8 位原住民，1 位外省籍議員。不過，客家籍議員都清楚在閩南籍議員占多數的情況下，要爭取議長之大位很困難。於是

吳應文代理縣長職務。

除張吉甫外的八位客家籍議員商議後，選擇與林石城策略合作，根據其中一位議員劉登松的回憶，「用 8 票創造了 16 票的戰術效果」[9]，客家籍議員支持林石城當選後，林議長也推舉客家籍的林富崙出任副議長。自此，屏東縣議會開啟了客家人擔任「副議長」的政治慣例。直到 1982 年第 10 屆起客家籍當選縣議員的席次驟減，加上「黨外」勢力崛起，客家籍副議長的不成文慣例才隨之結束（何來美，2017）。

　　由於屏東客家人在少數與孤立劣勢的認知下，從爭取較多政治資源利益為出發點，團結合縱，與優勢閩南人互利交換，成為關鍵的「少數」，形塑了屏東客家的「副座」政治。在這樣的政治結盟基礎上，拓展為省議員至少保留一席給客家人，水利會會長和縣農會理事長也由客家人擔任的政治傳統。受訪者 A 表示：這是因為屏東客家仕紳具有的號召力，能凝聚客家鄉親的向心力，讓客家人團結一致對外（受訪者編號與列表請見第二章）。蕭新煌、黃世明（2001）認為，屏東客家人認清閩客人口結構的限制，在閩南人主導的派系夾縫下，尋求各種可能的合作機會，運用少數關鍵票為操作槓桿，為六堆謀取最大政治利益，這或許是屏東客家人「現實性格使然」。

　　不過受訪者 B 則指出：也可能是威權時期國民黨刻意安排的，國民黨知道要攏絡客家人，分配副座政治的資源，來營造閩客政治平衡所運用的手段，如此才符合國民黨掌控地方政治的利益。但不論何種因素促成了屏東縣客家人的「副座」政治，屏東縣客家人團結為一派、且認清少數事實而採取集體行動的性格，確實為客家人在屏東政治場域爭取到

9　劉登松 1987 年在《六堆雜誌》發表的〈三十六年前的六堆選舉〉一文中憶述，林石城當選的關鍵是他多了八票，而張吉甫少掉八票，一加一減，八位客家議員創造了十六票的戰術效果（李旺台、邱薇樺，2021）。

一定的尊重和機會，不過也讓客家人在屏東縣政治結構裡長期都處於配角的位置。

二、關鍵性的年代與關鍵性的選舉

作為派系夾縫的關鍵少數，屏東縣的客家人很早就對國民黨的威權體制和派系分贓，覺得非常反感。這種作為少數遭到社會排除與對威權的不滿，在 1964 年第 5 屆縣長選舉爆發，即黃振三以青年黨身分挑戰國民黨提名張山鐘之子張豐緒。當時，屏東縣內的台北帝大博士徐傍興回鄉執業，在 1961 年創美和中學，德高望眾，凡事登高一呼，六堆地區客家人通常會熱烈響應和支持。不過，這次徐傍興幫忙張豐緒助選卻踢到鐵板，雖然張豐緒最後仍當選縣長，但黃振三在客家鄉鎮的得票大多贏過張豐緒，讓徐傍興曾怨嘆地說：「客家人恁硬頸，喊毋動！」（宋耀光、鍾振斌、邱薇樺，2021）。受訪者 A 就指出：屏東客家人很「反骨」，對強權、特權有強烈的反抗意識，很早就對國民黨賄選、買票、作票的政治操作看不下去，黃振三敢批評國民黨，客家鄉親很有感。

受訪者 A 接著表示：後來 1968 年郭國基選省議員的時候，當地人對國民黨利用白色恐怖的壓制很反彈。他那時候選舉很敢，選舉宣傳車布置成戰車大砲的意象來挑戰威權政府，客家人一樣也是很支持他。不過，受訪者 B 回憶地方政治時則是認為：1977 年以前屏東縣還沒有這麼綠，真正轉變是從邱連輝開始的。也就是說，改變屏東縣客家鄉鎮的政治生態，是在 1964 年黃振三挑戰張豐緒時就埋下「種子」，但發生地方政治的權力交替，還是邱連輝以黨外身分於 1977 年和 1981 年競選省議員和縣長的兩次關鍵選舉所致。

　　邱連輝 27 歲就當選屏東縣麟洛鄉的鄉長，後來國民黨延攬他參選第 5 屆省議員，先前屏東縣就有省議員要禮讓一席給客家人的慣例。邱連輝當選後，那時省議會「北有許信良、南有邱連輝」之說，兩人對執政當局口誅筆伐、質詢犀利，讓國民黨高層對這兩位客家籍省議員不受控的表現，相當不悅（何來美，2017）。1977 年邱連輝爭取連任省議員被國民黨「封殺」，另提名同是客家籍的賴志榮參選，國民黨打壓邱連輝還故意製造客家人分裂，引發客家選民不滿。此舉反而讓邱連輝以黨外身分最高票連任，並成為屏東縣的黨外領袖，也驅動六堆地區客家人逐漸向黨外靠攏。當年，黨外勢力同時在桃園縣、苗栗縣的客家庄崛起。在桃園，許信良脫黨當選縣長，引爆了「中壢事件」。苗栗則是傅文政以最高票當選省議員。後來，由於台美斷交導致蔣經國決定延後增額立委選舉，引發 1979 年在高雄的「橋頭事件」與「美麗島事件」，邱連輝與傅文政不但一同參與發起，還帶領各地客家鄉親們加入。由此可知，苗栗客家族群也不是一開始就被國民黨控制。立委增額選舉延遲到 1980 年 12 月，黨外人士組織美麗島受難家屬參選，原高雄縣長余登發之女黃余綉鸞代父出征，在高屏選區當選，屏東六堆選民則支持客家人鍾榮吉（見下一章）。

　　隨後，國民黨在屏東受困於派系內鬥，提名進退失據。1981 年第 9 屆屏東縣長選舉，因連續五屆的縣長都由張派人士出任，國民黨為防止張派勢力擴張，並提升林派勢力與張派抗衡，在未經派系協調就逕行提名林派的陳恆盛參選。邱連輝在徐傍興的勸進和出錢、出力的支持下，高喊「國民黨打壓你，六堆鄉親挺你」的口號，讓邱連輝成為屏東縣第一位客家籍縣長和黨外縣長。受訪者 A 認為：邱連輝可以選上縣長，很重要的關鍵者是客家精神領袖徐傍興博士，他有強烈的客家意識，也很照顧鄉親，所以當徐傍興喊出：「客家人要支持客家人」時，六堆客家

鄉親全部都動員起來力挺邱連輝；他也號召萬家香的吳文華和客家籍企業家支持，在當時形成一股很強的民間力量。

這次的選舉，國民黨不斷挑起族群議題。國民黨陳恆盛在選舉文宣中強調屏東縣的閩客政治傳統，怎麼可以讓「少數的客家人變主人，多數的主人變客人」，試圖以閩客有別的方式來贏得選戰。而邱連輝則是以「閩客大團結」作為選舉口號，並邀請黨外人士組成助選的後援會，採取國民黨與黨外力量相互競爭的選戰策略，以減低閩客族群間嫌隙的分化劣勢，且這樣策略確實奏效。還有，國民黨在提名過程中沒有徵詢張派人士的意見，讓張派樁腳很不是滋味，使張、林兩派內鬨、分裂，而邱連輝原本也是張派，在獲得張派閩南籍議長陳進興的倒戈支持後，閩客政治傳統的問題就變得不是那麼重要。

邱連輝選上縣長帶來屏東縣第一次黨外輪替，但 1985 年邱連輝爭取連任時，卻輸給國民黨提名的施孟雄，受訪者 B 認為族群也是主要原因之一，他表示：1985 年的縣長選舉，張、林兩派達成和解妥協，目的是為了讓閩南人重拾縣長寶座，當時國民黨再度刻意操作族群議題，對外的選舉文宣一直出現「客家人給他做一屆就好」標題，加上買票賄選和政治分贓等手段，讓邱連輝飲恨敗北。不過，邱連輝在客家鄉鎮的得票率仍保有六成，客家人並未因派系重新結盟改投給國民黨，而是持續支持黨外的主張和運動。雖然，當時國民黨的派系力量還有些許的影響力，但解嚴、開放黨禁和民進黨成立後，讓民進黨在屏東縣更有組織和動員的力量。屏東縣自 1981 年起，縣長除第 10 屆施孟雄、第 12 屆伍澤元是國民黨外，民進黨多次執政，成為最多次政黨輪替的縣市。

本書以兩次以上的政黨輪替作為政黨競爭逐漸取代地方派系的「民主鞏固」標準，就像民主轉型理論所認為的，除了原有威權體制內的菁英分裂給在野人士製造政治機會，也依賴新的政治結盟才能實現。Key

（1955）認為，會促使支持政黨的選民結構形成大規模、急劇的改變，同時這種新的政黨認同會持續穩定一段期間，通常要仰賴一次「關鍵選舉」（critical election）帶來政治重組契機。1981 年邱連輝當選縣長，可說是屏東縣客家鄉鎮政黨認同改變的關鍵性選舉。受訪者 B 特別指出：1981 年邱連輝選縣長的時候很認真，屏東縣每個鄉鎮市都很勤勞跑，用心經營黨外的椿腳，也就慢慢形成黨外（民進黨）組織的力量。之後，邱連輝以民進黨籍當選第 1 屆第 5、6 次增額立法委員及第 2 屆立法委員。1995 年第 3 屆立法委員選舉，邱連輝推其子邱子正接棒，並獲得民進黨提名，結果高票落選，從此屏東縣客家人參政機會逐漸下滑（何來美，2017）。客家鄉鎮仍支持民進黨，卻不一定支持客家籍候選人，顯示屏東客家族群接受民主政黨競爭，超越地方派系與族群政治的認同。

三、政黨重組的客家庄

　　解嚴前，威權體制下的選舉提供民主運動政治機會，有助於黨外組織政治動員，經由選舉活動，黨外人士得以在短期內大量與群眾接觸、宣傳、團結民眾（吳乃德，1992）。雖然黨外公職人員在反對運動具有高度影響力，黨外運動要組織化就必須要有一個常設機構。在 1985 年，邱連輝、蘇貞昌、邱茂男在屏東縣推動成立「黨外公職人員公共政策研究會」屏東縣分會，建立常態性的黨外（民進黨）組織。邱連輝擔任黨外公政會屏東縣分會理事長時，就以黨外公政會的名義推舉蘇嘉全等人參選 1986 年第 11 屆的議員選舉，讓黨外在屏東縣形成一股新勢力（宋耀光、鍾振斌、邱薇樺，2021）。

　　1986 年民進黨成立，屏東縣黨部是全國第 2 個成立的地方黨部，首

屆黨部主任委員由邱連輝擔任，吳應文當執行長，都是客家籍。而且民進黨屏東縣黨部迄今有 12 位擔任過主任委員，其中有 6 位是客家籍。受訪者 B 指出：1989 年民進黨屏東縣黨部的黨員人數只有 4 百多人，主要是農民；農民是民進黨的主要支持者，像 1988 年 520 的農民運動也都是六堆地區客家在處理的，人馬都是高屏地區調去的，公教人員都不敢站出來。1989 年，民進黨秘書長張俊宏提出「地方包圍中央」的選舉總路線策略，蘇貞昌代表民進黨參選第十一屆屏東縣縣長，擊敗國民黨籍候選人曾永權，繼邱連輝之後，正式實現政黨輪替。

　　1993 年縣長選舉，國民黨提名的「刑警百里侯」伍澤元與人稱「屏東皇帝」鄭太吉和「郭府千歲」郭廷才結盟為「屏東黑金鐵三角」（何亞芳，2022），利用金錢賄選和黑幫恐嚇的手段，僅以 1 萬 2 千票的些微差距擊敗爭取連任的蘇貞昌，但蘇貞昌在屏東縣客家鄉鎮的得票率仍有六成多，是為第二次政黨輪替。受訪者 A 特別強調：民進黨在屏東縣的選舉要選贏，要看客家鄉鎮的得票率，若客家鄉鎮得票率有達到七成就很穩了，如果是六成五以下那就很危險。受訪者 B 則評論說：只要敢跟國民黨拚的，客家人支持的態度就蠢蠢欲動。這些觀察顯示，屏東縣客家人其實很早就出現了冀求政黨重組的傾向。

　　再者，藍綠之爭雖然主要議題是國家認同，也有左、右派的意識形態意涵。例如，屏東縣客家鄉親認為國民黨經濟策略「重北輕南」，較不關心南部六堆地區的公共建設和經濟發展，迫使子女遠赴他鄉謀職；他們也認為國民黨較漠視農民和勞工權益。受訪者 B 表示：1981 年蘇貞昌從台北回屏東選省議員的時，抨擊南北發展不均，就靠喊出「倚尾包衰」[10] 的競選口號，怨嘆國民黨政府不照顧屏東，不照顧農民，並跟邱

10　是指屏東縣位處台灣最南部、最尾端，地方的建設和發展，最會被忽略，

連輝聯合競選，得到很多客家鄉親的支持而高票當選。劉嘉薇（2019）
的調查發現，有四成的客家人認為國民黨政府比較重視北部客家庄的發
展，有三成的客家人認為民進黨政府比較重視南部客家庄的發展，也呼
應不同地區的客家人對國、民兩黨施政感受程度存在著差異。

　　不過，李旺台認為六堆地區客家人的政黨傾向偏綠，可能是「地域
因素」大於「族群因素」。他是從媒體生態觀點來舉證。他指出，台灣
在戒嚴時期，全國媒體由黨國控制，新聞與言論的天空完全由兩報、三
台、黨報和軍報籠罩。但到了 1970 年代，高雄出現兩家不姓黨的報紙，
一家是吳基福時代的台灣時報，一家是民眾日報。這兩報的發行大本營
就在高屏，其次是雲嘉南，且報導議題也多與當年黨外運動相呼應（宋
耀光、鍾振斌、邱薇樺，2021）。還有，深受農民和勞工喜愛的「地下
電台」影響力不小，因地下電台對執政者的抗爭和反對性格，是民進黨
在中南部向民眾發聲很重要的傳播媒介。

　　在前述歷史脈絡下，我們檢視了 1996 年總統大選以來，屏東縣歷
次總統、立法委員與縣長選舉結果，圖 4-1 顯示了屏東縣總統選舉的變
化趨勢。自 1996 年，首次總統直選起，國民黨的屏東縣非客家鄉鎮得
票率，分別是 1996 年 72.95%、2000 年 28.12%、2004 年 54.54%、2008
年 61.05%、2012 年 54.14%、2016 年 34.77%、2020 年 45.50%；而民進
黨總統的屏東縣非客家鄉鎮得票率，則分別是 1996 年 18.36%、2000 年
34.56%、2004 年 45.46%、2008 年 38.95%、2012 年 43.83%、2016 年
51.82%、2020 年 51.74%。

　　而屏東縣客家鄉鎮的總統得票率，國民黨是 1996 年 63.03%、2000
年 27.75%、2004 年 35.53%、2008 年 43.35%、2012 年 36.12%、

　　資源分配也是被邊緣化，國民黨政府都不關心屏東的問題，很倒楣。

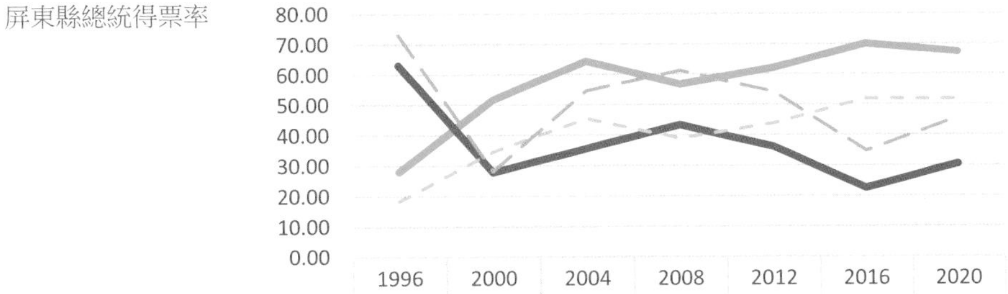

屏東縣總統得票率

	1996	2000	2004	2008	2012	2016	2020
——— 民主進步黨得票率（客家鄉鎮）	27.97	51.57	64.47	56.65	61.99	70.02	67.24
——— 中國國民黨得票率（客家鄉鎮）	63.03	27.75	35.53	43.35	36.12	22.46	30.36
- - - 民主進步黨得票率	18.36	34.56	45.46	38.95	43.83	51.82	51.74
— — 中國國民黨得票率	72.95	28.12	54.54	61.05	54.14	34.77	45.50

圖 4-1：歷年總統選舉：屏東縣客家、非客家鄉鎮得票率
資料來源：本書參考中央選舉委員會資料繪製

2016 年 22.46%、2020 年 30.36%；民進黨的則是 1996 年 27.97%、2000 年 51.57%、2004 年 64.47%、2008 年 56.65%、2012 年 61.99%、2016 年 70.02%、2020 年 67.24%。

　　從以上得票率變化可以發現，七次總統大選中，民進黨於屏東縣客家鄉鎮的得票率，從一開始就高於非客家鄉鎮，自 2000 年起，客家鄉鎮對民進黨得票率就未曾低於國民黨，政黨重組遠早於屏東縣非客家鄉鎮；而屏東縣非客家鄉鎮，國民黨的整體支持度，除 2000 年得益於宋楚瑜參選，藍營分裂，後來三屆的總統大選均是國民黨略占上風，直到 2016 年、2020 年兩次民進黨總統勝選，屏東縣非客家鄉鎮才出現綠營高於藍營的得票率情勢。

　　可以這麼說，2016 年之前，國民黨在非客家鄉鎮的總統選舉，明顯優於民進黨的得票率，而民進黨則在屏東縣的客家鄉鎮獲得選民長期支持。2016 年後，屏東縣非客家鄉鎮的藍綠支持也翻轉，才讓民進黨於

2016 年、2020 年，分別於非客家鄉鎮，取得了 17.05%、6.24% 的得票率優勢，此優勢也未超過全國差異。顯然在總統大選層級，國民黨在屏東縣的客家鄉鎮得票率遠遠落後給民進黨。甚至可以說，屏東縣的總統選舉，藍綠支持態勢翻轉之政黨重組，是先在屏東縣的客家鄉鎮發生，然後才擴散到其他非客家鄉鎮地區。

　　圖 4-2 顯示屏東縣區域立委選舉的變化趨勢。自 1995 年起，國民黨屏東縣區域立委的得票率分別是 1995 年 64.29%、1998 年 50.52%、2001 年 29.91%、2004 年 39.48%、2008 年 52.05%、2012 年 45.09%、2016 年 32.25%、2020 年 46.50%；而民進黨屏東縣區域立委的得票率，則分別是 1995 年 30.79%、1998 年 26.20%、2001 年 34.68%、2004 年 39.98%、2008 年 42.64%、2012 年 51.44%、2016 年 50.35%、2020 年 39.60%。

　　而客家鄉鎮的區域立委得票率，國民黨則是 1995 年 42.80%、1998 年 34.34%、2001 年 17.87%、2004 年 22.92%、2008 年 43.32%、2012

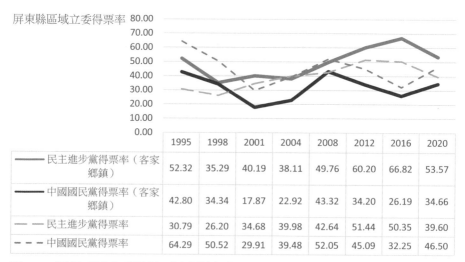

屏東縣區域立委得票率	1995	1998	2001	2004	2008	2012	2016	2020
民主進步黨得票率（客家鄉鎮）	52.32	35.29	40.19	38.11	49.76	60.20	66.82	53.57
中國國民黨得票率（客家鄉鎮）	42.80	34.34	17.87	22.92	43.32	34.20	26.19	34.66
民主進步黨得票率	30.79	26.20	34.68	39.98	42.64	51.44	50.35	39.60
中國國民黨得票率	64.29	50.52	29.91	39.48	52.05	45.09	32.25	46.50

圖 4-2：歷年區域立委選舉：屏東縣客家、非客家鄉鎮得票率
資料來源：本書參考中央選舉委員會資料繪製

年 34.20%、2016 年 26.19%、2020 年 34.66%；民進黨則是 1995 年
52.32%、1998 年 35.29%、2001 年 40.19%、2004 年 38.11%、2008 年
49.76%、2012 年 60.20%、2016 年 66.82%、2020 年 53.57%。

　　從以上得票率變化可以發現，屏東縣八次區域立委選舉中，民進黨
在 2001 年起得票率就大幅度領先國民黨。只有 2008 年，民進黨區域立
委受總統大選失利之累，在非客家鄉鎮得票弱於國民黨 9.41%，而客家
鄉鎮的領先僅有 6.44%；2012 年起，屏東縣客家鄉鎮，民進黨以 26%
幅度領先國民黨，2016 年的優勢甚至擴大至 40.63%，2020 年才又回彈
至 18.91%。整體而言，民進黨在屏東縣區域立委選情具有相當優勢，尤
其是客家鄉鎮，領先趨勢相當明顯。

　　簡言之，在 1995-2020 年間，國民黨在屏東縣客家鄉鎮的支持不如
非客家鄉鎮。在 2008 年，民進黨非客家鄉鎮的得票率被國民黨反超的
情況下，屏東縣的客家鄉鎮投票依舊維持了民進黨的優勢。而隨著全國
藍綠支持度翻轉，民進黨在屏東縣客家鄉鎮的優勢，更是持續擴大到兩
位數。可見，屏東縣在非客家鄉鎮，國民黨與民進黨仍互有勝負；但在
客家鄉鎮，民進黨的支持度遠遠勝過國民黨。

　　圖 4-3 呈現縣長選舉得票率的起伏，國民黨在屏東縣長選舉裡，
非客家鄉鎮得票率分別是 1997 年 53.25%、2001 年 47.54%、2005 年
47.41%、2009 年 50.14%、2014 年 44.03%、2018 年 45.62%；而民進黨縣
市長在非客家鄉鎮得票率，則分別是 1997 年 44.61%、2001 年 49.32%、
2005 年 38.52%、2009 年 49.86%、2014 年 55.97%、2018 年 52.41%。

　　而客家鄉鎮的縣市長得票率，國民黨則是 1997 年 35.05%、2001
年 33.33%，2005 年 34.55%、2009 年 33.93%、2014 年 31.77%、2018 年
36.64%；民進黨則分別是 1997 年 62.31%、2001 年 62.89%、2005 年
52.74%、2009 年 66.07%、2014 年 68.23%、2018 年 61.48%。

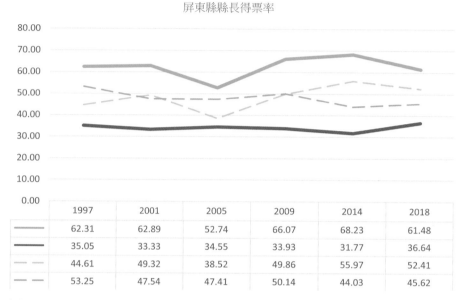

屏東縣縣長得票率

	1997	2001	2005	2009	2014	2018
	62.31	62.89	52.74	66.07	68.23	61.48
	35.05	33.33	34.55	33.93	31.77	36.64
	44.61	49.32	38.52	49.86	55.97	52.41
	53.25	47.54	47.41	50.14	44.03	45.62

圖 4-3：歷年地方首長選舉：屏東縣客家、非客家鄉鎮得票率
資料來源：本書參考中央選舉委員會資料繪製

　　最後說明 2020 年立委選舉裡屏東縣客家鄉鎮的差異，佳冬鄉民進黨領先國民黨 12.51%、內埔鄉領先 20.38%、新埤鄉落後 3.05%、竹田鄉領先 21.01%、萬巒鄉領先 25.12%、長治鄉領先 18.05%、高樹鄉領先 30.17%、麟洛鄉領先 27.07%；總統選舉部分，佳冬鄉民進黨領先國民黨 40.21%、內埔鄉領先 33.40%、新埤鄉領先 28.19%、竹田鄉領先 38.56%、萬巒鄉領先 41.22%、長治鄉領先 29.84%、高樹鄉領先 45.15%、麟洛鄉領先 38.47%。顯而易見地，除新埤鄉外，屏東無論立委或是總統選舉，民進黨都具有明顯優勢，在 2020 年的客家鄉鎮中，佳冬與內埔是穩定領先，竹田、萬巒與麟洛更是顯著深綠。

　　從以上得票率變化可以發現，七次屏東縣長選舉中，民進黨在屏東縣的非客家鄉鎮，分別於 1997 年、2005 年、2009 年敗於國民黨；但此

一劣勢都由屏東縣的客家鄉鎮得票補回，使得 1997 年迄今，屏東縣地方首長均為民進黨黨籍。但整體而言，1997 年到 2018 年間，屏東縣非客家鄉鎮，藍綠的得票率消長與全國趨勢大致一致，而屏東縣的客家鄉鎮，則是始終對民進黨給予極高支持。即使是在民進黨 2008 年總統大選失利後隔年的地方選舉，對上國民黨仍有 32.14% 的得票領先。屏東六堆客家人可說已成為民進黨最堅定的支持者。

前述結果與社會調查一致。徐葦芃、周錦宏（2022）針對屏東縣 8 個客家鄉鎮年滿 20 歲具投票權公民的政黨認同調查發現，認同民進黨的比例有 26.9%，國民黨則是 16.1%，「看情況而定」有 52.4%。其中，客家人認同民進黨的比例有 31.0%，高過閩南人的 25.3%，在認同國民黨的部分，客家人是 15.2%，閩南人是 15.0%，幾乎一致。可見，屏東縣客家鄉鎮和客家人的政黨認同是傾向民進黨的。雖然「看情況而定」超過一半，但從上述屏東縣總統、立法委員、縣長投票結果的實證分析，客家鄉鎮支持民進黨明顯高於國民黨。客家鄉鎮也比非客家鄉鎮更支持民進黨，非客家鄉鎮投給國民黨的比例則高於客家鄉鎮。

從黃振三、郭國基到邱連輝，開啟屏東六堆客家鄉鎮的黨外發展。1981 年邱連輝以客家人與黨外身分當選屏東縣長，打破過往的「客家副座」政治安排，對屏東縣客家政治，甚至屏東縣政黨政治來說，無疑是一次重要且關鍵的選舉，使屏東縣六堆客家鄉鎮對國、民兩黨的支持和認同傾向，產生尖銳且持久的重組（sharp and durable realignment）。加上之後歷次的「重組性選舉」（realignment election），完全讓國民黨在屏東縣的六堆客家鄉鎮失去支持的基礎，屏東縣客家人的政治傾向也產生明顯的改變和轉移。而原本為平衡閩客關係的職位安排不復存在，族群議題在選戰中也不容易發酵，政黨競爭取代了族群政治，不過也使屏東的客家政治發展面臨一些挑戰。

四、小結：政黨競爭下的客家政治挑戰

　　屏東縣地方派系與黑金政治瓦解是一個長期發展的過程，自解嚴前就開始演變，在民主化初期產生劇烈的政黨重組。現在屏東縣眾多的政治人物已不認為地方派系還存在於屏東，也不認為自己是地方派系人物（王金壽，2004）。屏東縣從組織黨外公政會到民進黨成立，政黨的各級公職人員已累積一定的支持群眾和選票，並逐漸進入地方行政和議會系統。因此，國民黨已不能如以往掌控分配的權力，而原本仰仗國民黨「恩庇侍從」政治關係的派系，也就鬆動和瓦解，且有部分向民進黨靠攏。也就是說，屏東縣客家選民的投票依據，已從對派系的忠誠轉為政黨偏好之選擇。

　　邱連輝 1981 年當選屏東縣縣長，乃至他 1992 年第 2 屆立法委員選舉的「最後一戰」後，屏東縣的地方政治產生了族群間的矛盾與糾葛，屏東縣議會的副議長就不再是客家籍，屏東客家人再也沒有人當選過省議員和立法委員。現在屏東縣議會客家籍的議員還比原住民議員來得少，作為屏東第二大族群的客家人，在屏東縣政治場域的競逐實力漸漸變得弱勢，出現緩慢缺席的危機。受訪者 A 和 B 異口同聲地說：雖然屏東的客家意識仍然很強，但少了像徐傍興一樣，可以登高一呼，凝聚客家鄉親力量的精神領袖、意見領袖。客家族群欠缺讓大家可以團結的黏著劑，就沒有辦法「以小博大」，再次運用關鍵少數來獲取較多的政治籌碼。

　　受訪者 A 進一步指出：這三十年屏東的客家人沒有把自己形塑成檯面上的人物，斷層很嚴重，未來連立法委員都可能沒有機會了。受訪者 B 接著說：像屏東縣立法委員剩 2 席，改成屏南、屏北兩個單一選區之後，六堆客家庄被切成兩半，客家人就更不可能了。而這是從後邱

連輝時代就出現的斷層。但為什麼邱連輝之後，沒有培養客家的政治人才呢？受訪者 A 認為：因為邱連輝栽培自己兒子、女兒、女婿，導致屏東的客家人認為邱連輝沒有像當初徐傍興一樣拉拔客家子弟，傳賢不傳子，所以就比較沒有支持他。若只培養自己家族接班，遲早會被選民背棄的，而這現象從北到南的客家庄都一樣。客家政治人才斷層是現階段屏東縣客家政治面臨的嚴峻挑戰，若要重振屏東縣客家政治的榮景，國、民兩黨都應該要積極投入客家政治人才的培養，雖然屏東縣強烈的客家意識是很好底子，但還是需要適合的、優秀的、年輕的人才才能撐得起來。

徐葦芃、周錦宏（2022）對屏東六堆客家鄉鎮不同年齡層政黨認同的調查結果發現，60 歲以上認同民進黨的比例最高（35.9%），其次是 40 歲以下（24.3%）；中壯年最低（22.0%）。在國民黨部分一樣是 60 歲以上較高（21.4%），其次是中壯年（15.7%），40 歲以下青年世代最低（11.7%）。不過，「看情況而定」的比例在 60 歲以上僅 39.3%，40 歲以下青年世代最高（59.0%）。可以看得出，中高年齡層群體仍維持較高比例政黨認同，轉變機會小，但 40 歲以下青年世代的政黨認同是變動的、不確定的，如果出現特殊的偶發事件，還是有可能產生政治傾向再次重組的情況，即便是現在保有優勢的民進黨也一樣會受到衝擊。

受訪者 A 和 B 都提醒：現在地方都盛傳，縣長、鄉鎮市長只要民進黨初選過了就過了，所以大家就投注很大資源，更出現不少互相攻訐的情況，其實選民都看在眼裡的。還有像是縣議員、鄉鎮長、鄉鎮市民代表等小選區的選舉，仍受到地方樁腳和人情網絡掣肘，選舉買票風氣依然很糟糕，民進黨籍的客家鄉鎮長也有不少因貪汙被起訴。屏東縣客家人從黨外就力挺民進黨到現在，民進黨若揮霍長久累積下來的政治資產，輕忽整頓黨內選風敗壞問題的重要性，客家人的「打抱不平」、「保

鄉衛土」的反抗意識，還是有可能挑戰屏東縣客家鄉鎮的政治版圖，抑或在政治機會結構（political opportunity structure）變化時，改支持其他新興政黨，形成新的政治制衡力量。

第 5 章

轉型中的客家政治：高中桃竹

　　本章討論的第二種類型——轉型中的客家政治，係指客家鄉鎮從傳統的宗親和派系政治生態，逐步轉變為政黨政治的格局，在此過程中可能發生選民族群政治變化與政黨重組。這個模式包括高雄市、台中市與桃園市三個近年升格的直轄市，以及晚近人口激增且朝向都會化發展的新竹縣市。前述各個地區客家政治變遷之分析，在高雄市是以美濃為討論核心，台中市則是聚焦於山城地區，桃園市和新竹縣市會以客家人口數及比例屬多數的南桃園和新竹縣為範圍。此一區域通常發生過兩次政黨輪替，後續趨勢值得觀察。

　　經典的政治現代化理論指出，經濟發展是影響政黨政治發展的重要因素（Duverger, 1986）。雖然政治現代化理論有許多批判與變種，台灣的民主轉型與經濟發展和社會多元化卻有很大關連，客家地區亦然。隨著地方工商產業發展，帶動就業機會，吸引青年人口移入，工業化與都市化改變原本的選民組成結構和舊有的宗親及派系政治格局。表 5-1 可看出，桃竹苗四縣市從 1996 年到 2016 年，工業家數增長最多的是新竹縣，有 85.59% 增長率，其次為 73.46% 的桃園市。服務業家數也以新竹

縣最高，達 121.67% 增長率，桃園市也達 105.86%。新竹市雖然因為土地不足工廠成長有限，服務業也成長了 77.39%。而這樣工業及服務業增長，同時也反映在戶籍人口數的成長。

表 5-1：1996-2016年桃竹苗四縣市工業及服務業家數統計表

		1996年	2006年		2016年	
		家數	家數	對應1996年增長率 %	家數	對應1996年增長率 %
桃園市	工業	15,011	20,097	33.89%	26,038	73.46%
	服務業	37,914	61,019	60.94%	78,053	105.86%
新竹市	工業	4,168	4,394	5.42%	4,792	14.97%
	服務業	10,763	15,719	46.05%	19,093	77.39%
新竹縣	工業	3,290	4,374	32.95%	6,106	85.59%
	服務業	8,991	14,170	57.60%	19,600	121.67%
苗栗縣	工業	4,742	4,699	-0.91%	5,668	19.53%
	服務業	13,631	16,575	21.60%	17,960	31.76%

資料來源：主計處工業及服務業普查統計資料庫，本書整理

　　人口變遷是社會變遷的重要指標之一（陳紹馨，1979），長期變化可能會引起日後的政治轉型。表 5-2 顯示 1996 年到 2020 年桃竹苗四縣市人口數的變化，人口增長幅度最大的是桃園市，有 44.69%，其次為 37.56% 的新竹縣。在全國面臨少子化和人口負成長的危機下，桃園市、新竹縣、新竹市仍有如此高的人口成長率，顯示其都市化發展的程度。進一步從區域來看，桃園市人口增加最多的區域為：蘆竹區、桃園區、楊梅區、龜山區，北桃園增加人口數比南桃園為多。新竹市則因科學園區吸力，東區人口增長也較多。

表 5-2：1996-2020年桃竹苗四縣市人口數統計表　　　　　　　　單位：人

	1996	2006		2016		2020	
	人口數	人口數	對應1996年增長率 %	人口數	對應1996年增長率 %	人口數	對應1996年增長率 %
桃園市	1,568,062	1,911,161	21.88%	2,147,763	35.97%	2,268,807	44.69%
新竹市	345,954	394,757	14.11%	437,337	26.41%	451,412	30.48%
新竹縣	414,932	487,692	17.54%	547,481	31.94%	570,775	37.56%
苗栗縣	560,099	559,986	-0.02%	559,189	-0.16%	542,590	-3.13%

資料來源：本書研究整理

　　新竹縣以竹北市人口增長幅度最大，1996 年僅 79,431 人，2020 年增加到 200,782 人，增長幅度高達 152.78%，其次是新豐鄉 35.67%、湖口鄉 26.66%。近來竹北市人口數已占全新竹縣人口的 35.18%，「決戰竹北」成為 2022 年客家鄉鎮層級選舉的熱門話題，誰擔任竹北市市長未來就可能問鼎新竹縣縣長，甚至是大新竹市市長，國、民兩黨無不卯足全力，國民黨由現任立法委員林為洲「降級」參選，民進黨則是徵召參選過縣長和立法委員的鄭朝方角逐。而苗栗縣全縣的人口數仍是負成長，唯獨竹南鎮、頭份市在竹科外溢效果下，人口增長率約有四成，這表示苗栗縣其他客家鄉鎮人口外移和人口老化嚴重，也是地方派系影響力仍然可以維持的因素之一。

　　理性的中間選民是選舉研究早期的經典理論。選民以理性計算來衡量政黨或候選人時，選民的投票會經過成本效益的理性評估後，才付諸行動。Downs（1957）認為，選民會根據候選人、政黨或執政者過去施政績效的回溯性投票（retrospective voting），以及預期某政黨或候選人未來經濟施政能力的預期性投票（prospective voting），以做為投票選擇的考量因素。這種選民重視的是政黨或候選人所端出的政見牛肉，以及

政績是不是符合選民的期待。中間選民或理性選民理論雖飽受批評也並非經常有效，但由於「轉型客家」區域的選民有相當部分尚未建立明確的政黨認同，在這區域有一定的解釋力。

　　本章除了探討高中桃竹四個區域客家鄉鎮，派系政治從形成到式微的歷程外，並剖析制度變革、政治氛圍、執政績效等因素，對客家鄉鎮政治轉型的影響程度。由於「轉型客家」區域隨著都會經濟發展與年輕世代移入，使得選民結構與政治態度逐漸變化，而這變化到達臨界點時，勢必衝擊各個政黨的政治版圖，也將成為未來政黨政治和族群政治交織且不可忽視的新主流。

一、高雄美濃：從「庄頭」政治到政黨政治

　　在 2010 年縣市合併升格後，高雄市客家人口為全市人口 12.63%，主要是在甲仙區（45.36%）、六龜區（45.99%）、杉林區（62.75%）、美濃區（91.35%）（由北而南）等地區，屬六堆的右堆區域。甲仙、六龜的人口有原住民平埔族人、閩南人和客家人；客家人多來自美濃及屏東高樹，其中一部分是日治時期因樟腦開採而遷入的北部客家移民。不過，客家人在這兩個地區的政治實力並不強，客家政治網絡與美濃間的連結較深。但杉林的客家人卻較多，在地方政治勢力較占優勢，鄉長也都由客家人擔任，主要是由黃姓、張姓及鍾姓，三個隸屬不同派系的家族彼此競爭，且與美濃的同一家族或同姓宗親間關係緊密。因此，本文關於高雄市客家政治傾向的討論，主要聚焦於美濃地區。

（一）家族與派系的「庄頭」政治

　　原屬高雄縣的地方派系有紅、白、黑三大派系，這三大派系的形成與 1951 年首屆高雄縣縣長選舉有關。當時國民黨提名洪榮華跟陳新安與吳崇雄、余登發等人競選，首輪投票 4 人都未過半，依規定由得票數較高的陳新安和洪榮華 2 人進行第 2 輪投票，余登發私下支持陳新安，但最後由洪榮華勝出。洪榮華支持者取「洪」為「紅」的諧音做為標誌，選舉旗幟、帽子、服裝一律用紅色，而陳新安則以白色來區分，高雄縣紅白兩派就此形成。1954 年第 2 屆縣長選舉，在國民黨營造紅白派系輪政策略下，改提名陳新安參選，加上余登發的禮讓，陳新安在同額競選情況當選。洪榮華在縣長卸任後，改擔任高雄縣水利會會長。從此，紅、白兩大派分別掌握高雄縣的水利會和縣府系統。

　　1957 年第 3 屆縣長選舉，紅白兩派競爭激烈，國民黨在輪政慣例下推親紅派的陳皆興，在國民黨全力支持下擊敗余登發當選縣長。1960 年第 4 屆縣長選舉，余登發得到陳新安的暗助當選縣長，成為高雄縣第 1 位非國民黨籍縣長。余登發在任內與縣議會發生衝突，「紅派」的議長戴良慶怒斥余登發「黑白來」（閩南語「亂來」的意思），也讓余登發領導的這一派有了「黑派」的稱呼。黑派就成為高雄縣與親近國民黨的紅派、白派之外的第三股勢力。又余登發身邊的核心成員是非國民黨的異議人士，黑派從此成為反國民黨、反威權主義黨外力量的象徵。1963年，台灣省政府以「八卦寮地目變更案」與「萬金松丁壩工程案」涉及弊端為由，強迫余登發停止縣長職務。但第 8 屆黃友仁（余登發女婿）、第 10 到 15 屆依序是余陳月瑛、余政憲及之後楊秋興三人，有長達 29年的時間，基本上是黑派主導了縣政府的行政系統。

　　在高雄縣的三大閩南人派系之外，高雄美濃的傳統政治生態是「庄

頭」政治，是指開庄的美濃庄與外圍庄頭（如龍肚、中壇、竹頭角等庄），由各庄具威望的家族推派代表或支持對象相互競爭，這些庄頭勢力後來都被國民黨和地方派系納編。在縣議員這一級，三大派系實力相當；鎮長、鎮民代表、農會以白派較居優勢；水利會則為紅派主導；菸葉改進社則為黑派，三大派各有斬獲。但是對於前述三派，也有「白底紅面」、「白底黑面」、「紅底白面」、「紅底黑面」、「黑底白面」、「黑底紅面」等錯綜複雜的說法（美濃鎮誌，1997）。據此可知，美濃的政治派系沒有特別壯大的「山頭」，而是三三兩兩各自成群的「堆頭」，各自操兵；只有在遇到縣長、立法委員以上的大選舉時，候選人吸收這些堆頭成為樁腳，才會匯聚在一起各扶其主。但派系無法全然影響地方組織的選舉，反而是候選人的宗親、姻親、人脈、金脈，發揮的力量比派系的奧援來得大（李旺台、宋耀光、鍾振斌，2021）。

　　在 1950 年到 1980 年威權時期這三十年間，美濃客家人除了在 1950 年邱智生擔任第 1 屆臨時省議會省議員外，都沒有人擔任過省議員或立法委員，也不像屏東客家人「以少博大」，取得副座政治的地位。直到 1980 年第 1 屆第 3 次增額立法委員選舉，當時選區為高雄縣、屏東縣與澎湖縣三縣，國民黨在高雄縣提名白派的王金平、紅派的黃河清，而鍾榮吉是報准參選，目的是為了壓制美濃黑派的勢力。但鍾榮吉在徐傍興和邱連輝的支持下，用「客家人，美濃人，六堆客家子弟不能給人看衰小」做為口號，在六堆地區獲得共鳴，不但以第 2 高票當選，而且在美濃的得票高達 96%（何來美，2017）。鍾榮吉的參選是美濃開庄以來的重要盛事，在地的政治人物也拋開過往派系和庄頭爭搶的恩怨，全力輔選，鄉親們也氣勢沸騰，展現了當時美濃人愛鄉、愛子弟的情結（美濃鎮誌，1997）。

　　1983 年第 1 屆第 4 次增額立法委員選舉，國民黨提名鍾榮吉爭取連

任，但受邱連輝的黨外縣長身分影響，屏東客家鄉鎮就沒有再力挺國民黨提名的鍾榮吉，徐徬興因生病未出面表態，還有同鄉的吳海源參選農民團體立法委員，分散了農民的選票，使鍾榮吉的連任得票明顯下降，在屏東客家鄉鎮得票只有三年前的五分之一，美濃得票也少了約三成。不過，當年鍾榮吉和吳海源同時當選立法委員，美濃一舉創下雙國會議員的紀錄，成為全國和地方政壇的佳話。

　　1987 年鍾榮吉轉任監察委員；1989 年鍾德珍放棄鎮長連任，改投入第 9 屆省議員選舉，並獲得兼任國民黨社工會主委鍾榮吉的引薦和支持，成為美濃第 2 位省議員。1991 年第 2 屆國民大會代表選舉，時任世界客屬總會的理事長陳子欽當選，當年美濃同時有監察委員鍾榮吉、立法委員吳海源、國大代表陳子欽、省議員鍾德珍，締造美濃客家人「四喜」的參政高峰。但 1994 年第 10 屆末代省議員選舉，時任國民黨省黨部主委的鍾榮吉，提名自己的姪子鍾紹和參選，拉下同是白派，也是鍾榮吉一手牽成的現任省議員鍾德珍。但鍾德珍不服黨內提名而違紀競選，造成派內同室操戈，最後鍾德珍敗北，鍾紹和成為美濃第 3 位省議員（李旺台、宋耀光、鍾振斌，2021）。1998 年鍾紹和改參選第 4 屆立法委員，並連任第 5 屆到第 7 屆；鍾榮吉則在 2000 年支持宋楚瑜參選總統，退出國民黨，其後獲親民黨提名為第 5、6 屆不分區立法委員，並當選立法院第 6 屆副院長；鍾紹恢當選第 13、14 屆美濃鎮鎮長，充分展現龍肚庄鍾家的政治影響力，以及高雄白派在美濃的勢力；但這也讓美濃原本強烈的客家團結意識分裂，地方的派系政治產生了變化。

（二）「反水庫運動」驅動政黨力量的介入

在客家選民研究裡有過度簡化的「北藍南綠」之說，但屏東六堆與高雄美濃之間有明顯的政治分歧。受訪者 B 表示：「美濃是山腳下的人，跟我們屏東是平原的不一樣。六堆中心地區是內埔、竹田、萬巒、麟洛、長治，這些地區的人多是農民，認為國民黨都不照顧農民，是反威權的中心點。而美濃公教人員、博士多，政治態度比較保守，以前美濃鎮鎮長都是國民黨籍，立法委員鍾榮吉、鍾紹和也是國民黨籍。」何來美則記錄到鍾榮吉要競選立法委員尋求徐傍興支持時，因為鍾榮吉是國民黨員，徐傍興就說：「憨狗想吃羊哈卵（客語：異想天開之意），不可能啦！」邱連輝的大將吳國光也跟鍾榮吉說：「你只有脫離國民黨，加入『黨外』，客家票才會支持你。」（何來美，2017）。

台灣的本土社會運動與民主轉型亦步亦趨。自 1992 年起，「反水庫興建」是美濃人很重要的公民社會運動，由在地青年與仕紳共同籌組的「美濃愛鄉協進會」，就用「一場起於反水庫卻永無止盡的社區運動」為成立的許諾，分別於 1993、1994 年動員美濃鄉親北上立法院陳情、抗爭，並成功擋下興建水庫的預算。也因此，「反水庫運動」從此改變了美濃的地方政治生態與局面。

但 1998 年行政院宣布「美濃水庫一年內動工」震驚美濃人，反水庫運動再起，美濃人團結起來對國民黨政府的一意孤行發出怒吼，當時美濃最具影響力的《月光山雜誌》就以「用選票來終結水庫」、「誰能終結水庫，保家鄉，即賜神聖一票」為標題，美濃愛鄉協進會成員們也開始為民進黨的候選人站台，牽動了 2000 年的總統大選。最後，陳水扁在美濃的得票占 41.8% 為最高，其次是宋楚瑜的 34.6%，連戰只有 23.6%，這不但是國民黨在美濃前所未有的重挫，也顯示美濃人對國

民黨支持和認同的鬆動。陳水扁當選總統後，宣布停止美濃水庫興建計畫，為這場反水庫抗爭畫上句點，也逐漸削弱了美濃的地方派系和庄頭政治對選民的支配，逐步朝向政黨競爭的政治格局發展。

2000年總統大選，國民黨分裂為兩組候選人，高雄縣白派的林淵源、鍾榮吉、鍾紹和等人公開支持宋楚瑜，但王金平所代表的白派另一支系，仍力挺國民黨提名的連戰，使高雄原本由國民黨控制白派與紅派，民進黨為黑派的「一黨兩派」結構，逐漸解組為「二黨化」或「三黨化」，而且在三黨政治的競爭下，無黨籍空間縮小（趙永茂，2001）。這個效應也反映在2001年第5屆立法委員的選舉，除了無黨籍黃國銘和親民黨鍾紹和這兩位美濃候選人外，非美濃人的候選人，國民黨的王金平，以及民進黨的余政道和林岱樺，也瓜分了美濃的選票，國民黨、民進黨、親民黨在美濃出現三黨鼎立的政治態勢。

（三）「縣市合併」後的派系弱化及政治轉型

在1996年的總統大選後，我們可以從中選會的資料觀察高雄縣與縣市合併之後的高雄市，其地方首長、總統與立委選舉的變化趨勢。如圖5-1所示，除2018年合併後的第3屆高雄市市長選舉，受到民進黨執政爭議與韓國瑜旋風影響，導致綠藍翻盤外，其餘都是民進黨對國民黨穩定保持得票率領先的優勢，尤其2010、2014年合併後第1、2屆市長選舉，民進黨領先國民黨幅度拉得更大，超過三成以上，反映出高雄縣市合併後對政治格局的衝擊。

基於合理國土規劃及區域均衡發展，2009年新修訂的《地方制度法》第4條第1款明定：人口聚居達一百二十五萬人以上，且在政治、經濟、文化及都會區域發展上，有特殊需要之地區得設直轄市，但需經

中央政府審核。當年6月提出申請的有：符合人口門檻的台北縣、桃園縣、彰化縣；人口不足採合併方式的台中縣與台中市、雲林縣與嘉義縣、台南縣與台南市；高雄縣比較特別，因相鄰高雄市已是直轄市，也申請合併改制。後來通過設置新北市（原台北縣）、台中市（台中縣與台中市合併）、台南市（台南縣與台南市合併）、高雄市（高雄縣與高雄市合併）。高雄縣、市合併除考量歷史、生活圈和公共服務等因素外，更希望透過合併均衡區域發展及提升高雄城市的競爭力。

縣市合併後，原本高雄縣、市的派系不太可能在短時間內完成跨縣、市整合，於是各派系自行選擇支持的候選人。當時的高雄市市長陳菊和高雄縣縣長楊秋興爭取民進黨提名，由陳菊勝出。陳菊是民進黨指標性的政治人物，高雄縣偏民進黨的黑派當然支持陳菊。高雄縣黑派長期掌控行政資源，在民進黨成立後，黑派成員也多加入民進黨，致使由國民黨控制的紅白兩派實力減弱。楊秋興也屬黑派，他脫黨參選讓黑派分裂為主流（支持陳菊）與非主流（力挺楊秋興），他也靠著行政優勢爭取高雄縣紅白兩派和高雄市藍營的支持。反觀國民黨提名的黃昭順，她從政經歷是擔任民意代表的市議員（3屆）和立法委員（8屆），且選區都在市區，高雄縣民眾對其陌生，她也不熟悉高雄縣派系生態。最後，陳菊以52.8%過半得票率當選第1屆縣市合併的高雄市市長。2014年，國民黨提名楊秋興再次參選高雄市市長，但陳菊更以68.09%的得票率大勝，楊秋興只有在原高雄縣3個原住民選區有些許領先，其他地區均慘敗，原本黑派非主流系統和國民黨基本盤的紅白兩派，也發揮不了影響力。

縣市合併對地方派系與樁腳的多層次結構影響甚大，鄉鎮市長改為官派的區長，停止鄉鎮市民代表選舉，市議員席次也跟著銳減，原高雄縣是10個選舉區54席議員，原高雄市是6個選舉區44席議員，合計

98 席。但合併後，高雄市議員是 15 個選舉區 66 席議員，議員席次少了 32 席。其中高雄市因人口較多，分配的席次也較多；高雄縣議員席次則減少約一半，衝擊最大。過去議員、鄉鎮市長、鄉鎮市民代表和里長，是地方緊密的「四合一」縱向聯結，又是小選區選舉，故較易受制於派系、樁腳、人情等關係網絡。當席次減少，鄉鎮層級選舉取消，大幅削弱派系在地方的人事、行政和政治資源的控制力量，也壓縮派系運用配票策略或結盟取得更多席次的空間。爭取政黨提名、候選人的形象、政見說帖、選區服務變得更重要，傳統派系的固樁策略就使不上力。

不過，當較偏鄉的客家鄉鎮長改為官派區長後，與民眾日常生活息息相關的服務，變得不夠便捷，有些臨時或緊急事件的處理，像社福的急難救助、農業的災損補償、農路與道路的養護改善等基層公共服務，過去鄉鎮公所都能即時處理，改制後的區公所須依行政程序層層上報主管局處，曠日廢時，很多問題未能有效處理，逐漸累積不少民怨。又縣市合併改制後，原縣區客家鄉鎮可分配到的政經資源變少且有時被忽略，讓原縣區與市區間的城鄉差距擴大，而這區域衰退的相對剝奪感，讓客家選民產生不滿和離心力。

此外，自 1985 年余陳月瑛當選第 10 屆高雄縣縣長，及 1998 年謝長廷當選原高雄市市長，到縣市合併的陳菊擔任第 1、2 屆高雄市市長，民進黨在高雄縣市執政長達 33 年，難免留下一些施政沉痾，讓民眾頗有微詞；2018 年，民進黨在市長黨內初選過程內鬥，讓國民黨趁隙集結原高雄縣區派系力量反撲，在黑派楊秋興和白派王金平、蕭漢俊的操作下，透過派系、農會及水利會系統發起三山（鳳山、岡山、旗山）競選造勢，成功開拓韓國瑜的庶民路線，鬆動民進黨在高雄的組織優勢。林宗弘（2018）認為，這次選舉民進黨選票流失的首要原因，是「軍公教年金改革」導致國民黨韓流崛起，其次則是農業政策所引發的派系動員

（林宗弘，2018）。而農業是高雄市客家鄉鎮的主要產業，美濃的客家人中也有為數不少的軍公教人員，或許這是民進黨在客家鄉鎮得票率下滑的因素之一。

　　根據圖 5-1，民進黨和國民黨在客家與非客家鄉鎮的得票率差異，幾乎難以區分。1997 年民進黨在客家鄉鎮的得票率還高過非客家鄉鎮近 8%，國民黨在客家鄉鎮的得票率低於非客家鄉鎮近 6%。民進黨在政黨輪替後之施政，可以獲得客家鄉鎮選民穩定的支持。但國民黨在客家鄉鎮的政治基礎穩固，仍維持三到四成的得票率，並且在 2018 年以 18% 的得票差距贏過民進黨，是造成民進黨大敗的因素之一。這種幅度劇烈的得票率變化，也反映了高雄市的客家政治發展，其實還在轉型的道路上，民進黨穩定過半的得票率，不代表國民黨基層實力毫無競爭力，有

圖 5-1：歷年地方首長選舉：高雄市客家、非客家鄉鎮得票率
資料來源：本書參考中央選舉委員會資料繪製

可能只是在地派系與社會經濟情勢變化的暫時平衡。

　　再從圖 5-2 總統選舉高雄市得票率變化來看，可以發現 2000 年以後，民進黨只有在 2008 年失利，其餘幾次選舉民進黨的得票率都勝過國民黨。2018 年國民黨贏得高雄市市長選舉，卻又在 2020 年總統選舉輸給民進黨。原因是韓國瑜才剛當選市長，又接著投入總統選舉，被諷「吃碗內、看碗外」，違背當初對高雄市選民的承諾。還有，韓國瑜 2019 年 3 月到香港、澳門拜訪，並公開會見林鄭月娥及中國駐香港、澳門聯絡辦公室主任，讓台灣人民對他的兩岸政策產生懷疑，後續爆發的「反送中事件」，更是讓他「由盛轉衰」的因素之一。2019 年香港民主派的公民組織發起「反對《逃犯條例修訂草案》運動」（或稱「反送中」），這次運動支持者和示威抗議規模比雨傘運動還大，警民衝突更為激烈。

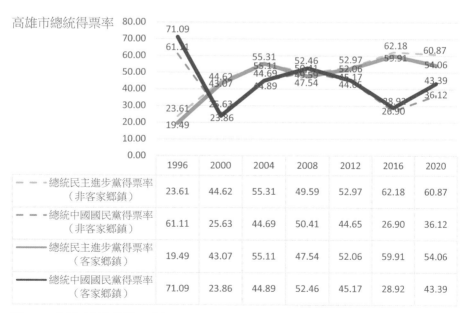

高雄市總統得票率	1996	2000	2004	2008	2012	2016	2020
總統民主進步黨得票率（非客家鄉鎮）	23.61	44.62	55.31	49.59	52.97	62.18	60.87
總統中國國民黨得票率（非客家鄉鎮）	61.11	25.63	44.69	50.41	44.65	26.90	36.12
總統民主進步黨得票率（客家鄉鎮）	19.49	43.07	55.11	47.54	52.06	59.91	54.06
總統中國國民黨得票率（客家鄉鎮）	71.09	23.86	44.89	52.46	45.17	28.92	43.39

圖 5-2：歷年總統選舉：高雄市客家、非客家鄉鎮得票率
資料來源：本書參考中央選舉委員會資料繪製

但是在北京主導下，香港政府對參與「反送中」的民眾暴力鎮壓，阻礙香港民主化的種種做為，讓「今日香港、明日台灣」的情結在台灣擴散。2020 年的總統選舉，蔡英文在高雄市的得票率反超韓國瑜。

　　然而，自 2000 年總統選舉起就已發生的藍綠翻轉現象，仍存在不穩定因素。例如在高雄市，2016 年國民黨得票率暴跌，但在 2020 年，國民黨的支持度大致回彈至 2012 年左右的支持度。另一方面，2000 年至 2016 年總統選舉，國、民兩黨在高雄市客家與非客家鄉鎮的支持程度相當。可是 2020 年非客家鄉鎮民進黨的支持度高過國民黨約 24%，在客家鄉鎮民進黨只略高 10% 左右。總的來說，高雄市全市自 2000 年起，就逐漸脫離了在地的國民黨派系控制，並持續轉向政黨政治的競爭為主。儘管民進黨的組織優勢存在，國民黨仍有機會一搏，相形搖擺的客家鄉鎮選情，依然會是高雄市選舉得票率趨勢的重要指標。

　　圖 5-3 顯示了高雄市立法委員選舉的變化趨勢。自 1995 年起，國民黨高雄市立法委員非客家鄉鎮，得票率分別是 1995 年 50.63、1998 年 51.48%、2001 年 32.36%、2004 年 27.81%、2008 年 49.95%、2012 年 44.42%、2016 年 34.92%、2020 年 35.11%；而民進黨高雄市立法委員的得票率，則分別是 1995 年 33.34%、1998 年 32.80%、2001 年 34.52%、2004 年 40.55%、2008 年 47.90%、2012 年 52.40%、2016 年 62.36%、2020 年 57.10%。

　　而客家鄉鎮的立法委員得票率，國民黨是 1995 年 60.06%、1998 年 60.48%、2001 年 37.50%、2004 年 28.12%、2008 年 62.58%、2012 年 50.89%、2016 年 43.91%、2020 年 40.70%。民進黨在客家鄉鎮則是 1995 年 32.96%、1998 年 33.88%、2001 年 33.41%、2004 年 40.72%、2008 年 36.69、2012 年 49.11%、2016 年 55.03%、2020 年 49.45%。

　　從以上 8 次立法委員選舉得票率變化來看，民進黨在高雄市非客家

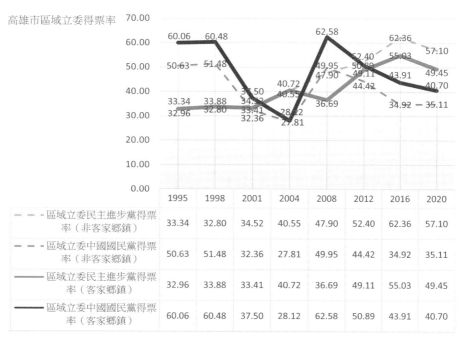

高雄市區域立委得票率

	1995	1998	2001	2004	2008	2012	2016	2020
- - - 區域立委民主進步黨得票率（非客家鄉鎮）	33.34	32.80	34.52	40.55	47.90	52.40	62.36	57.10
- - - 區域立委中國國民黨得票率（非客家鄉鎮）	50.63	51.48	32.36	27.81	49.95	44.42	34.92	35.11
—— 區域立委民主進步黨得票率（客家鄉鎮）	32.96	33.88	33.41	40.72	36.69	49.11	55.03	49.45
—— 區域立委中國國民黨得票率（客家鄉鎮）	60.06	60.48	37.50	28.12	62.58	50.89	43.91	40.70

圖 5-3：歷年區域立委選舉：高雄市客家、非客家鄉鎮得票率
資料來源：本書參考中央選舉委員會資料繪製

　　鄉鎮，除了 1995 年、1998 年、2008 年低於國民黨外，其餘屆次都具有一定優勢。但客家鄉鎮藍綠格局的變化卻稍晚，要到 2004 年藍綠才發生翻轉，接著要等到 2016 年和 2020 年才又由民進黨勝出。基本上，自 2001 年起的立法委員選舉，民進黨在高雄市非客家鄉鎮的得票呈現上升趨勢，也比國民黨在非客家鄉鎮的支持度來得高，且多數是非客家鄉鎮較客家鄉鎮更支持民進黨。至於客家鄉鎮藍綠的波動，同樣反映全國選民的政治傾向。2020 年立法委員選舉結果，雖然不復 2016 年民進黨大勝的得票率高峰，但國民黨選情更為疲軟，得票率反彈力度相當微弱。

　　最後說明 2020 年立委選舉裡高雄市客家鄉鎮的差異。我們可以發現，六龜區民進黨領先 19.21%、杉林區領先 12.48%、甲仙區落後

2.48%、美濃區領先 5.82%；顯然除了甲仙區外，高雄市的客家鄉鎮中，民進黨都具有一定優勢。而在總統選舉上，高雄市的客家鄉鎮差異則是六龜區民進黨領先 20.13%、杉林區領先 13.43%、甲仙區領先 1.61%、美濃區領先 7.52%，顯見民進黨於總統選舉得票率有優勢，但甲仙區較為偏藍，也顯示國民黨地方派系的韌性。

　　整體而言，高雄市客家鄉鎮的藍綠政治實力變化，早在全國的國民黨、民進黨政治格局翻轉前就已發生；這從美濃反水庫運動到 2000 年後的多元政黨競爭型態就可以觀察得到。加上晚近縣市合併後派系勢力的瓦解，以及傳統政治家族或宗親的政經力量式微，取而代之的是整體政府施政、城鄉發展平衡、政黨議題操作、社會氛圍走向等因素，這也顯示政黨競爭與全國局勢的連動關係。儘管高雄美濃已逐步轉型為政黨競爭的政治生態，但是在過去國民黨派系根基頗深的情況下，並未出現屏東縣客家選民強力支持民進黨的局面。

二、台中山城：時局波動造成選擇的分歧

　　在縣市合併之後，台中市 [11] 客家人口占全市人口比例為 17.58%，主要聚居於原台中縣區（以下簡稱台中縣或原縣區）的東勢（83.99%）、石岡（70.46%）、新社（55.22%）、和平（46.67%），另豐原則約占四分之一。原台中縣的地理區塊分為山線、海線、屯區三大塊，地方政治結

11　2009 年 6 月台中縣與台中市依據新修訂的《地方制度法》第 4 條第 1 款規定，提出合併改制為直轄市，同年 7 月經行政院審查通過，於 2010 年 12 月 25 日正式改制為台中市。

構也分成三大部分，大致是山、海線對峙局面，而屯區卻左右選舉（蕭新煌、黃世明，2001）。台中客家鄉鎮屬山線，山城地區以大埔客家人為多，四縣客家人居次，由於入內山墾殖之需，形成幾個由姓氏所構成的聚落型態，宗族組織也成為處理地方事務的主要力量，同姓和地緣組成政治聯盟，構成山城客家政治的基本生態。基於此，台中山城乃是本文討論台中客家政治傾向之重點區域。

（一）派系主導讓少數客家登大位

　　1951 年首屆縣長選舉，同樣塑造了台中縣地方派系的組織。當時有意爭取縣長寶座的有國民黨提名的陳水潭與無黨籍的林鶴年、蔡卯生、陳振順、呂大椿等 5 人，但第 1 輪投票 5 人都未過半，由得票數前 2 位的陳水潭和林鶴年進行第 2 輪投票。林鶴年於第 2 輪投票前加入國民黨，對國民黨來說不管誰當選都是國民黨籍。當年競選時，陳水潭為豐原鎮鎮長，蔡卯生為清水鎮鎮長，兩人先前為爭取台中縣治時就有心結，於是蔡卯生在第 2 輪投票支持林鶴年，讓林鶴年後來居上，當選首屆縣長。林鶴年的選舉文宣採用紅色，而陳水潭用黑色，此後成為台中縣各據山頭勢力的紅黑兩派。

　　1951 年到 1972 年間，紅黑兩派明爭暗鬥激烈，造成縣長紅、黑派系輪政的格局，且往往不能連任，紅派林鶴年擔任第 1、3、5 屆縣長，黑派陳水潭、何金山、王子癸分別是第 2、4、6 屆縣長。1972 年第 7 屆縣長選舉，紅黑兩派在國民黨協商下，達成「紅黑輪政」、「一輪兩屆」，且人選須經對方同意的默契，充分展現國民黨運用「雙派系制衡」來控制地方政治的手段（蕭新煌、黃世明，2001）。接下來的台中縣縣長選舉就照著國民黨的劇本走，第 7、8 屆紅派陳孟鈴；第 9、10 屆黑派陳

庚金；第 11、12 屆紅派廖了以；第 14、15 屆黑派黃仲生擔任縣長，僅第 13 屆例外。1997 年的第 13 屆縣長選舉，因紅黑兩派撕裂協商默契，分別推選代表出馬競選，形成國民黨「同室操戈」，讓民進黨提名的廖永來趁虛而入，首次取得縣長大位。後來，紅黑兩派認清政治現實，重新回到原本的協商默契，下屆縣長選舉國民黨才又獲勝。

　　與高雄市類似，客家人在台中縣市為少數，若依族群人口比例要選上縣長是相當不容易的事。1981 年第 9 屆縣長選舉，客家籍的陳庚金在派系默契下突破對手「閩南人大團結」的口號，成為首位客家籍縣長（蕭新煌、黃世明，2001）。少數的客家人為什麼選得上呢？受訪者 E 認為：「早期台中縣的政治只關心派系問題，沒有族群、閩客的問題，所以山城的客家人投票是認派系的；山城的東勢、石岡、豐原較傾向紅派，新社則因陳庚金較傾黑派，和平較不明顯，紅黑兩派都有。」依紅黑兩派輪政慣例，第 9、10 屆縣長輪到黑派推派代表來擔任。陳庚金在國民黨縣黨部和黑派重要人士的支持，以及紅派不反對的情況下，獲得國民黨提名，並擊敗同是黑派，但以無黨籍參選的陳正宗。

　　除了陳庚金（第 9、10 屆，新社客家人）以外，客家籍擔任縣長的還有廖了乙（第 11、12 屆，豐原客家人）、廖永來（第 13 屆，彰化二林的福佬客）。省議員每屆有 1 到 2 席是客家籍，1992 年到 2008 年間立法委員選舉未改為單一選區前，客家籍立法委員每屆也有 3 到 4 席。客家人在閩南人占多數的台中縣當選縣長、省議員、立法委員，靠派系動員是很重要的因素。蕭新煌、黃世明（2001）也指出，在台中山城地區若是小選區選舉，多半是客家人主導，其中和平鄉屬山地原住民地區，鄉長依規定須為原住民，但鄉民代表還是客家人占多數。大選區或全縣性選舉，客家候選人除山城地區支持外，其他鄉鎮客家人也會幫忙。

　　如同美濃的轉變，台中山城也受到民主化與社會運動衝擊。1987

年政府為彌平貿易順差，開放大量國外水果進口，造成果價大跌，嚴重影響山城地區果農的生計。於是東勢的胡壽鐘、王昌敏、林豐喜、劉南燉等，發起成立戰後第一個農權組織「山城區農民權益促進會」，會員約四百多人，以台中東勢、新社、神岡、苗栗卓蘭等地區果農為組成核心，並於同年 12 月 8 日發起彰化、台中、南投、苗栗、宜蘭等縣，三千多名果農，北上立法院請願，抗議進口水果造成產價慘跌（蕭新煌，1990；蕭新煌、黃世明，2001）。次年（1988 年）3 月 16 日，「山城區農民權益促進會」再次集結全國四千多名農民，到美國在台協會、國貿局、國民黨中央黨部，針對「中美農產品貿易諮商談判」召開會議進行抗爭；4 月 26 日中美貿易諮商會議舉行當天，又再次北上發動抗爭（蕭新煌，1990）。之後，5 月 20 日更引爆美麗島事件後最嚴重的警民流血衝突。

　　台灣農民運動從「山城區農民權益促進會」抗議國外水果進口的「1208 事件」，到「雲林縣農權會」抗爭農業政策和體制改革的「520 事件」，可謂風起雲湧、影響深遠。從「1208」、「316」到「426」由「山城區農民權益促進會」客家果農擔任先鋒的台灣農民運動，點燃了台中山城和苗栗卓蘭的「綠色」火苗，也衝擊了這些地區傳統派系政治的生態。例如領導農運的林豐喜於 1990 年當選縣議員，成為民進黨首位客家籍台中縣議員，後來更擔任民進黨台中縣黨部主任委員，以及第 3 屆到第 5 屆立法委員。而同是民進黨籍的東勢客家人郭俊銘，於 1994 年當選第 10 屆省議員及第 5 屆到第 6 屆立法委員。受訪者 E 就表示：「以前山城的政治生態是由派系和國民黨主控，不過從農運和廖永來當縣長後就起了變化，現在國、民兩黨的勢力都差不多。」

（二）大環境決定政黨選情

從農運開始，台中山城的地方派系勢力有鬆動趨勢。根據圖 5-4，1997 年台中縣縣長選舉由民進黨廖永來當選，是因紅黑兩派分裂，各自推派參選人，且國民黨都同意參選。當時國民黨認為廖永來不成氣候，只要紅黑兩派任一人當選，都還是國民黨勝選（何來美，2017）。但事與願違，藍營兩人總得票雖高過綠營，可是分裂的藍營難敵團結的綠營。2000 年陳水扁當選總統，2001 年廖永來卻連任縣長失利。一方面是紅黑兩派整合成功，另一方面可能是「紅包來」收賄影射中傷，讓國民黨班師回朝。不過，民進黨仍得到 41.02% 的支持，讓陳水扁在 2004 年總統選舉的客家鄉鎮得票率，從 2000 年的 32.28% 增加到 46.85%。

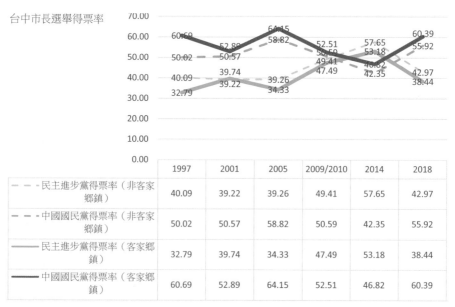

台中市長選舉得票率

	1997	2001	2005	2009/2010	2014	2018
─ ─ ─ 民主進步黨得票率（非客家鄉鎮）	40.09	39.22	39.26	49.41	57.65	42.97
─ ─ ∙ 中國國民黨得票率（非客家鄉鎮）	50.02	50.57	58.82	50.59	42.35	55.92
──── 民主進步黨得票率（客家鄉鎮）	32.79	39.74	34.33	47.49	53.18	38.44
──── 中國國民黨得票率（客家鄉鎮）	60.69	52.89	64.15	52.51	46.82	60.39

圖 5-4：歷年地方首長選舉：台中市客家、非客家鄉鎮得票率
資料來源：本書參考中央選舉委員會資料繪製

　　台中市市長選舉中，民進黨只有在 2014 年才真正實現藍綠得票的翻轉，其他屆次國民黨大致保有一成左右的得票率優勢（參閱圖 5-4）。2014 年藍綠翻轉的主要原因，是 2013 年 7 月間發生「洪仲丘事件」，陸軍義務士官洪仲丘（台中市后里區人）在退伍前，疑似遭受軍方不當處罰、霸凌及操練致死，引起社會輿論關切軍中人權問題。由於軍事檢察署偵辦報告及起訴書內容偏頗且避重就輕，民情譁然，進而引爆「白衫軍運動」，促使軍人審判由軍法體系移至司法體系。

　　接著 2014 年 3 月 17 日立法院聯席會議上，國民黨立法委員張慶忠用 30 秒宣布決議，指《海峽兩岸服務貿易協定》審查已逾三個月期限，依法視為已審查，並強行送立法院院會備查。無視原本立法院朝野黨團協商「逐條審查、逐條表決」的決議。而且《海峽兩岸服務貿易協定》談判與簽署過程的「黑箱作業」，也大開台灣民主倒車，引發社會大眾的不滿和反對。3 月 18 日晚上在立法院抗議的學生、公民團體和群眾，突然占領立法院議場，展開 585 小時的「公民不服從行動」之「太陽花學運」（又稱 318 學運）。

　　「白衫軍運動」與「太陽花學運」暴露出馬英九政府的施政與民眾脫節，重大政策決定前沒有跟民眾充分說明和溝通，粗暴的以立法院多數席次強渡關山。另外，2014 年 9 月到 12 月，香港「專上學生聯會」和「學民思潮」的學生組織，為爭取香港實現「真普選」，仿效台灣的「太陽花學運」發起「雨傘革命」（或稱占領行動），讓先前參加「太陽花學運」的學生世代在社群媒體上力挺香港學生團體，年輕世代中醞釀的「反中」情緒，讓國民黨在 2014 年的「九合一」選舉[12] 及 2016 年總

12　自 2014 年起，台灣的選舉分為中央和地方兩個層級選舉，中央層級為總統和立法委員選舉，地方層級有直轄市市長、直轄市議員、縣（市）長、縣

統和立法委員選舉都雙雙受到重挫。

　　其次是跟高雄市相同的原因所促成，即台中縣市合併改制和都市化發展，讓台中縣的傳統派系較難組織和動員。還有議員席次減少近半，原台中縣是 57 席、台中市 46 席，共計 103 席，在合併改制直轄市後，縮減為 63 席（含原住民 2 席），以及取消台中縣的鄉鎮市長、鄉鎮市民代表等公職選舉等，這些都限縮派系組織動員與操弄的政治運作空間。

　　受訪者 E 也同樣指出：「鄉鎮長改為官派區長後，很多事都要呈報到市政府，要等到主管機關同意後，區公所才敢執行，以致行政效率不彰，讓原縣區的人覺得被邊緣化。」再來則是胡志強已擔任 2 屆原台中市市長，又接續 1 任合併改制的台中市市長，長達 13 年之久，確實飽受爭議。加上他長期服務的範圍都在原台中市區，對原台中縣區發展較不了解，也較難掌握原台中縣區的施政規劃，頗讓人詬病。這和高雄縣市合併改制後一樣，客家鄉鎮選民對城鄉差距擴大的剝奪感，相當不滿，並反映在 2014 年市長選舉的投票上。

　　還有，我們觀察台中市的總統選舉趨勢亦可發現，山城逐漸出現政黨競爭。從圖 5-5 得票率變化可以發現，七次總統大選中，台中市在 2000、2016、2020 年三次選舉，民進黨的得票率都勝於國民黨，但 2000 年是受藍營分裂的影響，宋楚瑜在原台中縣的得票率有 38.10%，陳水扁則為 36.51%。到了 2004 年，競選連任的陳水扁得票率達到過半的 51.79%，同樣在客家鄉鎮的增加幅度有近 15%，這或許反映了客家委員會當時的政策，有效贏得客家鄉鎮的民心，也扮演逆轉戰局的關鍵角色。然而，隨著 2008 年民進黨於總統、立委選舉失利，以及台中縣

　　（市）議員、鄉（鎮、市）長、鄉（鎮、市）代表、直轄市山地原住民區區長、直轄市山地原住民區代表、村（里）長等 9 類地方公職人員選舉。

市合併後的政治格局重組，台中市客家鄉鎮的總統藍綠得票對比，要等
到 2016 年才出現綠大於藍的狀況。

　　2016 年總統選舉，民進黨取得完全執政，民進黨在台中市客家鄉
鎮的得票高過國民黨約一成九（見圖 5-5），但是在 2018 年的市長選舉，
民進黨在台中市客家鄉鎮的得票遠低於國民黨近兩成二（見圖 5-4），不
增反退。短短兩年有這種幅度劇烈的得票率變化，除了民進黨中央政府
的施政爭議，以及韓國瑜旋風的外溢效應影響外，爭取連任的林佳龍在
山城施政上確實陷入爭議，例如：國道 4 號延伸至山城客家鄉鎮的爭議
事件；台中火力發電廠導致空汙問題遭到攻擊等逆風因素。此外，台中
市歷次選舉結果，一定程度反映國民黨在客家鄉鎮的政治實力仍不容小
覷。不過，2020 年的總統選舉，藍綠的得票又翻轉，不難看出，台中市

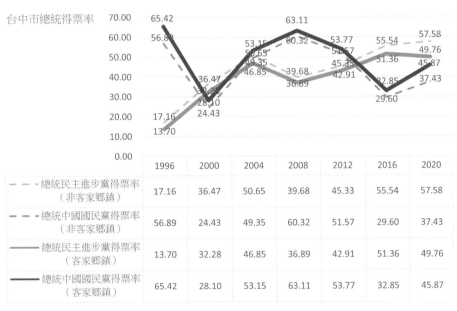

台中市總統得票率	1996	2000	2004	2008	2012	2016	2020
‑ ‑ 總統民主進步黨得票率（非客家鄉鎮）	17.16	36.47	50.65	39.68	45.33	55.54	57.58
‑ ‑ 總統中國國民黨得票率（非客家鄉鎮）	56.89	24.43	49.35	60.32	51.57	29.60	37.43
—— 總統民主進步黨得票率（客家鄉鎮）	13.70	32.28	46.85	36.89	42.91	51.36	49.76
—— 總統中國國民黨得票率（客家鄉鎮）	65.42	28.10	53.15	63.11	53.77	32.85	45.87

圖 5-5：歷年總統選舉：台中市客家、非客家鄉鎮得票率
資料來源：本書參考中央選舉委員會資料繪製

選情仍受到全國局勢的西瓜效應左右。

　　雖然，2020 年總統選舉國、民兩黨在台中市的得票符合全國變化趨勢，但非客家鄉鎮民進黨對國民黨的優勢相當明顯，得票率領先幅度有兩成，在客家鄉鎮差距卻不到 4%。換言之，就算民進黨在 2020 年大勝，民進黨在客家鄉鎮並未完全甩開國民黨，左右未來台中市政黨競爭的重要選區，極有可能是尚處於搖擺態勢的客家山城。

　　最後我們觀察台中市區域立委選情。圖 5-6 顯示，自 1995 年起，國民黨台中市區域立委非客家鄉鎮，得票率分別是 1995 年 55.96%、1998 年 48.03%、2001 年 30.94%、2004 年 35.89%、2008 年 56.66%、

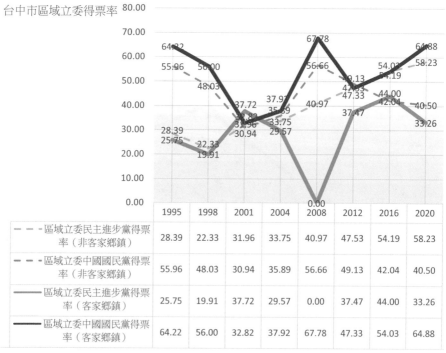

台中市區域立委得票率	1995	1998	2001	2004	2008	2012	2016	2020
區域立委民主進步黨得票率（非客家鄉鎮）	28.39	22.33	31.96	33.75	40.97	47.53	54.19	58.23
區域立委中國國民黨得票率（非客家鄉鎮）	55.96	48.03	30.94	35.89	56.66	49.13	42.04	40.50
區域立委民主進步黨得票率（客家鄉鎮）	25.75	19.91	37.72	29.57	0.00	37.47	44.00	33.26
區域立委中國國民黨得票率（客家鄉鎮）	64.22	56.00	32.82	37.92	67.78	47.33	54.03	64.88

圖 5-6：歷年區域立委選舉：台中市客家、非客家鄉鎮得票率
資料來源：本書參考中央選舉委員會資料繪製

2012 年 49.13%、2016 年 42.04%、2020 年 40.50%；而民進黨台中市區域立委的得票率，則分別是 1995 年 28.39%、1998 年 22.33%、2001 年 31.96%、2004 年 33.75%、2008 年 40.97%、2012 年 47.35%、2016 年 54.19%、2020 年 58.23%。

客家鄉鎮的區域立委得票率，國民黨是 1995 年 64.22%、1998 年 56.00%、2001 年 32.82%、2004 年 37.92%、2008 年 67.78%、2012 年 47.33%、2016 年 54.03%、2020 年 64.88%；民進黨在客家鄉鎮則是 1995 年 25.75%、1998 年 19.91%、2001 年 37.72%、2004 年 29.57%、2008 年未提名、2012 年 37.47%、2016 年 44.00%、2020 年 33.26%。

從以上得票率變化可以發現，台中市立法委員選舉在 2001 年出現過藍綠得票翻轉，當時是因國民黨和親民黨分裂藍營票源造成。而非客家鄉鎮又在 2016 年、2020 年再次翻轉，民進黨大贏國民黨。但 2016 年客家鄉鎮的國民黨立委得票率仍以 10% 的優勢領先民進黨；在 2020 年國、民兩黨的得票率更是擴大到三成之多。也就是說，台中市客家鄉鎮在 2016 年、2020 年總統和立法委員的選舉，明顯呈現分裂投票（split-ticket voting）的情況。

分裂投票現象由很多原因造成，一種可能是選舉「層級」的問題。因為總統和立法委員的層級不同，總統選舉選民關心的是國家認同與全國政策問題，選民投票選擇比較會從政黨的認同程度和意識形態來考量。立法委員選舉選民可能關心有沒有為民喉舌、為地方帶來建設和勤跑基層等。第二種可能是「刻意為之」的「制衡」論點。選民有意識的選擇不同政黨，形成分權制衡的關係，以防「完全執政」產生濫權；選民亦可能藉由選擇支持新興小黨，如時代力量、民眾黨等，對國、民兩黨表達不滿，並分散政策落空的風險。第三種可能是「選區」規模大小。立法委員單一選區範圍較小，仍可能受到地方派系、選區經營、人

情網絡的牽絆，選民比較會沿襲過去的投票習性。以台中市的分裂投票結果來看，客家山城可能介於政黨競爭與地方派系控制之間。

最後說明 2020 年立委選舉裡台中市各客家鄉鎮的差異。我們可以發現，和平區國民黨領先 39.42%、新社區領先 38.43%、東勢區領先 37.69%、石岡區領先 32.35%、豐原區領先 10.19%；總統選舉部分，國民黨於台中市客家鄉鎮中，和平區領先 30.71%、新社區落後 12.78%、東勢區落後 3.28%、石岡區落後 9.39%、豐原區落後 24.73%。顯然，立委選舉部分，除了豐原區，國民黨在台中市的客家鄉鎮具有高度優勢，但在總統選舉上，國民黨於台中客家鄉鎮，除了和平區之外，對上民進黨均處劣勢，這表示台中市客家選區，有大規模的分裂投票現象。

綜言之，近年民進黨在台中市非客家鄉鎮總統和立法委員選舉已取得領先，但國民黨在客家鄉鎮仍保有優勢，越是基層的選舉，客家鄉鎮傳統派系的組織實力越強，顯示客家鄉鎮的政治結構還處在動搖和不確定的狀態，對於台中市未來的政治轉型，或能否出現政黨重組，是不可忽略的重要因素。

三、南桃園：客家偏藍的誤解

桃園市客家人口比例為 40.53%，全市客家人口數超過 90 萬人，是台灣客家人口最多的縣市，主要分布在南桃園 6 個行政區：中壢（54.15%）、平鎮（61.24%）、楊梅（71.28%）、龍潭（59.38%）、觀音（58.96%）、新屋（85.87%）；大溪、大園則約占四分之一左右。北桃園 6 個行政區以閩南人占多數，一直以來「北閩南客」是區分桃園市的族群分布，也是用來分析政治生態的分類。桃園市除了因閩客族群形成濃

厚的地域觀念外，區域開發、工商發展、交通規劃等，也常會有南北桃園雙軸心的競爭。南桃園以中壢為核心，在日治時期已經是北台灣重要的交通要衝和貨物集散中心。工業化後工廠林立，吸引很多外來族群移入，也使得南桃園的客家政治有其特色。所以，本文關於桃園市客家政治發展的討論乃聚焦於南桃園的客家鄉鎮。

（一）壁壘分明的閩客共治

桃園市閩客族群的分化與對立，從開墾時的壁壘分明及分類械鬥，乃至實施地方自治後的政治競逐。第 1 屆桃園縣長選舉有徐言、魏肇潤、黃宗寬、徐崇德、黃又安、陳阿頭等 6 人參選。第 1 輪投票都未過半，由得票最高的徐言、徐崇德進行第 2 輪投票。徐言是官派縣長，為龍潭客家人，徐崇德是蘆竹的閩南人，兩人都是國民黨籍，但南北兩區卻各自擁護在地候選人。當時北區以「保護桃園」為口號，南區則高喊「客家出頭」，形成「閩南、客家拚，絕對不能輸」的政治氛圍，最後的投票結果也涇渭分明，徐崇德靠著角板鄉（今之復興區）原住民的支持贏得選舉，從此加大了閩客政治競爭間的隔閡。

選舉結束後，為化解南北的政治衝突與閩客的族群對立，以及避免府會間的失和，國民黨與南北兩區的派系代表協商，達成「南北輪政」的「縣憲條款」，也就是縣長若是南區，議長就是北區，反之亦然，且南北輪流擔任兩屆。自此，桃園縣進入長達 46 年的南北輪政及閩客共治的時代，就算是許信良脫黨當選縣長，也沒有打破這個慣例；直到劉邦友命案後，呂秀蓮補選並連任縣長，以及朱立倫以外省族群身分又擔任兩屆，這個慣例才改變。桃園縣歷任縣長、議長的出生地（區域）和族群別，整理如表 5-3、表 5-4。

表 5-3：歷屆桃園縣縣長出生地（區域）、族群和黨籍一覽表

屆別	姓名	出生地（區域）、族群	黨籍	備註
1	徐崇德	蘆竹（北區）、閩南	國民黨	
2				
3	張芳燮	楊梅（南區）、客家	國民黨	
4	吳鴻麟	中壢（南區）、客家	國民黨	
5	陳長壽	桃園（北區）、閩南	國民黨	
6	許新枝	桃園（北區）、閩南	國民黨	1972年6月2日出任台灣省政府民政廳廳長，由李樹猶代理。
7	吳伯雄	中壢（南區）、客家	國民黨	
8	許信良	中壢（南區）、客家	無黨籍	1979年7月1日因參與橋頭事件被停職，由葉國光代理。
9	徐鴻志	桃園（北區）、客家	國民黨	
10				
11	劉邦友	中壢（南區）、客家	國民黨	1996年11月21日遇刺身亡，由廖本洋代理至1997年3月28日，補選縣長呂秀蓮接替至任期結束。
12	呂秀蓮	桃園（北區）、客家	民進黨	2000年5月20日就任副總統，由許應深代理。
13	朱立倫	八德（北區）、外省	國民黨	2009年9月10日出任行政院副院長，由黃敏恭代理。
14				
15	吳志揚	中壢（南區）、客家	國民黨	

資料來源：本書研究整理

表 5-4：歷屆桃園縣議長出生地（區域）和族群一覽表

屆別	姓名	出生地（區域）、族群	備註
1	黃恭士	龍潭（南區）、客家	對應第1、2屆縣長，任內過世，改選劉阿圳接任。
2	吳鴻麟	中壢（南區）、客家	
3	李蓋日	龍潭（南區）、客家	
4	吳文全	桃園（北區）、閩南	
5	游榮山	大溪（北區）、閩南	
6	謝科	觀音（南區）、客家	
7	詹煌順	龍潭（南區）、客家	
8	簡欣哲	桃園（北區）、閩南	對應第7、8屆縣長
9			
10	吳烈智	中壢（南區）、客家	對應第9、10屆縣長
11			
12	吳振寰	桃園（北區）、閩南	對應第11屆縣長
13	許振澐	桃園（北區）、閩南	對應第12屆縣長，任內過世，改選陳根德接任。
14	林傳國	中壢（南區）、客家	對應第13屆縣長
15	曾忠義	龜山（北區）、閩南	對應第14、15屆縣長
16			
17	邱奕勝	中壢（南區）、客家	對應第16屆縣長

資料來源：本書研究整理

　　桃園「南北輪政」是國民黨為制衡南北兩區派系力量的權宜之計，也是一種地方政治權力、經濟利益和區域發展的分贓關係，讓閩客族群互相牽制，來達到掌控地方政治的目的。自呂秀蓮當選縣長後，這個慣例看似改變了，不過朱立倫之後還是由南區的吳志揚接任末代縣長，首

屆的桃園市市長則由北區的鄭文燦擔任。再就議長來看，除朱立倫、吳
志揚這三屆縣長和議長是同區外，其餘各屆都是維持縣長和議長的「南
北共治」傳統。即使改制升格為桃園市[13]也一樣，第1、2屆桃園市市長
鄭文燦為北區八德的閩南人，議長邱奕勝是南區中壢的客家人。

　　至於2022年的第3屆桃園市市長選舉，國民黨、民眾黨是由其他
地區空降來競選，不過國民黨提名的張善政設籍於龍潭區，民眾黨提名
客家籍的賴香伶卻設籍在桃園區。民進黨原本也是徵召林智堅空降參選
並設籍於中壢區，但林智堅因論文抄襲爭議宣布退選，由鄭運鵬臨危受
命代表民進黨參選。此舉引發強調是在地客家籍的前立法委員鄭寶清[14]
的反彈，因為鄭寶清早在民進黨徵召林智堅前就已投入市長黨內初選，
認為民進黨違背創黨精神，且不尊重在地人的意見，憤而違紀參選，被
開除黨籍。鄭運鵬雖然出生於台北，但母親是桃園市人，他同時也是桃
園市第一選區（龜山、蘆竹）兩屆的立法委員。所以，第3屆的桃園市
市長選舉能否再打破過去「南北輪政」或「客閩輪政」的慣例，值得再
觀察。

　　桃園的南北輪政並不是由大的派系來主導，而是有族群與地緣政治
的意義，也因此沒有跨越南北、號令全縣的派系強人，多是以姓氏集結
的宗親組織力量較大（新修桃園縣志，2010；蕭新煌、黃世明，2001），

13　2010年6月桃園縣人口數突破200萬，於2011年起準用直轄市編制，並在
　　2012年7月提出改制為直轄市，經行政院審查通過後，於2014年12月25
　　日正式改制為桃園市。

14　鄭寶清早期競選縣長、立法委員多以北桃園人身分參選，未曾或很少聲稱
　　自己是客家人，且立法委員的選區也在北桃園，但這次2022年第3屆桃園
　　市市長選舉從民進黨黨內初選到違紀參選，則強調自己父親是桃園楊梅客
　　家人。

呈現多姓氏宗親「山頭林立」的政治生態，這現象在客家人較多的南桃園更明顯。客家人的宗族觀念較為深厚，宗族或宗親組織的關係網絡綿密，能形成較強的選舉動員力量，甚至選民的宗親認同會超越黨派認同。當宗親會裡有人要出來競選公職，站在宗親會的立場，不但符合宗親「光宗耀祖」的象徵利益（沈延諭、王業立，2006），還可以為宗親會爭取更多政經資源和社會地位。受訪者 C 就說：「早期桃園選民投票考量是不是同姓氏宗親會？和是不是同鄉？或者是南區和北區的地域觀念，至於候選人的條件和政黨是其次的。」

（二）中壢事件後的客家政治轉型

　　1977 年第 8 屆桃園縣縣長選舉，時任省議員的許信良有意參選，國民黨以許信良「黨紀考核紀錄不佳」為由提名吳伯雄支持的歐憲瑜，引起許信良的不滿而宣布自行參選，國民黨於該年 10 月便開除其黨籍。許信良脫黨參選後聲勢扶搖直上，但當時國民黨買票、作票猖獗，許信良為避免重蹈郭雨新落選的覆轍，選前就積極佈署各投開票所的監票人員。11 月 19 日投票當天，在中壢國小第 213 號投開票所發生作票舞弊，引發群眾憤怒包圍中壢警分局抗議，並發生暴動衝突，即「中壢事件」。當晚選舉委員會見事態嚴重，將選票封存重新開票，許信良得到 22 萬餘票，以 9 萬多票之差當選桃園縣縣長。

　　從大環境來說，人民長期對國民黨威權、壓迫的統治方式不滿，許信良的參選讓人民可以表達反抗體制情緒的一個出口。受訪者 C 認為：「主要是國民黨那時的輔選鋪天蓋地，到處散播不實消息，更向許多公民營機構施壓，如工會，引起許多人的不滿。」當時許信良的競選主題為「新精神、新人物、新政治」，強調要用新世代的思維改變現今不合

理、不公義的政經結構，與新生代政治改革的風潮相呼應，吸引不少有理想的年輕人加入競選團隊，像是林正杰、張富忠、范巽綠、賀端藩……等。還有，採取南桃園客家區以宗親組織戰，北桃園閩南區則用文宣戰的選舉策略奏效（蕭新煌、黃世明，2001），也讓大家暫時放下過去族群隔閡的問題，使其聲勢席捲南北兩區。

　　許信良當選縣長後，順勢成為「黨外」要角，卻因參與「橋頭事件」遭監察院彈劾，於 1979 年 6 月被停職兩年，黃信介邀請他擔任《美麗島》雜誌社社長兼編務，後來出國不久即因「美麗島事件」被列入黑名單，滯留美國無法回台。許信良就曾說：「沒有中壢事件，就沒有美麗島事件；沒有美麗島事件，就沒有民進黨，也就不會有今天台灣的民主。」（何來美，2017）。

　　蕭新煌、黃世明（2001）指出，中壢事件前，南桃園的宗親政治由吳、葉、林、邱、劉、許等姓氏形成的六股政治勢力把持；但中壢事件後，開始有了「黨內」、「黨外」之分的「類政黨型」地方政治結構。當時參與許信良競選團隊的成員，有好幾位以黨外身分當選省議員或立法委員，像是 1977 年同樣以黨外身分與許信良搭配參選第 6 屆省議員的黃玉嬌，黃玉嬌後來還連任第 7 屆至第 9 屆省議員。1981 年第 7 屆省議員選舉，更將黨外的林清松、黃玉嬌、簡錦益等三位一起送進省議會；國民黨籍只取得兩席。1980 年張德銘當選第 1 屆第 3 次增額立法委員，許信良的弟弟許國泰當選第 1 屆第 5、6 次增額立法委員及第 2 屆立法委員，1992 年張富忠當選第 2 屆國民大會代表，彭添富當選第 9、10 屆省議員及第 5、6 屆立法委員，邱垂貞當選第 2 屆到第 5 屆立法委員等，也形成桃園客家人的黨外（或民進黨）政治新勢力。

　　民主化早期，客家人占四成以上影響了桃園縣的政治局勢。以表 5-5 歷屆桃園市（縣）的立委選舉來說，不論是國民黨或民進黨，約一

表 5-5：歷屆桃園市（縣）客家籍立法委員黨籍一覽表

屆別	姓名	黨籍	備註
1	劉興善	國民黨	第一屆第6次增額立委應選5席，客家籍占2席，其中1席民進黨。
	許國泰	民進黨	
2	游日正	國民黨	應選7席，客家籍4席（邱垂貞、呂秀蓮屬福佬），3席民進黨。
	邱垂貞	民進黨	
	許國泰	民進黨	
	呂秀蓮	民進黨	
3	吳克清	國民黨	應選7席，客家籍占4席（邱垂貞屬福佬客），其中2席民進黨。
	邱垂貞	民進黨	
	彭紹瑾	民進黨	
	賴來焜	新黨	
4	吳克清	國民黨	應選12席，客家籍占6席（邱垂貞屬福佬客），其中3席民進黨。
	黃木添	國民黨	
	許鍾碧霞	民進黨	
	邱垂貞	民進黨	
	彭紹瑾	民進黨	
	邱創良	無黨籍	
5	張昌財	國民黨	應選13席，客家籍占4席（邱垂貞屬福佬客），其中2席民進黨。
	彭添富	民進黨	
	邱垂貞	民進黨	
	邱創良	親民黨	
6	張昌財	國民黨	應選13席，客家籍占4席，其中2席民進黨。
	吳志揚	國民黨	
	彭添富	民進黨	
	彭紹瑾	民進黨	

續表 5-5

屆別	姓名	黨籍	備註
7	廖正井	國民黨	應選6席，客家籍占2席。
	吳志揚	國民黨	
8	廖正井	國民黨	應選6席，客家籍占2席。
	呂玉玲	國民黨	
9	呂玉玲	國民黨	應選6席，客家籍占2席，其中1席民進黨。
	陳賴素美	民進黨	
10	呂玉玲	國民黨	應選6席，客家籍占2席，其中1席民進黨。
	黃世杰	民進黨	

資料來源：本書研究整理

半到三分之二當選的立法委員是客家人。但 2001 年後，客家籍立委的比例明顯變少，只有三分之一。在客家立委中，除第 7、8 屆外，至少有一半是民進黨籍。2008 年改為單一選區時，桃園劃分為 6 個選區，南北各 3 個，但客家人占有一定比例的中壢選區，除吳志揚外，客家籍的候選人都沒有當選。受訪者 C 表示：「中壢事件後推動桃園黨外運動的主要是客家人，民進黨成立桃園縣黨部時客家人也是占多數。但客家人不團結，北區的閩南人也會藉著分散客家人宗親會的力量，客家人就會選不上立法委員，南桃園客家人的宗親會、派系勢力就慢慢被削弱，客家人在黨部的聲音就被淹沒掉了。」

　　圖 5-7 顯示了民主化後桃園市區域立委選舉的變化趨勢。自 1995 年起，國民黨桃園市區域立委非客家鄉鎮，得票率分別是 1995 年 50.08%、1998 年 52.97%、2001 年 32.05%、2004 年 44.06%、2008 年 61.44%、2012 年 54.13%、2016 年 44.03%、2020 年 43.87%；而民進黨

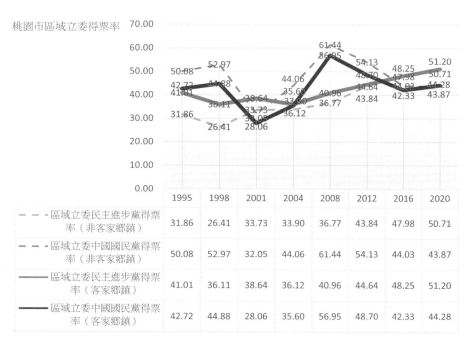

桃園市區域立委得票率

	1995	1998	2001	2004	2008	2012	2016	2020
- - 區域立委民主進步黨得票率（非客家鄉鎮）	31.86	26.41	33.73	33.90	36.77	43.84	47.98	50.71
- - 區域立委中國國民黨得票率（非客家鄉鎮）	50.08	52.97	32.05	44.06	61.44	54.13	44.03	43.87
— 區域立委民主進步黨得票率（客家鄉鎮）	41.01	36.11	38.64	36.12	40.96	44.64	48.25	51.20
— 區域立委中國國民黨得票率（客家鄉鎮）	42.72	44.88	28.06	35.60	56.95	48.70	42.33	44.28

圖 5-7：歷年區域立委選舉：桃園市客家、非客家鄉鎮得票率
資料來源：本書參考中央選舉委員會資料繪製

桃園市區域立委得票率，則分別是 1995 年 31.86%、1998 年 26.41%、2001 年 33.73%、2004 年 33.90%、2008 年 36.77%、2012 年 43.84%、2016 年 47.98%、2020 年 50.71%。

　　在客家鄉鎮的區域立委得票率，國民黨 1995 年為 42.72%、1998 年 44.88%、2001 年 28.06%、2004 年 35.60%、2008 年 56.95%、2012 年的 48.70%、2016 年 42.33%、2020 年 44.28%；民進黨則是 1995 年的 41.01%、1998 年 36.11%、2001 年 38.64%、2004 年 36.12%、2008 年 40.96%、2012 年 44.64%、2016 年 48.25%、2020 年 51.20%。

　　從以上得票率變化可以發現，八次區域立委選舉中，民進黨於桃園市在 2001 年、2016 年、2020 年具有優勢，但考量到 2001 年、2004 年

的區域立委選舉，是國民黨和親民黨分裂藍營得票，真正的藍綠態勢翻轉，要到 2016 年才發生。而在 2016 年，藍綠的得票率翻轉後，民進黨固然在區域立委已經具有得票領先，但 2020 年國民黨的得票率也從低點反彈。鑒於國、民兩黨在桃園市的政治實力相當接近，未來桃園市在地的客家政治，仍是朝政黨競爭持續轉型。

綜觀 1995 年到 2020 年桃園市立委選舉，不論在客家與非客家鄉鎮，藍綠得票互有消長；而民進黨在客家鄉鎮得票率通常領先非客家鄉鎮。2012 年起，客家與非客家鄉鎮間的得票幾乎趨近一致。整體看來，與「客家偏藍」或「北藍南綠」的刻板印象，的確有相當大的出入。

（三）桃園客家鄉鎮傾藍的偏誤

接下來我們觀察桃園市歷次的地方首長選舉得票率。表 5-3 顯示，桃園縣縣長從 1951 年到 2014 年，非國民黨籍的只有許信良和呂秀蓮，其他都是國民黨籍，可見國民黨操縱下的閩客輪政和共治之影響。因此，以往「北藍南綠」的說法，常將桃竹苗三縣視為泛藍大本營。其中桃園是從整個市或較大範圍區域的得票結果來解釋，但桃園的客家鄉鎮同樣傾藍嗎？圖 5-8 顯示，1997 年起，國民黨在桃園市（縣）市（縣）長選舉，非客家鄉鎮得票率分別是 1997 年 47.65%、2001 年 60.88%、2005 年 64.73%、2009 年 55.26%、2014 年 49.96%、2018 年 37.88%；而民進黨非客家鄉鎮得票率，則分別是 1997 年 51.76%、2001 年 38.55%、2005 年 34.50%、2009 年 43.13%、2014 年 49.04%、2018 年 54.55%。客家鄉鎮的得票率，國民黨是 1997 年 42.03%、2001 年 49.52%、2005 年 56.67%、2009 年 50.11%、2014 年 48.30%、2018 年 37.82%；民進黨分別為 1997 年 57.07%、2001 年 49.86%、2005 年 42.31%、2009 年 47.31%、

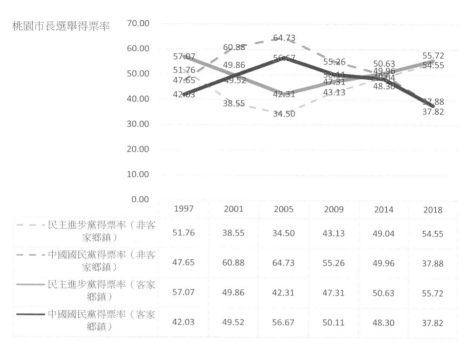

桃園市長選舉得票率

	1997	2001	2005	2009	2014	2018
民主進步黨得票率（非客家鄉鎮）	51.76	38.55	34.50	43.13	49.04	54.55
中國國民黨得票率（非客家鄉鎮）	47.65	60.88	64.73	55.26	49.96	37.88
民主進步黨得票率（客家鄉鎮）	57.07	49.86	42.31	47.31	50.63	55.72
中國國民黨得票率（客家鄉鎮）	42.03	49.52	56.67	50.11	48.30	37.82

圖 5-8：歷年地方首長選舉：桃園市客家、非客家鄉鎮得票率
資料來源：本書參考中央選舉委員會資料繪製

2014 年 50.63%、2018 年 55.72%。民進黨在桃園客家鄉鎮得票率，通常都高於非客家鄉鎮。

　　在近六次的桃園市（縣）長選舉，1997 年呂秀蓮當選讓藍綠得票翻轉，但更明顯的藍綠得票變化，發生在 2014 年後改制為直轄市市長的選舉，民進黨籍的鄭文燦先於 2014 年微幅領先國民黨，再次翻轉藍綠得票，並在 2018 年民進黨六都地方首長選舉大敗的逆風下，順利完成連任。

　　就桃園市各區得票差異進一步討論，在大溪區、蘆竹區、大園區、觀音區、新屋區等四個行政區，民進黨總統候選人的得票率高於全國平均得票率，其中南桃園的觀音、新屋，得票率更是明顯高過民進黨在全國的平均得票率，是「鐵綠區」。受訪者 C 認為：「這是受到許信良的

影響。因為許信良在當省議員就很關心農民問題，擔任縣長時積極推動『到家收稻穀、肥料送到家』的免費服務政策，當時桃園從事農業的又以客家人較多，所以很多農民都很支持他，尤其是觀音、新屋的民眾很感念這項德政。」此外，許信良脫黨參選桃園縣長時，曾任議長的謝科（觀音鄉人）擔任他的競選總部主任委員，原在台北經商的黃金春也在謝科的要求下，回鄉搭配競選觀音鄉長，成為桃園縣第一位黨外鄉長。此後，桃園市南區若推出客家籍民進黨（或黨外）候選人，在觀音、新屋的得票率就是最高，幾無例外。

　　總之，在 2014 年之前，國民黨地方首長候選人在非客家鄉鎮的得票率明顯高過客家鄉鎮，相差 5% 到 11% 之間；而民進黨候選人在客家鄉鎮的得票率則高於非客家鄉鎮，也有 4% 到 11% 的差距。事實是，南桃園客家鄉鎮並沒有比北桃園非客家鄉鎮傾藍，而是民進黨已在客家鄉鎮形成穩定的政治基礎。在關鍵的太陽花學運發生後，國民黨的執政失利，更讓中間選票朝民進黨集中，並在 2014 年到 2018 年的執政經營中，民進黨似已鞏固客家鄉鎮與非客家鄉鎮的得票優勢，進而促成改變舊有政治格局的轉型客家政治。

　　最後，從歷年總統選舉結果來分析，如圖 5-9，國民黨候選人在桃園市非客家鄉鎮得票率，分別是 1996 年 59.87%、2000 年 21.71%、2004 年 58.00%、2008 年 66.55%、2012 年 59.14%、2016 年 36.26%、2020 年 43.62%；而民進黨總統的桃園市非客家鄉鎮得票率，則分別是 1996 年 14.73%、2000 年 30.91%、2004 年 42.00%、2008 年 33.45%、2012 年 37.75%、2016 年 48.98%、2020 年 51.74%，只在 2020 年過半。

　　桃園市客家鄉鎮的總統得票率，國民黨是 1996 年 59.28%、2000 年 22.60%、2004 年 52.06%、2008 年 61.79%、2012 年 54.27%、2016 年 32.84%、2020 年 39.14%。民進黨的則是 1996 年 15.27%、2000 年

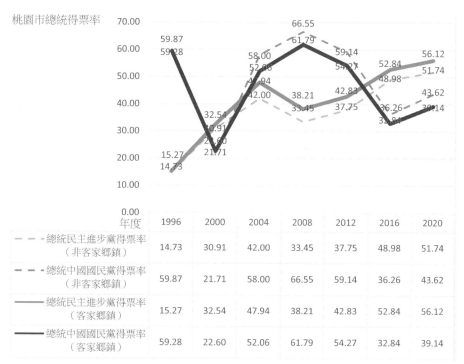

圖 5-9：歷年總統選舉：桃園市客家、非客家鄉鎮得票率
資料來源：本書參考中央選舉委員會資料繪製

32.54%、2004 年 47.94%、2008 年 38.21%、2012 年 42.83%、2016 年
52.84%、2020 年 56.12%。

　　從上述桃園市總統選舉得票率變化可以發現，民進黨的得票率呈現
上升趨勢，在 2000 年、2016 年、2020 年的選舉中，民進黨都勝過國
民黨。但 2000 年國民黨得票率較低是因宋楚瑜脫黨參選，宋楚瑜在桃
園市得票率還超過四成三。等到 2016 年藍綠支持度才反轉，這可能與
國民黨施政不佳和換柱風波，以及鄭文燦市長施政獲得肯定有關。隨著
2016 年藍綠的支持度在全國發生大幅翻轉，國、民兩黨近兩屆在桃園市
的得票率亦趨近全國平均得票率。

最後說明 2020 年立委選舉裡桃園市客家鄉鎮的差異，民進黨於中壢市落後國民黨 5%、大園區領先 11.31%、大溪區領先 23.23%、平鎮區落後 0.47%、新屋區領先 22.50%、楊梅區落後 6.16%、觀音區領先 15.52%、龍潭區落後 5.6%；總統選舉部分，民進黨於中壢市領先 7.76%、大園區領先 28.26%、大溪區領先 20.73%、平鎮區領先 10.35%、新屋區領先 24.56%、楊梅區領先 8.68%、觀音區領先 33.62%、龍潭區領先 1.85%。整體而言，民進黨與國民黨在區域立委選舉上，分別取得四個客家鄉鎮的得票領先，而總統大選部分則由民進黨囊括八個客家鄉鎮的得票率優勢，可以看出客家選區存在地域差異與發生分裂投票的現象。

另一方面，歷年總統選舉民進黨在桃園市客家鄉鎮的支持度，高過非客家鄉鎮，這結果與近六次的桃園市（縣）長選舉相似。顯然，南桃園客家鄉鎮並無保守親藍的現象，與竹苗混為一談而說是「北藍」將造成誤導。換言之，藍營的總統候選人如果在桃園市具有優勢，並非客家鄉鎮或客家選民促成，也表示桃園市客家選民的投票偏好，已經逐漸從宗親組織拉票轉向政黨認同。

四、新竹縣：從宗親政治到「鐘擺效應」

1950 年台灣省政府依據《台灣省地方自治實施綱要》將全省行政區域改設 21 縣市，原大新竹縣分成桃園、新竹、苗栗三個縣，原省轄新竹市併入新竹縣，縣治設於新竹市，縣城新竹市以閩南泉州人居多。1982 年 7 月 1 日，台灣省政府將新竹縣香山鄉併入新竹市，改制升格為省轄市，下設東、北、香山等三個區公所。新竹縣是全國客家人口比例最高的縣市，約占七成三。全縣 13 個鄉鎮市，除了尖石鄉和五峰鄉為

山地原住民區外，其餘 11 個鄉鎮市均為客家文化重點發展區。這 11 個鄉鎮市的客家人口比例，只有竹北市（55.31%）、新豐鄉（69.01%）較低，其他地區都有八、九成以上，是一個客家人為主的縣。新竹縣的政治生態和南桃園客家聚落類似，宗親組織的政治動員較強。

（一）從閩南派系政治到客家宗親政治

　　早期新竹縣的派系分東許、西許兩派，由新竹市的閩南人主導，東許派領導人是新竹客運董事長許振乾，因為新竹客運公司設於東門外的火車站對面，被稱為東許派。西許派領導人則是新竹貨運董事長許金德，因為家住西門派出所附近而被稱為西許派。東許、西許派系的形成，源於 1954 年台灣省臨時省議會第 2 屆省議員選舉，許振乾和許金德兩人爭取國民黨提名，黨內初選高居前兩名，許金德小贏 24 票，但國民黨考量新竹縣客家人占多數，改提名第 3 名客家籍的鄒滌之。許振乾雖懷疑黨內作票，卻仍遵從黨紀，但兩許也留下心結。

　　1951 年擔任義民中學校長的朱聖淇當選第 1 屆新竹縣縣長，第 2 屆連任，當時他的競選總部就設在新竹客運公司，所以被歸為東許派。之後，第 3 屆縣長鄒滌之及第 4、5 屆縣長彭瑞鷺，則是得到西許派的支持。第 6 屆縣長選舉時，國民黨提名東許派朱聖淇的兒子朱育英，西許派並未全力支持，結果由無黨籍的劉樹燻當選，謝樹燻當縣長後也加入國民黨。此後，東許、西許兩派的影響力逐漸變弱，取而代之的是客家宗親組織的力量。

　　新竹縣市未分治前，閩客人口比例較不懸殊，又市區東許、西許派系勢力較強，因此構成「客閩分權」的族群政治慣例，即縣長由客家人擔任，議長歸閩南人，唯一例外是第 8、9 屆議長為客家籍的邱泉華（邱

鏡淳父親），在當時需要經過東許、西許派系的同意，才能打破先前慣例，讓邱泉華以客家籍身分擔任議長（見表 5-6）。

表 5-6：新竹縣市未分治前縣長、議長族群一覽表

縣長			議長		
屆別	姓名	族群	屆別	姓名	族群
1	朱聖淇	客家	1	張式穀	閩南
2	朱聖淇	客家	2	陳添登	閩南
			3	莊金火	閩南
3	鄒滌之	客家	4	鄭玉田	閩南
4	彭瑞鷺	客家	5	鄭火龍	閩南
5	彭瑞鷺	客家	6	鄭火龍	閩南
6	劉樹燻	客家	7	藍榮祥	閩南
7	林保仁	客家	8	邱泉華	客家
8	林保仁	客家	9	邱泉華	客家

資料來源：本書研究整理

　　縣市合併或分治會影響族群政治的平衡。1982 年新竹縣市分治後，客家人在新竹縣比例更高且分布更集中，議長就不再和閩南人分權了，縣長、議長、省議員、立法委員幾乎全部都是客家人（例外的張碧琴是客家媳婦、林為洲為客家女婿），如表 5-7、表 5-8 所示。舉例來說，2009 年，時任議長的張碧琴脫黨參選縣長，邱鏡淳大打客家牌，高喊「我們客家人要自己人管自己人」。2018 年國民黨黨內縣長初選之際，林為洲在自己臉書抱怨說：「說我父親不是客家人，就可以中途改變遊戲規則，不做全民調初選？」後來他也放棄爭取國民黨提名。顯然，客家族群身分在新竹縣的選舉政治裡是相當重要的要素之一。

表 5-7：新竹縣市分治後縣長、議長族群一覽表

縣長			議長		
屆別	姓名	族群	屆別	姓名	族群
9	陳進興	客家	10	曾勝枃	客家
10	陳進興	客家	11	曾勝枃	客家
11	范振宗	客家	12	鄭永金	客家
12	范振宗	客家	13	黃煥吉	客家
13	林光華	客家	14	黃煥吉	客家
14	鄭永金	客家	15	黃永和	客家
15	鄭永金	客家	16	張碧琴	閩南
16	邱鏡淳	客家	17	陳見賢	客家
17	邱鏡淳	客家	18	張鎮榮	客家
18	楊文科	客家	19	張鎮榮	客家

資料來源：本書研究整理

表 5-8：歷屆新竹縣區域立委黨籍、族群一覽表

屆別	姓名	黨籍	族群
1	徐益權	國民黨	第1屆第6次增額立委，客家
2	吳東昇	國民黨	客家
	林光華	民進黨	客家
3	鄭永金	國民黨	客家
	林光華	民進黨	客家
4	鄭永金	國民黨	客家
	邱鏡淳	國民黨	客家
	張學舜	民進黨	客家
5	邱鏡淳	國民黨	客家
	張學舜	民進黨	客家
	陳進興	親民黨	客家

續表 5-8

屆別	姓名	黨籍	族群
6	邱鏡淳	國民黨	客家
	葉芳雄	國民黨	客家
	林為洲	民進黨	閩南
7	邱鏡淳	國民黨	客家
8	徐欣瑩	國民黨	客家
9	林為洲	國民黨	閩南
10	林為洲	國民黨	閩南
	林思銘	國民黨	客家

　　在行政區域重劃後，過去由閩南人主導的派系運作，轉變為客家人的宗親政治。客家人的社會力顯現在政治場域的行事邏輯，有鮮明的組織動員「關係原則」，而宗親關係所建構的動員網絡，是客家人集體展現政治力的重要管道（蕭新煌、黃世明，2001），於是宗親組織成為選舉動員很重要的資源。新竹縣大姓宗親成員有兩萬到三萬多人，組織規模不亞於地方黨部，候選人出線前往往不乏透過宗親會協調人選，勸退亦然；像是 1989 年省議員選舉，省議員魏雲杰在魏氏宗親會上宣布退選，並請宗親支持周細滿，周細滿也順利當選（何來美，2017）。縣長選情更倚賴縣內大姓宗親會力挺或各地區同姓宗親會結盟，才有當選希望，如第 7、8 屆縣長林保仁、第 13 屆縣長林光華，仰賴全縣第 2 大姓的竹北林氏宗親會力挺；第 9、10 屆縣長陳進興則是獲得全縣第 1 大姓的陳氏宗親會支持；第 11、12 屆縣長范振宗是靠湖口、新埔、關西等地區范氏宗親會團結合作，以及不少國民黨籍的范姓宗親大力支持。

　　與近年來偏藍的印象不同，無黨籍與民進黨曾經在新竹縣長期執政。1989 年無黨籍的范振宗第三度參選縣長，以四千多票險勝國民黨

提名的傅忠雄，並開啟新竹縣 12 年的「綠色執政」。傅忠雄長期從事國民黨黨務工作，較不親民。對比下來，范振宗則是「草根性」的政治人物，地方人士就用「天頂个鳥仔，佢麼做得拐下來」，來形容范振宗「嘴巴很甜、口才很好」，還用「領頭尾隨」強調范振宗的「身段更軟」，不管認不認識，見人就打招呼，也常參加各姓氏的宗親會，到處拜託。然而，范振宗能當選，除了新竹各地區范氏宗親會的支持外，其實還有林光華帶領的竹北林姓宗親力挺。

（二）「選黨」或「選人」的非定律擺盪

圖 5-10 顯示 1997 年起，國、民兩黨新竹縣縣長的客家與非客家鄉鎮得票率[15]，其中民進黨在 1997 年取得縣長勝選。1993 年范振宗代表民進黨爭取連任，國民黨提名鄭永金出馬參選，但與同為竹東人和國民黨籍的邱鏡淳、周細滿不合；加上范振宗任內發放「老人年金」的政策外溢效果，因此得票過半連任。民進黨在 1997 年提名林光華參選縣長，國民黨一樣提名鄭永金，引發邱鏡淳不滿，憤而退黨參選，國民黨再次分裂，也將縣長大位拱手讓給林光華。

另 2001 年、2009 年、2014 年三次縣長選舉，國民黨雖勝選，但與民進黨的得票相當接近。受訪者 D 認為：「這些都是因為鄭永金與邱鏡淳兩人「牛鬥牛」，二十多年來在地方政治纏鬥不休所造成的結果。」2001 年縣長和立法委員選舉同時舉行，鄭永金與邱鏡淳在國民黨協調下暫時放下恩怨，縣長由鄭永金與林光華藍綠對決，立法委員則提名邱鏡

15　因非客家鄉鎮為尖石、五峰兩個山地原住民鄉，政治傾向較偏藍，且人口數占全縣比很低，本文的分析討論著重於其餘 11 個客家鄉鎮。

新竹縣長選舉得票率	1997	2001	2005	2009	2014	2018
---- 民主進步黨得票率（非客家鄉鎮）	35.58	38.90	24.52	19.29	55.45	28.65
---- 中國國民黨得票率（非客家鄉鎮）	35.83	61.10	75.48	50.67	41.71	50.08
—— 民主進步黨得票率（客家鄉鎮）	35.77	48.05	33.43	31.79	45.82	28.37
—— 中國國民黨得票率（客家鄉鎮）	31.95	51.95	66.57	38.42	47.17	39.76

圖 5-10：歷年地方首長選舉：新竹縣客家、非客家鄉鎮得票率
資料來源：本書參考中央選舉委員會資料繪製

淳參選，兩人在國民黨的安排下都當選；不過縣長選舉時，民進黨在客家鄉鎮的得票率有 48.05%。2009 年，國民黨提名邱鏡淳參選縣長，連任兩屆的鄭永金卻支持脫黨參選的議長張碧琴。民進黨雖提名彭紹瑾參選，但民進黨籍的前縣長林光華因同屬竹北的地緣關係，較支持張碧琴。藍綠雙方皆內鬨，讓這次的縣長選舉增添不少變數，最後仍是邱鏡淳勝出。

　　2014 年邱鏡淳競選連任，鄭永金在民進黨不提名禮讓及合作下，以無黨籍身分回鍋參選，最終雖由邱鏡淳連任成功，但這次是 1997 年之後，國、民兩黨在縣長選舉得票率最接近的一次，民進黨在客家鄉鎮的得票率有 45.82%。2018 年民進黨換提名鄭永金的兒子鄭朝方參選，結果得票率下降到 28.37%，比民國黨徐欣瑩[16]的 33% 還低。國民黨楊文科

16　徐欣瑩於 2022 年 5 月重新恢復國民黨黨籍。

的得票率雖被徐欣瑩拉低，但仍當選縣長，並在 2022 年競選尋求連任，民進黨則推出青年世代周江杰來挑戰。不過，全縣的政治焦點卻轉移到經濟發展與財政最佳的竹北市，已確定要參選竹北市市長的有國民黨籍立委林為洲、民進黨鄭朝方及無黨籍曾任黃珊珊辦公室祕書的林冠年、竹北市公所主祕郭漢章等。挑戰竹北市市長可能是布局未來縣長的重要一步，但竹北市以外來人口為主，客家宗親組織勢力弱化，新竹縣這兩場選戰的結果，將會透露出民主轉型的未來趨勢。

　　自 1989 年起，新竹縣縣長連續三屆都由無黨籍與民進黨籍擔任，出現政黨輪替，新竹縣選民在這十二年間的總統和立法委員選舉卻是分裂投票。例如，1993 年范振宗連任縣長的選舉得票率過半，但 1996 年總統大選民進黨在客家鄉鎮的得票率卻僅 10.80%；隔年（1997）縣長選舉，民進黨在客家鄉鎮得票贏過國民黨，得票率也有 35.77%，可是 2000 年總統選舉藍營分裂下，民進黨在客家鄉鎮的得票率只有 24.38%（參閱圖 5-11），關鍵在於大量選民支持宋楚瑜與親民黨；而客家鄉鎮立法委員選舉也一直維持藍大於綠的得票情形，唯 2016 年鄭永金再次挑戰立委選舉，差距縮小到 3% 輸給林為洲（如圖 5-12）。2016 年全國藍綠支持度翻轉，民進黨在新竹縣客家鄉鎮的得票率再次贏過國民黨，不過這可能跟當年宋楚瑜搭配的副總統候選人是徐欣瑩有關，使得新竹縣藍營分裂。2020 年總統選舉，國民黨得票率再次壓過民進黨，但相較往年動輒兩成至三成的得票率落差，國民黨得票率領先幅度只剩 5.28%，與苗栗縣客家鄉鎮的情況差距甚大。

　　事實上，新竹縣有 3 屆縣長是民進黨籍，且從 1992 年起第 2 屆到第 6 屆立法委員選舉（還未改成單一選區），民進黨至少都當選 1 席，第 7 屆邱鏡淳轉任縣長後的立委補選，也是由民進黨彭紹瑾當選。民進黨在新竹縣已有政治基礎，且持續緩慢成長，尤其是在總統和縣長的選

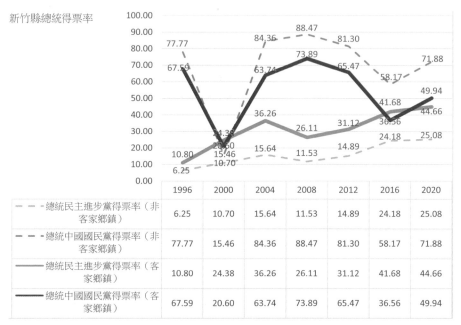

新竹縣總統得票率

	1996	2000	2004	2008	2012	2016	2020
－ － － 總統民主進步黨得票率（非客家鄉鎮）	6.25	10.70	15.64	11.53	14.89	24.18	25.08
－ － － 總統中國國民黨得票率（非客家鄉鎮）	77.77	15.46	84.36	88.47	81.30	58.17	71.88
——— 總統民主進步黨得票率（客家鄉鎮）	10.80	24.38	36.26	26.11	31.12	41.68	44.66
——— 總統中國國民黨得票率（客家鄉鎮）	67.59	20.60	63.74	73.89	65.47	36.56	49.94

圖 5-11：歷年總統選舉：新竹縣客家、非客家鄉鎮得票率
資料來源：本書參考中央選舉委員會資料繪製

新竹縣區域立委得票率

	1995	1998	2001	2004	2008	2012	2016	2020
－ － － 區域立委民主進步黨得票率（非客家鄉鎮）	29.00	24.57	26.59	33.90	0.00	38.23	45.39	37.33
－ － － 區域立委中國國民黨得票率（非客家鄉鎮）	61.39	65.07	35.65	45.04	70.68	60.32	35.14	50.17
——— 區域立委民主進步黨得票率（客家鄉鎮）	35.44	28.98	25.70	37.18	0.00	37.87	35.03	35.85
——— 區域立委中國國民黨得票率（客家鄉鎮）	52.69	57.97	32.55	42.65	67.31	60.93	38.57	46.10

圖 5-12：歷年區域立委選舉：新竹縣客家、非客家鄉鎮得票率
資料來源：本書參考中央選舉委員會資料繪製

舉，近年還有三成五到四成五之間的穩定得票率，但尚不至於翻轉地方政治結構。

另外，新竹縣出現藍綠在縣長、立法委員的得票震盪，有時在不同層級的選舉又出現「鐘擺」（pendulum）效應。舉例來說，先前提到1993年縣長選舉民進黨得票率過半，但1996年總統大選民進黨得票率卻僅10.80%。隔年（1997）縣長選舉又贏國民黨，得票率有35.77%。2001年縣長選舉民進黨在客家鄉鎮的得票率有48.05%，同時立委選舉得票率只有25.70%。同樣的情形發生在2004年總統選舉，國民黨在客家鄉鎮的得票率有63.74%，但同年底的立法委員選舉得票率卻只有42.65%。2008年總統選舉，國民黨在新竹縣得票率高達73.89%，隔年縣長選舉得票率卻砍半，只有38.42%。再看2009年縣長選舉，民進黨提名彭紹瑾參選只得30.55%選票落敗，隔年2010年立委補選彭紹瑾再次參選，卻以得票率55.97%當選，到了2012年第8屆立委選舉時，彭紹瑾得票率又下降到37.05%。總之，新竹縣客家鄉鎮選民常有「分裂投票」與「花車效應」的震盪，這種震盪顯示選民對地方派系或個人忠誠仍大過政黨認同，派系頭人脫黨參選或以交換條件支持某人，即使對方是不同政黨或無黨籍的情況下，也能大幅移轉選票。

最後說明2020年立委選舉裡新竹縣各客家鄉鎮的差異，北埔鄉國民黨領先民進黨4.71%、寶山鄉國民黨領先6.32%、新埔鎮國民黨領先8.75%、新豐鄉國民黨領先12.36%、橫山鄉國民黨領先10.73%、湖口鄉國民黨領先18.14%、竹北市國民黨落後3.8%、竹東鎮國民黨領先8.57%、芎林鎮國民黨領先18.19%、關西鎮國民黨領先18.52%、峨眉鄉領先1.68%。總統選舉部分，國民黨於新竹縣客家鄉鎮，北埔鄉領先民進黨15.39%、寶山鄉領先3.62%、新埔鎮落後3.57%、新豐鄉落後3.27%、橫山鄉領先20.53%、湖口鄉領先5.35%、竹北市落後13.48%、

竹東鎮領先 11.40%、芎林鄉領先 9.17%、關西鎮領先 7.69%、峨眉鄉領先 7.99%。顯見，國民黨在新竹縣區域立委選舉部分，除竹北市外，其餘十鄉鎮均取得領先；而在總統選舉部分，則於竹北、新豐、新埔落後民進黨，但其餘八客家鄉鎮，國民黨仍保有得票優勢。雖然如此，國民黨在新竹縣的優勢已不如花蓮或苗栗穩固，未來很可能隨著產業與人口變遷而逐漸改變地方政治版圖。

總之，新竹縣客家鄉鎮選民「選人」常優先於「選黨」，宗親政治對抗下的政治菁英經常脫黨參選可能是主因。隨著新竹縣人口，尤其是竹北市人口快速增長，讓地方的選民組成持續變動，意味著舊有的政治格局，已不再符合新興人口結構下的選民需求和政治偏好，以至於太陽花運動之後的新興政黨經常能在選戰裡有所斬獲，透露出新竹縣客家鄉鎮選民結構轉型與政治文化特色。可以確定，在國民黨長期執政後，新竹縣已經出現政黨輪替的苗頭。

五、小結：「中間」的客家選民左右政黨優勢

1950 年代，國民黨調整各縣、市行政區域和實施地方自治，並同時舉辦省級以下各級公職人員選舉。1951 年首屆地方縣、市長選舉，國民黨透過提名機制拉攏地方仕紳，將他們納入黨國體制的恩庇關係，並操弄地方族群問題和分配政經資源，同時也刻意營造雙派系的恐怖平衡，並扶植新的黨國菁英取代日治時期的仕紳階級領導，以更方便取得地方統治權。此後有三十年左右，形成派系主導的客家政治模式，客家縣市的各個派系山頭藉著輪政、分治或共治的政治利益交換手段，延續個人的政治權威和派系的生存空間。

　　然而，由於國民黨中央與地方派系的不對等權力關係，尤其是政治資源分配、人事任免權責的不滿和反彈聲音變大，以及派系間及派系內的惡鬥，久而久之，地方民怨越積越深。在經濟成長、城市中產階級增加和追求公義的社會運動等結構性因素影響下，少數「黨外」菁英在選舉中崛起，形成挑戰威權體制的民主運動。像是 1977 年的「中壢事件」、1979 年的高雄「橋頭事件」和「美麗島事件」、1988 年的「520 農民運動」和「1228 還我母語大遊行」等，都有很多客家人投入和參與。其中亦有一些抗爭者嶄露頭角，以黨外身分在客家縣市參選，甚至主導成立民進黨、建立地方黨部。接著開放黨禁（1987）、國會全面改選、總統直選（1996）、政黨輪替（2000）等一連串政治變革，打破國民黨長久以來利用派系來壟斷地方政治的格局，發展出政黨競爭，更直接衝擊客家縣市傳統派系、宗親主導的地方政治生態。

　　1990 年代起的一系列選戰中，在高雄市、台中市、桃園市和新竹縣的客家鄉鎮，陸續出現藍綠得票率翻轉的情況。2010 年高雄縣市、台中縣市的合併改制；2014 年桃園縣改制為桃園市，這類大範圍選區經營方式較有利於政黨組織與宣傳，較不利於傳統派系和宗親政治的綁樁模式。2016 年第三次中央政府政黨輪替，也使上述四個市縣的客家鄉鎮，從派系主導轉型為政黨競爭。特別是直轄市市長選舉，政黨認同與理性計算逐漸取代地方派系與宗親身分，是選民投票給候選人時考量的重要因素。高雄市、台中市和桃園市的改制升格，制度轉型的效果明顯，有助轉型為政黨競爭的民主政治發展。

　　都市化影響下，部分客家鄉鎮選民的投票行為較趨選擇政黨偏好和自主性，不受制於地方派系或宗親組織，而國民黨更依賴這些傳統派系組織。經濟結構變化使國民黨與民進黨在選區或全國的權力結構中，發生了選民支持勢力版圖的改變，進而造成「政黨解組」（partisan dealignment）（徐火炎，1992）或政黨重組。從上述四個市縣可以觀察到國、民兩黨都有類似處境，而且對國民黨的影響明顯較大。政黨解組包括兩種變化，第一種是「中間」的「獨立選民」（independent voter）增加，中間選民的政黨認同不穩定。第二種是原有的地方派系與政治菁英，視全國政治局勢變化而成為「西瓜派」，或是被「拔樁」，或倒戈支持不同政黨，以致選民的投票行為不確定性提升，出現鐘擺、分裂或跨黨投票（defection vote）的情形。這種狀況在台中市、新竹縣的客家鄉鎮比較顯著；桃園市和高雄市的客家鄉鎮，由於過去的民主運動與社會運動的歷史影響，選民的政黨認同與版圖較為穩定，但中間選民的比例也在提升。

因此，上述四市縣的藍綠兩大陣營「基本盤」都開始逐漸減少，投票結果的走勢也表現出「中間」色彩，選舉的勝負要看中間選票的移動情況。所以，「中間偏綠」的桃園市客家鄉鎮和「中間偏藍」的高雄市、台中市、新竹縣客家鄉鎮，未來將不是「鐵板一塊」，而可能出現劇烈的板塊變化。例如，客家鄉鎮的選情依然是高雄市在總統選舉得票情形高低的重要指標。慶幸的是，大環境、制度因素與客家選民政黨認同或理性選擇，有助於打破客家鄉鎮宗親政治和派系政治的壟斷，更有利於發展出選民主導的民主機制與制度績效。

第 6 章

派系主導的客家政治：苗栗與花蓮

在本書對客家選區的三種分類裡，「派系主導」顧名思義是地方派系的力量大過黨派認同的選區類型，以苗栗縣和花蓮縣為代表。雖然這兩個縣長期由國民黨執政，但派系頭人或派系支持的候選人以無黨籍或更換政黨身分參選時，通常還是能擊敗國民黨提名的候選人，可見派系在地方政治的影響力高於國民黨。因此，以派系主導來解釋這兩個縣的政治局勢，比起「深藍客家」的刻板印象更為合理，而且這兩個縣也未能符合「北藍」的概括。

早期苗栗縣和花蓮縣地方派系的生存法則，是依侍國民黨的恩庇來謀得自身利益，但近年來隨著國民黨多次喪失中央政權，部分黨產外流或收歸國有，黨中央的權力與資源減少，變成「主客易位」，派系的力量凌駕於政黨之上，政黨卻無法掌控派系的行徑，反而是在黨中央分配權力或地方提名時向派系妥協，也符合本書「派系主導」的概念內涵。這幾年苗栗縣和花蓮縣的派系與政黨間的關係，在國民黨呈現派系主導運作的模式，而民進黨則為攏絡、合作的互惠共生結構。國、民兩黨在這兩個縣的客家政治場域，皆有新生代政治人才斷層的困境，需要投資於長期栽培在地年輕世代的客家人才。

一、苗栗縣：從黨國支配下的派系到派系獨大

苗栗縣的特色是「一二三四」，是指一個苗栗縣境內有客閩兩大族群，在地理上分為山線、海線、中港溪流域三個區域，政治派系版圖有老黃、新黃、大劉、小劉四個系統（蕭新煌、黃世明，2001）。苗栗縣客家人口比例占三分之二強，僅次於新竹縣，閩南人約占三分之一，原住民族則為 2%。全縣 18 鄉鎮都是客家文化重點發展區，但沿海的竹南、後龍、通霄、苑裡四個鎮，客家人口比例不到四成。由於客家人口占多數，客家人自然成為地方政治生態的主導者。因此，苗栗縣歷屆地方首長及民意代表多以客家籍為主，海線的閩南人也至少會有一定比例。不過，苗栗縣沒有大的政治家族，宗親組織的政治能量不像桃園、新竹那麼強勢，較屬「個人型」的動員組織網絡，有時這些頭人為獲取較大的政治資源和利益，才會集結成為派系。苗栗縣地方政治的發展，族群因素也牽動著地方政治的生態。

苗栗縣的產業以農業為主，工商業較不發達，和其他農業縣一樣存在人口外流和老化的問題。近年來在竹南、銅鑼科學園區帶動下，頭份、竹南的人口逐年增加，但全縣總人口數仍是負成長。由於苗栗縣獨特的派系政治和緩慢的工商建設，常被人調侃為「苗栗國」。何以苗栗縣的派系政治仍然活躍？又為何民主轉型的政黨政治沒能在苗栗縣開枝散葉？此為本章分析之重點。

（一）黃、劉派系輪政

苗栗縣黃、劉兩個派系的形成，源於 1949 年台灣省政府推動行政區域重劃，擬將大新竹縣（今桃園市、新竹縣、苗栗縣）及新竹市重新

規劃。時任台灣省參議員的劉闊才（劉派創始人）支持分為三個縣，而新竹縣參議會議長黃運金（黃派創始人）主張分為兩個縣，因此產生對立。之後，1950 年大新竹縣的行政區域重新調整，改設置桃園、新竹、苗栗三個縣。

　　1951 年第 1 屆苗栗縣縣長選舉，國民黨提名黃運金參選，而劉闊才支持劉定國參選，第 1 輪投票黃運金雖贏劉定國，但兩人得票均未過半，需進行第 2 輪投票，結果劉定國逆轉當選縣長。黃運金不服，控告劉定國具軍職身分違反《選舉罷免法》，上任縣長第 3 天就被判當選無效下台。後來進行補選又經過 3 輪投票，才由黃派支持的國民黨籍賴順生當選。由於黃運金與劉定國兩人競選縣長廝殺相當激烈，苗栗縣也就形成黃、劉兩個派系。1954 年第 2 屆縣長選舉，國民黨提名劉定國並當選，也連任第 3 屆縣長。苗栗縣縣長在國民黨雙派系操控下，形成黃、劉兩派輪政的慣例，如表 6-1 所示。

表 6-1：歷屆苗栗縣縣長黨籍、族群、派系一覽表

屆別	姓名	黨籍	族群	派系	備註
1	賴順生	國民黨	客家	黃派	
2	劉定國	國民黨	客家	劉派	
3	劉定國	國民黨	客家	劉派	
4	林為恭	國民黨	客家	黃派	
5	林為恭	國民黨	客家	黃派	
6	黃文發	國民黨	客家	劉派	
7	邱文光	國民黨	客家	黃派	
8	邱文光	國民黨	客家	黃派	
9	謝金汀	國民黨	客家	劉派	
10	謝金汀	國民黨	客家	劉派	

續表 6-1

屆別	姓名	黨籍	族群	派系	備註
11	張秋華	國民黨	客家	黃派	
12	何智輝	國民黨	客家	黃派	脫離國民黨參選，4年後重回國民黨並獲提名競選連任。
13	傅學鵬	無黨籍	客家	黃派	脫離國民黨參選。
14	傅學鵬	無黨籍	客家	黃派	
15	劉政鴻	國民黨	閩南	劉派	
16	劉政鴻	國民黨	閩南	劉派	
17	徐耀昌	國民黨	客家	黃派	
18	徐耀昌	國民黨	客家	黃派	

資料來源：本書研究整理

　　劉、黃兩派輪流執政有一些例外，但大致符合實情。如第 1 屆的賴順生因年齡超過和第 6 屆黃文發沒有爭取連任，以及第 12 屆的何智輝脫黨打敗同派系尋求連任的張秋華，四年後又重回國民黨並獲提名競選連任，但同派系的傅學鵬不服，脫黨參選並當選第 13、14 屆縣長，出現黃派連續擔任 4 屆縣長的情況，其餘各屆都是由黃、劉兩派輪政並連任兩屆。此外，歷屆苗栗縣縣長中只有傅學鵬不是國民黨籍，其他都是國民黨籍。不過傅學鵬有泛藍淵源，他擔任省議員期間仍是國民黨籍，2000 年宋楚瑜競選總統時，他是第 1 位站出來力挺的縣市長。2004 年他也全力支持「連宋配」，2012 年再次力挺宋楚瑜參選總統，親民黨也提名他為不分區立法委員，但沒有當選。

　　苗栗縣縣長通常是由客家人擔任，直到第 15、16 屆才有例外。2005 年第 15 屆苗栗縣縣長選舉，國民黨提名平埔族裔閩南籍的劉政鴻

參選，引起時任縣長傅學鵬和黃派的不滿，認為國民黨未尊重苗栗縣的族群政治生態，更喊出「苗栗縣縣長是客家人的專利」這句話（周錦宏，2021）。後來，民進黨與傅學鵬達成「傅綠合」共識，支持由民進黨徵召的客家籍邱炳坤。然而，邱炳坤的「人和問題」讓傅學鵬支持者反彈，加上徐耀昌違紀參選，以及劉政鴻找客家籍的前省議員林久翔搭配參選，分散了黃派和傅系力量，在多方博弈下，劉政鴻成為苗栗縣第1 位非客家籍的縣長。

　　根據圖 6-1，1997 年起，苗栗縣的縣市長得票率，國民黨是 1997 年的 38.27%、2001 年的 26.02%，2005 年的 47.52%、2009 年的 65.75%、2014 年的 49.72%、2018 年的 59.92%；民進黨則分別是 1997 年的 3.49%、2001 年的 20.80%、2005 年的 29.48%、2009 年的 31.68、2014 年的 28.10，2018 年的 35.11%。

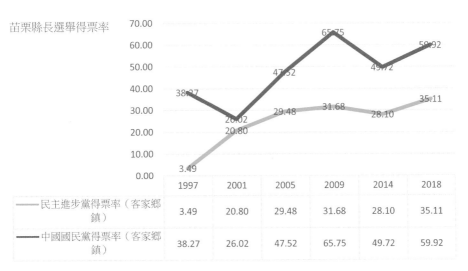

圖 6-1：歷年地方首長選舉：苗栗縣客家鄉鎮得票率
資料來源：本書參考中央選舉委員會資料繪製

　　受訪者 D 表示：「1997 年第 13 屆苗栗縣縣長選舉，國民黨執意讓四年前違紀參選的何智輝恢復黨籍，還提名他競選連任，引起「反何」人士抗議，並公開焚燒黨證和退黨；之後「反何」陣營共推傅學鵬參選，而民進黨支持者也被「反何」力量所吸納（棄保），民進黨提名徐進榮的得票比四年前的傅文政少了六萬多票，以致 1997 年民進黨的得票率這麼低。」

　　在苗栗，何智輝脫黨參選並與劉派聯軍，打敗同黨同派尋求連任的張秋華，讓部分國民黨籍黃派人士很不認同。四年後國民黨又極力邀請何智輝重回國民黨，希冀何智輝再組「黃劉聯軍」，能代表國民黨再連任縣長。國民黨靠攏何智輝換取在苗栗縣繼續執政，但破壞初選規則和派系和諧之舉，引爆黃派人士退黨抗議。黃、劉兩派集結「反何」勢力另組「黃劉聯軍」，共推傅學鵬脫黨參選，民進黨則提名政治素人徐進榮參選，可是不少綠營要角的都幫傅學鵬抬轎，也可說是一種形式上的「禮讓」，目的是挑戰國民黨的地方執政霸權。

　　從得票率變化來看，民進黨在七次苗栗縣縣長選舉中，始終處於得票率落後的狀況。唯一得票率較接近的是 2001 年，傅學鵬以無黨籍爭取連任，並以 51.80% 的得票率擊敗國、民兩黨的候選人，但原本四年前的民進黨支持者有部分回流，進而壓縮到藍營的得票率。在 2005 年後這一現象不再復見，國民黨在縣長選舉穩定保持兩成以上的得票率優勢，即使 2014 年太陽花學運衝擊全國選情下，國民黨仍然順利贏得縣長選舉。

　　2000 年宋楚瑜參選總統，傅學鵬是第一位表態支持的縣市首長，而且每次宋楚瑜參與總統大選他都積極輔選，親民黨亦提名他為不分區立法委員。可見傅學鵬一直是藍、橘、綠營想拉攏的地方政治人物，讓他可以遊走於藍、橘、綠三黨之間，誰也不得罪，在苗栗還是有一定的政治影響力。

　　2005 年第 15 屆縣長選舉，民進黨一時找不到適合的人選，想在苗栗複製「陳明文模式」，於是找傅學鵬合作，由他推薦人選再由民進黨提名，希望透過「傅綠合」讓傅學鵬帶著傅系和黃派人馬投靠民進黨。國民黨提名的劉政鴻雖非客家籍，但依恃劉派的支持和傅系人馬的分裂，還有客家人較無法接受傅學鵬、邱炳坤「變色」改披綠袍，加上過去較偏綠的通霄、苑裡地區閩南人也支持閩南人當縣長 [17]，因此出現苗栗縣閩客族群投票分歧，且不支持原本偏好的政黨所提名之候選人的情形（周錦宏，2021）。

　　2018 年，徐定禎宣布參選苗栗縣縣長，民進黨以「不提名」方式來禮讓無黨籍的徐定禎，但後來徐定禎卻公開與前縣長，國民黨籍的劉派大老劉政鴻數度同台。徐定禎的競選團隊成員中，有不少參與竹南「大埔抗議事件」[18]，而劉政鴻又是大埔事件違法拆遷的主事者，因此對於徐定禎用無黨籍身分與劉政鴻結盟非常反感，民進黨苗栗縣黨部執行委員朱泰平甚至違紀參選以示抗議。結果，徐定禎在過去比較支持民進黨的苑裡和卓蘭兩鎮都慘敗，僅在後龍和通霄兩鎮小勝；徐耀昌則在韓國瑜旋風帶動選情下順利連任。

17　第 15 屆苗栗縣縣長選舉，劉政鴻獲得 134,277 票，近四成八的得票率，邱炳坤獲得 83,694 票，約三成的得票率。劉政鴻只有在公館鄉、卓蘭鎮小輸，其餘 16 個鄉鎮市都贏，而且邱炳坤的得票遠低於陳水扁 2004 年總統連任在苗栗縣所獲得的 123,427 票，差距近四萬票，顯見「傅綠合」的失敗。

18　2010 年到 2014 年間，苗栗縣政府鑑於新竹科學園區竹南基地擴建用地之需，時任縣長劉政鴻對尚未取得同意的農戶動用警力、重型機具和封路手段，強制徵收農地和拆遷房屋，進而爆發一連串公民團體抗爭不當區段徵收惡法的社會運動。最後，台中高等行政法院判決內政部區段徵收審議過程不合法規要求，苗栗縣府拆遷違法，張藥房等原告四戶勝訴。

（二）派系操縱的客閩共治

與其他客家縣市類似，早期國民黨為了平衡苗栗的族群和派系政治生態，有個不成文的「客閩分治」慣例——縣長是客家人、議長為閩南人。表6-2所示，苗栗縣議會第1屆到第13屆議長除第3屆黃文發、第5屆何允文、第8屆江基寶、第11屆徐文治外，其他都是閩南籍，至於副議長則都是客家籍。不過自第14屆起打破客家縣長、閩南議長的慣例，變為客家議長、閩南副議長，更凸顯客家族群優勢。再就派系來看，議長原則上是跟縣長出自同一派系，這樣府會關係較和諧，有助於縣政運作。但也有例外，像是唯一閩南籍的縣長劉政鴻（劉派）時期，議長則是黃派客家籍，副議長為劉派閩南籍。無論如何，苗栗縣議會的議長和副議長仍是由地方派系操縱，選後分配議會職務時，會明顯考慮客閩族群政治的生態平衡。

表6-2：歷屆苗栗縣議會議長、副議長族群、派系一覽表

屆別	議長	族群	派別	副議長	族群	派系	備註
1	陳愷悌	閩南	劉派	何允文	客家	黃派	
2	沈炳英	閩南	黃派	王天賜	客家	黃派	
3	黃文發	客家	劉派	黃連發	客家	劉派	
4	魏綸洲	閩南	劉派	湯慶松	客家	黃派	
5	何允文 沈珮錄	客家 閩南	黃派 黃派	沈珮錄 江基寶	閩南 客家	黃派 黃派	何允文病逝，改選副議長沈珮錄接任。
6	沈珮錄	閩南	黃派	江基寶	客家	黃派	
7	陳國樑	閩南	劉派	羅黃小蘭	客家	黃派	
8	江基寶	客家	黃派	巫粟旭	客家	黃派	

續表 6-2

屆別	議長	族群	派別	副議長	族群	派系	備註
9	林火順	閩南	劉派	劉碧良	客家	劉派	
10	林田村	閩南	劉派	劉召福	客家	劉派	
11	徐文治	客家	劉派	何智輝	客家	黃派	
12	胡振春	閩南	黃派	傅學鵬	客家	黃派	
13	胡振春	閩南	黃派	劉雪梅	客家	黃派	
14	陳添松	客家	黃派	葉進南	閩南	黃派	
15	饒鴻奇	客家	黃派	邱紹俊	閩南	黃派	
16	游忠鈿	客家	黃派	陳明朝	閩南	劉派	
17	游忠鈿	客家	黃派	陳明朝	閩南	劉派	
18	游忠鈿 陳明朝	客家 閩南	黃派 劉派	陳明朝 鍾東錦	閩南 客家	劉派 黃派	游忠鈿病逝，改選副議長陳明朝接任。
19	鍾東錦	客家	黃派	李文斌	閩南	黃派	

資料來源：本書研究整理

　　在廢省之前，省議員選舉是地方政治角力很重要的場域，也是地方派系拓展資源和鞏固樁腳的戰場。從表 6-3 看得出，苗栗縣的省議員除了第 4 屆湯慶松和第 6 至 9 屆傅文政是非國民黨籍外，其餘都由國民黨所獨攬，可見黨派對苗栗地方政治發展影響力之大。就族群來看，除了前 3 屆全是客家籍外，自第 4 屆起則為「二客家一閩南」的族群政治生態，頗符合苗栗族群人口的結構（周錦宏，2021）。至於派系結構多為黃、劉 2：1 的比例，只有第 2、4、5 屆是 1：2，黃派在苗栗省議員選舉仍比較有優勢。

　　1977 年第 6 屆的省議員選舉，國民黨遷就中港溪的政治世家勢力，提名林為恭（第 4、5 屆縣長，黃派）之子林佾廷和黃文發（第 6

屆縣長，劉派）之子黃秀森，引起山線地區選民不滿；認為國民黨忽視
山線地區的客家人，連續 3 屆都未提名此區的省議員候選人（何來美，
2017）。當時以黨外身分參選的傅文政喊出「南方大團結」口號，得以
最高票當選，而且還連任 3 屆省議員。傅文政開創黨外勢力躋身苗栗政
壇的先例，但他仍有濃厚的黃派色彩，並自稱他的當選是靠派系，不是
靠黨外（蕭新煌、黃世明，2001）。1993 年民進黨徵召傅文政參選第 12
屆苗栗縣長，以 25.40% 的得票率落選後，就漸漸退出政壇。不過，在
選區複數席次的時代，他也開啟了民進黨爭取 1 席立法委員的機會。

表 6-3：歷屆苗栗縣省議員黨籍、族群、派系一覽表

屆別	姓名	黨籍	族群	派系	備註
1	黃運金	國民黨	客家	黃派	
	王天賜	國民黨	客家	黃派	
	藍茂松	國民黨	客家	劉派	
2	黃運金	國民黨	客家	黃派	
	藍茂松	國民黨	客家	劉派	
	劉定國	國民黨	客家	劉派	
3	黃運金	國民黨	客家	黃派	
	徐享成	國民黨	客家	劉派	
	林為寬	國民黨	客家	黃派	
4	湯慶松	無黨籍	客家	黃派	
	魏綸洲	國民黨	閩南	劉派	
	邱仕豐	國民黨	客家	劉派	
5	魏綸洲	國民黨	閩南	劉派	
	林佾廷	國民黨	客家	黃派	
	黃秀森	國民黨	客家	劉派	

續表 6-3

屆別	姓名	黨籍	族群	派系	備註
6	林佾廷	國民黨	客家	黃派	
	傅文政	無黨籍	客家	黃派	被視為黨外
	魏綸洲	國民黨	閩南	劉派	
7	林佾廷	國民黨	客家	黃派	
	傅文政	無黨籍	客家	黃派	被視為黨外
	林火順	國民黨	閩南	劉派	
8	林佾廷	國民黨	客家	黃派	
	傅文政	無黨籍	客家	黃派	被視為黨外
	林火順	國民黨	閩南	劉派	
9	林佾廷	國民黨	客家	黃派	
	傅文政	民進黨	客家	黃派	加入民進黨
	林火順	國民黨	閩南	劉派	
10	陳超明	國民黨	閩南	劉派	
	傅學鵬	國民黨	客家	黃派	
	林久翔	國民黨	客家	黃派	

資料來源：本書研究整理

　　再從表 6-4 歷屆苗栗縣立法委員選舉結果來看，從 1989 年第 1 屆第 6 次增額立法委員選舉迄今，苗栗縣只出現過 2 位民進黨籍立法委員，分別是 1995 年第 3 屆的陳文輝（第 1 位民進黨籍立法委員）和第 5、6 屆的杜文卿，其餘都是國民黨或泛藍人士當選。圖 6-2 顯示苗栗縣區域立委選舉的變化趨勢。自 1995 年起，國民黨苗栗縣區域立委得票率分別是 1995 年 73.24%、1998 年 54.73%、2001 年 43.62%、2004 年 45.74%、2008 年 73.97%、2012 年 65.90%、2016 年 49.46%、2020 年

55.33%；而民進黨苗栗縣區域立委得票率，則分別是 1995 年 19.99%、1998 年 6.96%、2001 年 12.59%、2004 年 30.64%、2008 年 25.27%、2012 年 32.00%、2016 年 39.05%、2020 年 32.75%。

表 6-4：歷屆苗栗縣區域立委黨籍、族群、派系一覽表

屆別	姓名	黨籍	族群	派系	備註
1	劉國昭	國民黨	客家	劉派	第1屆第6次增額立委
	何智輝	國民黨	客家	黃派	
2	何智輝	國民黨	客家	黃派	
	徐成焜	國民黨	客家	黃派	
	劉政鴻	國民黨	閩南	劉派	
3	徐成焜	國民黨	客家	黃派	
	王素筠	國民黨	外省	黃派	
	陳文輝	民進黨	閩南	--	派系不確定
4	劉政鴻	國民黨	閩南	劉派	
	何智輝	國民黨	客家	黃派	
	陳超明	民主聯盟	閩南	劉派	
	徐成焜	民主聯盟	客家	黃派	
5	徐耀昌	親民黨	客家	黃派	
	劉政鴻	國民黨	閩南	劉派	
	何智輝	國民黨	客家	黃派	
	杜文卿	民進黨	閩南	--	派系不確定
6	劉政鴻	國民黨	閩南	劉派	
	何智輝	國民黨	客家	黃派	
	杜文卿	民進黨	閩南	--	派系不確定
	徐耀昌	親民黨	客家	黃派	

續表 6-4

屆別	姓名	黨籍	族群	派系	備註
7	李乙廷	國民黨	閩南	劉派	
	徐耀昌	國民黨	客家	黃派	
8	陳超明	國民黨	閩南	劉派	
	徐耀昌	國民黨	客家	黃派	徐耀昌當選第17屆苗栗縣縣長，於2015年補選後由客家籍徐志榮遞補。
9	陳超明	國民黨	閩南	劉派	
	徐志榮	國民黨	客家	黃派	
10	陳超明	國民黨	閩南	劉派	
	徐志榮	國民黨	客家	黃派	

資料來源：本書研究整理

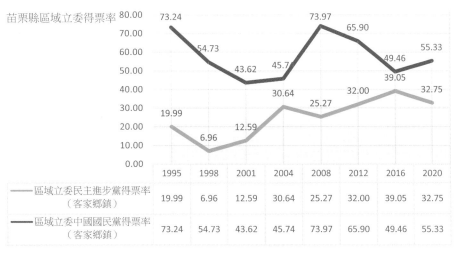

	1995	1998	2001	2004	2008	2012	2016	2020
區域立委民主進步黨得票率（客家鄉鎮）	19.99	6.96	12.59	30.64	25.27	32.00	39.05	32.75
區域立委中國國民黨得票率（客家鄉鎮）	73.24	54.73	43.62	45.74	73.97	65.90	49.46	55.33

圖 6-2：歷年區域立委選舉：苗栗縣客家鄉鎮得票率
資料來源：本書參考中央選舉委員會資料繪製

　　從以上得票率變化可以發現，八次區域立委選舉中，民進黨在苗栗縣的得票率始終大幅低於國民黨。自 1995 年起，民進黨與國民黨得票率差距為 53.25%、1998 年 47.77%、2001 年 31.03%、2004 年 15.09%、2008 年 48.70%、2012 年 33.91%、2016 年 10.41%、2020 年 22.58%。可以看出，國民黨與民進黨得票率最接近的一次選舉，是在 2016 年全國藍綠得票率翻轉的情形下發生，即使在如此不利的政治環境下，國民黨依然在苗栗縣保持 10.41% 的優勢。2020 年，國民黨對民進黨的優勢又回彈至二成二之多，可見苗栗縣的派系政治結構還是相當穩定與保守。

　　至於苗栗縣立法委員的族群比例，第 1 屆第 6 次增額立委選舉，兩席都是客家籍，第 2、3 屆增為 3 個席次時為「二客家一閩南」。但第 4 屆到第 6 屆增為 4 個席次時，卻呈現客家、閩南各半的狀況。就泛藍的候選人來看，仍符合「二客家一閩南」[19] 的族群結構（周錦宏，2021）。2008 年第 7 屆起改單一選區後，苗栗分為海線和山線兩個選區，結果是閩、客各 1 席，亦符合兩個選區的族群結構。至於派系的分配，在選 2 席和 4 席立法委員時，黃、劉兩派各半；選 3 席時則和省議員的狀況差不多。但改單一選區後，黃、劉兩派各 1 席，山線選區由黃派掌控，海線選區則是劉派把持（詳見表 6-4）。

　　最後我們觀察苗栗縣的總統選情。從 1996 年民選總統起，苗栗縣客家鄉鎮的總統得票率，分別是國民黨 1996 年 72.55%、2000 年 21.51%、2004 年 63.37%、2008 年 72.44%、2012 年 65.31%、2016 年 39.73%、2020 年 54.44%；民進黨的得票率則是 1996 年 9.61%、2000

19　第 3 屆雖是「一客家一閩南」，但另 1 席外省籍王素筠的夫婿為何智輝，仍可歸類為「二客家一閩南」的情形。

年23.73%、2004年36.63%、2008年27.56%、2012年31.69%、2016年42.63%、2020年41.28%（詳如圖6-3）。

　　從圖6-3的得票率變化可以發現，七次總統大選中，民進黨苗栗縣的得票率，在2000年總統大選，宋楚瑜參選造成藍營分裂的情況下，取得2%左右的微幅領先；下一次勝選得等到2016年全國藍綠得票翻轉下才發生。儘管2020年民進黨全國得票數創下新高，國民黨在苗栗縣還是有優勢，可見苗栗縣國民黨仍獲得穩定支持；保守的政治傾向變化有限。不過，民進黨2016、2020年總統選舉，在苗栗縣的得票率已超過四成，比縣長和立法委員選舉的得票率都來得高，顯示苗栗縣選民並非紋風不動，地方派系在全國性選舉的影響力消退。地方選舉變化比較不明顯，民進黨版圖提升更緩慢。所以，受訪者B斬釘截鐵的說：「苗栗縣縣長和立法委員的選舉，民進黨的候選人要有失敗兩次以上的決心，然後還要長時間在地方耕耘，也要同時培養團隊和接班人。」

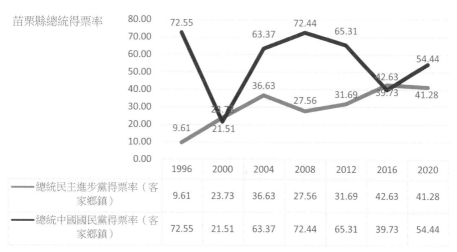

圖6-3：歷年總統選舉：苗栗縣客家鄉鎮得票率
資料來源：本書參考中央選舉委員會資料繪製

其次說明 2020 年立委選舉裡苗栗縣各鄉鎮的差異，國民黨分別在三灣鄉領先民進黨 29.81%、三義鄉領先 4.41%、公館鄉領先 35.25%、卓蘭鎮領先 4.94%、南庄鄉領先 29.60%、大湖鄉領先 34.18%、後龍鎮領先 16.96%、泰安鄉領先 44.25%、獅潭鄉領先 43.41%、竹南鎮領先 15.32%、苗栗市領先 30.32%、西湖鄉領先 27.52%、通霄鎮領先 5.09%、造橋鄉領先 21.64%、銅鑼鄉領先 17.99%、頭份市領先 13.20%、頭屋鄉領先 35%，僅有苑裡鎮是民進黨領先 2.42%；而在總統選舉部分，國民黨在三灣鄉領先民進黨 22.84%、三義鄉領先 17.48%、公館鄉領先 14.47%、南庄鄉領先 33%、大湖鄉領先 23.58%、泰安鄉領先 54.49%、獅潭鄉領先 32.51%、竹南鎮領先 8.53%、苗栗市領先 18.33%、西湖鄉領先 25.73%、通霄鎮領先 17.01%、造橋鄉領先 12.72%、銅鑼鄉領先 20.06%、頭份市領先 12.16%、頭屋鄉領先 21.04%；僅後龍鎮落後民進黨 7.95%、苑裡鎮落後 27.10%、卓蘭鎮落後 10.94%。國民黨在苗栗縣的區域立委上明顯有壓倒性優勢，但民進黨在總統選舉時，仍然在卓蘭、後龍、苑裡等地大幅度勝出。

二、花蓮縣：新政治派系成形

花蓮縣位於台灣東側，地形狹長面積廣闊，為原住民族世居之地，日治時期總督府為開發台灣東部地區，也為紓解人口集中在日本大都市和台灣西部所造成的社會問題，在花蓮開辦樟腦、菸業、糖業、茶業等農民移墾計畫，吸引台北州、新竹州的漢人「二次移民」；其中以新竹州的客家人為多（吳翎君，2006）。目前花蓮縣原住民人口數約占四分之一，客家人占有三成，閩南人也有四分之一，還有一成多的外

省人。全縣 13 個鄉鎮市均為原住民族地區，秀林鄉、萬榮鄉、卓溪鄉 3 個鄉為山地原住民族區，其餘鄉鎮市為平地原住民族區，平地原住民族區中，豐濱鄉原住民人口數達八成二，光復鄉也有五成三。花蓮市和新城鄉的閩南人較多，列為客家文化重點發展區的鄉鎮市有鳳林鎮（客家人口比例 57.92%）、玉里鎮（45.33%）、吉安鄉（37.88%）、壽豐鄉（41.22%）、瑞穗鄉（44.18%）、富里鄉（53.51%）、花蓮市（28.14%）、光復鄉（28.15%）。本章所謂客家鄉鎮就是指鳳林鎮等 8 個鄉鎮市，其餘 5 個客家鄉鎮，除新城鄉外，其實是以原住民人口為主，在選舉行為的推論上要格外小心。

　　花蓮縣和苗栗縣類似，一直以來都是泛藍地方派系主政的地區。由於族群人口結構不同，族群政治發展的傾向與苗栗縣有相當分歧。花蓮縣戰後初期有過類似其他客家地區的閩客雙派系政治模式，但晚近卻在多重政治利益的糾葛下，形成獨大的傅崐萁家族政治派系。雖然傅崐萁是客家人，但無法將其派系稱為客家派系，而這其中的推力因素為何，值得分析。

（一）閩客輪政與分治

　　1951 年戰後首次地方選舉時，花蓮縣縣長選舉有 6 人登記參選，首輪投票皆未過半，由中國民主社會黨的閩南籍楊仲鯨（時任台灣省政府民政廳專員）和國民黨提名的客家籍林茂盛（時任花蓮縣議會副議長）兩人進入第 2 輪投票，結果由楊仲鯨當選，但也造成花蓮閩客族群政治競爭的芥蒂。閩客競爭延續到第 2 屆縣長和台灣省第 2 屆臨時省議員選舉，國民黨啟動閩客分治的輔選機制，縣長再次提名客家籍的林茂盛，搭配省議員提名閩南籍的林永樑，擊敗尋求連任的楊仲鯨及無黨籍省議

員參選人呂世明（何來美，2017）。自此，花蓮縣就形成閩客輪政和分治的政治生態。

　　花蓮縣閩客族群輪流的政治生態，如表 6-5 歷屆花蓮縣縣長及省議員的族群別所示，在縣長部分是由閩客輪流擔任（除胡子萍及柯丁選後由黃福壽接任外），而國民黨介入閩客分治的慣例為縣長是客家人，省議員就由閩南人擔任；反之閩南人當縣長，省議員就會是客家人，這個現象也反映了花蓮縣族群人口結構的樣態。

　　花蓮縣縣長除了第 1 屆的楊仲鯨是中國民主社會黨及第 16、17 屆的傅崐萁是無黨籍外，其餘都由國民黨籍人士擔任。不過，傅崐萁是以親民黨籍當選第 5、6 屆立法委員，2008 年第 7 屆立法委員選舉，因「國親合」，傅崐萁加入國民黨並成為與親民黨共推的候選人。2009 年第 16屆縣長選舉時，傅崐萁涉及炒股官司未獲國民黨提名，改以無黨籍身分參選，並成為第 2 位非國民黨籍的花蓮縣縣長，但傅崐萁於 2021 年底又重新恢復國民黨籍。

表 6-5：歷屆花蓮縣縣長、省議員族群一覽表

縣長			省議員		
屆別	姓名	族群	屆別	姓名	族群
1	楊仲鯨	閩南	臨1	馬有岳	客家
2	林茂盛	客家	臨2	林永樑	閩南
3	胡子萍	外省	1	林茂盛	客家
4	柯丁選	閩南	2	馬有岳	客家
5	柯丁選	閩南	3	徐輝國	客家
6	黃福壽	閩南	4	黃金鳳	客家
7	黃福壽	閩南	5	吳水雲	客家

續表 6-5

縣長			省議員		
屆別	姓名	族群	屆別	姓名	族群
8	吳水雲	客家	6	張俊雄	閩南
9	吳水雲	客家	7	張俊雄	閩南
10	陳清水	閩南	8	吳國棟	客家
11	吳國棟	客家	9	王慶豐	閩南
12	王慶豐	閩南	10	張福興	客家
13	王慶豐	閩南	註：1959年，行政院以行政命令將台灣省臨時省議會改稱台灣省議會。1994年舉行第10屆省議員選舉，1998年底李登輝政府實施精省，台灣省政府成為行政院派出機關、失去地方自治功能；台灣省議會也同步裁撤。		
14	張福興	客家			
15	謝深山	閩南			
16	傅崐萁	客家			
17	傅崐萁	客家			
18	徐榛蔚	客家			

資料來源：本書研究整理

　　如表 6-6 所示，花蓮縣立法委員仍以國民黨籍和泛藍人士當選較多。至於國民黨在閩客分治的操作上，也和省議員一樣，若縣長是客家籍，立法委員就會是閩南籍，像是客家籍吳國棟當縣長，立法委員黃正一、謝深山就是閩南籍；閩南籍王慶豐當縣長，立法委員鍾利德、張福興就是客家籍；傅崐萁當立法委員時，縣長是閩南籍的謝深山。

　　第 2 屆到第 6 屆（1993-2008）花蓮縣立法委員應選 2 席，民進黨在第 2、3、5、6 屆兩黨勢均力敵，各有 1 席（第 4 屆除外），詳見表 6-6。1992 年第 2 屆立法委員選舉，前民進黨主席黃信介喊出「元帥東征」的參選口號，並以近三萬票當選，民進黨才第一次突破國民黨長期壟斷的局面，接續帶動第 3、5、6 屆立法委員民進黨都有所斬獲。2008 年第 7

屆起改成單一選區後，花蓮縣立法委員減為 1 席，除第 9 屆民進黨徵召的蕭美琴挾「太陽花學運」及搭配蔡英文競選總統優勢的綠色效應當選外，其餘都是由藍軍當選。

表 6-6：歷屆花蓮縣區域立委黨籍和族群一覽表

屆別	姓名	黨籍	族群	備註
1	黃正一	國民黨	閩南	第1屆第6次增額立委
2	謝深山	國民黨	閩南	
	黃信介	民進黨	閩南	
3	鍾利德	國民黨	客家	
	陳永興	民進黨	閩南	
4	鍾利德	國民黨	客家	
	張福興	國民黨	客家	
5	傅崐萁	親民黨	客家	
	盧博基	民進黨	閩南	
6	傅崐萁	親民黨	客家	
	盧博基	民進黨	閩南	
7	傅崐萁	國民黨	客家	因「國親合」與親民黨共推
8	王廷升	國民黨	閩南	
9	蕭美琴	民進黨	閩南	
10	傅崐萁	無黨籍	客家	於2021年底恢復國民黨黨籍

資料來源：本書研究整理

　　圖 6-4 顯示國、民兩黨在花蓮縣區域立法委員選舉，客家鄉鎮與非客家鄉鎮的變化趨勢。國民黨花蓮縣區域立委，自 1995 年起非客家鄉鎮得票率分別是 1995 年 44.08%、1998 年 61.51%、2001 年

40.56%、2004 年未提名人選、2008 年 68.79%、2012 年 51.00%、2016
年 49.18%、2020 年 13.57%；而民進黨花蓮縣區域立委得票率分別是
1995 年 13.76%、1998 年 13.79%、2001 年 19.22%、2004 年 17.32%、
2008 年 24.79%、2012 年 20.50%、2016 年 48.18%、2020 年 33.54%。
客家鄉鎮的區域立委得票率，國民黨 1995 年為 55.44%、1998 年
62.38%、2001 年 42.77%、2004 年未提名、2008 年 66.98%、2012
年 37.81%、2016 年 45.16%、2020 年 11.66%；民進黨則是 1995 年
24.52%、1998 年 18.50%、2001 年 28.33%、2004 年 27.33%、2008 年
29.49%、2012 年 24.09%、2016 年 52.40%、2020 年 38.25%。

　　從以上得票率變化可以發現，八次區域立委選舉中，民進黨於花蓮
縣有三次在得票率上領先國民黨，分別是 2004 年、2016 年、2020 年，這
三次選舉中，只有 2016 年民進黨蕭美琴區域立委勝選，2004 年禮讓時為

花蓮縣區域立委得票率	1995	1998	2001	2004	2008	2012	2016	2020
----區域立委民主進步黨得票率（非客家鄉鎮）	13.76	13.79	19.22	17.32	24.79	20.50	48.18	33.54
----區域立委中國國民黨得票率（非客家鄉鎮）	44.08	61.51	40.56	0.00	68.79	51.00	49.18	13.57
——區域立委民主進步黨得票率（客家鄉鎮）	24.52	18.50	28.33	27.33	29.49	24.09	52.40	38.25
——區域立委中國國民黨得票率（客家鄉鎮）	55.44	62.38	42.77	0.00	66.98	37.81	45.16	11.66

圖 6-4：歷年區域立委選舉：花蓮縣客家、非客家鄉鎮得票率
資料來源：本書參考中央選舉委員會資料繪製

親民黨籍的傅崐萁參選而未提名人選，2020 年則是傅崐萁以無黨籍身分參選立委，造成藍營投票分裂，並勝過國民黨和民進黨候選人而當選。

但從 2008 年改單一選區後，國民黨在花蓮縣客家鄉鎮的支持度就不如非客家鄉鎮。而在 2016 年，全國藍綠支持度大幅翻轉下，民進黨在花蓮縣客家鄉鎮也開出優勢結果，領先國民黨得票率 7.24%。此時在花蓮縣非客家鄉鎮的得票率，國民黨仍有將近 1% 的微幅得票優勢；這是因為非客家鄉鎮是原住民人口占多數且偏藍。至於 2020 年的選舉結果，更說明花蓮縣的藍營支持度，實賴傅崐萁、徐榛蔚夫妻的政治實力。一旦國民黨內部分裂投票，則國民黨提名人選得票率不如民進黨，花蓮縣客家鄉鎮對國民黨的支持程度，衰退的比非客家鄉鎮快，在 2016 年符合全國的政黨支持翻轉趨勢，出現民進黨勝過國民黨的情形。總統選舉民進黨在花蓮得票率也呈現緩步上升的趨勢。

圖 6-5 是 1996 年起，國民黨總統候選人在花蓮縣非客家鄉鎮的得票率，分別是 1996 年 77.77%、2000 年 15.46%、2004 年 84.36%、2008 年 88.47%、2012 年 81.30%、2016 年 58.17%、2020 年 71.88%；而民進黨總統在花蓮縣非客家鄉鎮的得票率，則分別是 1996 年 6.25%、2000 年 10.70%、2004 年 15.64%、2008 年 11.53%、2012 年 14.89%、2016 年 24.18%、2020 年 25.08%。花蓮縣客家鄉鎮的總統得票率，國民黨是 1996 年 69.48%、2000 年 19.83%、2004 年 69.27%、2008 年 76.55%、2012 年 69.35%、2016 年 48.58%、2020 年 61.56%；民進黨則是 1996 年 10.23%、2000 年 20.98%、2004 年 30.73%、2008 年 23.45%、2012 年 27.03%、2016 年 36.73%、2020 年 34.83%。從以上得票率變化可以發現，七次總統大選中，除因 2000 年宋楚瑜參選讓民進黨得票高於國民黨外，國民黨於花蓮縣客家鄉鎮得票率仍有優勢。然而在客家與非客家鄉鎮的政黨支持變遷上，非客家鄉鎮更支持藍營。民進黨在花蓮的客

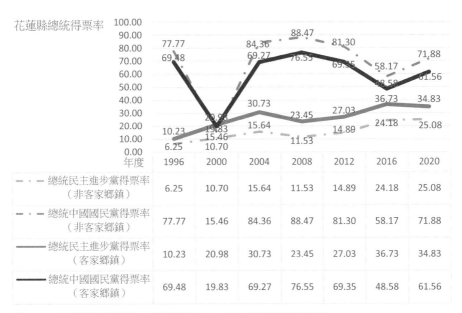

花蓮縣總統得票率							
年度	1996	2000	2004	2008	2012	2016	2020
─ · ─ 總統民主進步黨得票率（非客家鄉鎮）	6.25	10.70	15.64	11.53	14.89	24.18	25.08
─ · ─ 總統中國國民黨得票率（非客家鄉鎮）	77.77	15.46	84.36	88.47	81.30	58.17	71.88
── 總統民主進步黨得票率（客家鄉鎮）	10.23	20.98	30.73	23.45	27.03	36.73	34.83
── 總統中國國民黨得票率（客家鄉鎮）	69.48	19.83	69.27	76.55	69.35	48.58	61.56

圖 6-5：歷年總統選舉：花蓮縣客家、非客家鄉鎮得票率
資料來源：本書參考中央選舉委員會資料繪製

家鄉鎮選票持續緩慢成長，比非客家鄉鎮明顯。像 2016 年和 2020 年兩次總統大選，民進黨在客家鄉鎮取得三成多的得票率支持，遠比非客家鄉鎮多了近 10%。

最後說明 2020 年總統選舉裡，花蓮縣各客家鄉鎮的差異。國民黨在花蓮縣客家鄉鎮中，分別於光復鄉領先民進黨 38.09%、吉安鄉領先 19.21%、壽豐鄉領先 23.69%、富里鄉領先 27.42%、玉里鎮領先 30.38%、瑞穗鄉領先 30.63%、花蓮市領先 17.50%、鳳林鎮領先 26.95%。值得一提的是，花蓮縣由於無黨籍候選人傅崑萁參選立委，導致藍營投票分裂，大量國民黨投票轉移到前縣長傅崐萁身上，致使民進黨乍看下占優勢；而在總統選舉部分則清楚顯示，花蓮縣的國民黨得票在八個客家鄉鎮中均優於民進黨。

（二）獨大的「花蓮王」

　　根據圖 6-6，1997 年起花蓮縣縣長選舉，國民黨在非客家鄉鎮得票率，分別是 1997 年 68.92%、2001 年 43.32%、2005 年 52.08%、2009 年 26.22%、2014 年 24.89%、2018 年 80.29%；而民進黨在非客家鄉鎮的得票率，則分別是 1997 年 31.08%、2001 年 19.63%、2005 年 12.01%、2009 年及 2014 年均未提名、2018 年 17.90%。而客家鄉鎮的花蓮縣縣長得票率，國民黨是 1997 年 61.01%、2001 年 42.12%、2005 年 43.10%、2009 年 25.90%、2014 年 22.92%、2018 年 73.67%；民進黨則分別是 1997 年 38.99%、2001 年 31.46%、2005 年 20.89%、2009 年及 2014 年均未提名、2018 年 24.09%。

　　從以上得票率變化可以發現，七次花蓮縣縣長選舉中，民進黨無論是在客家或非客家鄉鎮，都是處於得票率大幅落後的狀況。自 1997 年迄今，花蓮縣縣長始終是由國民黨籍和泛藍背景[20]的候選人當選；但綜觀七屆的得票率，花蓮縣的客家鄉鎮對藍營的支持度，並不如非客家鄉鎮來得高，應是非客家鄉鎮為原住民人口占多數的地區較偏藍所致。

　　整體而言，1997 年到 2018 年間，花蓮縣客家與非客家鄉鎮，藍綠的得票率消長與全國趨勢大不相同，而且民進黨在花蓮縣的選戰更顯弱勢。不過，國民黨在花蓮縣的優勢集中於傅崐萁一家的影響力，2009 年及 2014 年傅崐萁以無黨籍身分參選，即使國民黨另提名候選人，傅崐萁仍獲得五成六以上的選票當選，國民黨候選人也只能得到兩成多的票數，凸顯派系主導的本質。

20　傅崐萁在 2009 年及 2014 年以無黨籍身分參選縣長，但仍屬泛藍背景的候選人。

花蓮縣市長選舉得票率	1997	2001	2005	2009	2014	2018
民主進步黨得票率（非客家鄉鎮）	31.08	19.63	12.01	0.00	0.00	17.90
中國國民黨得票率（非客家鄉鎮）	68.92	43.32	52.08	26.22	24.89	80.29
民主進步黨得票率（客家鄉鎮）	38.99	31.46	20.89	0.00	0.00	24.09
中國國民黨得票率（客家鄉鎮）	61.01	42.12	43.10	25.90	22.92	73.67

圖 6-6：歷年地方首長選舉：花蓮縣客家、非客家鄉鎮得票率
資料來源：本書參考中央選舉委員會資料繪製

　　然而，派系主導的地方政治並非毫無破綻。1997 年第 13 屆縣長選舉，民進黨徵召參選的游盈隆獲得 43.24%，是民進黨在花蓮縣縣長選舉得票率最高的一次，他在客家鄉鎮的得票率也有 38.89%。有機會改變過去國民黨定下的閩客輪政規則和政治家族把持的僵局。可惜民進黨在 2009 年、2014 年連續兩屆，放棄徵召和提名縣長候選人，讓傅崑萁持續掌權，進一步掌握農漁會組織力量，以及運用行政資源攏絡選民，進而形成一家獨占的政治派系。

　　傅崑萁出生於台中市，父親是高雄美濃人，因父親公職退休定居花蓮而成為花蓮人。2000 年總統大選，宋楚瑜在花蓮縣的得票率高達 58.81%，僅低於離島的金門縣和連江縣，為台灣本島得票率最高的縣市。宋楚瑜敗選後創辦親民黨，2001 年第 14 屆花蓮縣縣長選舉和第 5 屆立法委員選舉同時辦理，親民黨提名賴政雄和傅崑萁分別參選縣長和

立法委員。當年國民黨提名鍾利德、葉耀輝兩位參選，使黨內基本盤選票一分為二，反觀支持親民黨傅崐萁和民進黨盧博基的選票集中而雙雙當選，花蓮縣也第一次出現沒有國民黨籍立法委員的窘境，傅崐萁從此建立了自成一家的政治派系。

　　傅崐萁以花蓮人不滿地方建設落後的剝奪感，以及蘇花高速公路交通建設計畫的延宕，質疑當時執政的民進黨政府將花蓮人看成「二等公民」，漠視花蓮人「要一條安全回家的路」的需要，透過煽動式的民粹主義宣傳來攏絡花蓮人（游婉琪、陳彥廷，2016）。此後，傅崐萁連任三屆立法委員，2005年縣長選舉還挑戰競選連任的謝深山，雖以第二高票落敗，卻建立起自己政治動員的組織網絡。2009年第16屆縣長選舉，國民黨提名時任農業處處長的杜麗華參選，但未獲前縣長謝深山支持，謝深山反而與綠營合作，支持退黨參選的副縣長張志明；傅崐萁則被國民黨開除黨籍而以無黨籍參選（何來美，2017）。由於國民黨的分裂，加上民進黨未提名候選人，讓傅崐萁以56.37%過半得票率當選縣長，花蓮縣的地方派系也漸漸被傅崐萁收編。

　　花蓮縣的主要產業是農業和觀光業，工商業不發達，農會、水利會都被傅崐萁控制，花蓮農會、水利會的選舉只有傅系與非傅系的泛藍競爭，沒有藍綠的對決（李碼齊，2019）。傅崐萁擔任縣長期間，大力推動「零元上學」的創舉，即中小學免學雜費、免教科書費、免營養午餐費、免課後輔導費、免幼托費等，以各項「免費」措施來爭取民心和鞏固基本盤。再來是「裙帶關係」，花蓮縣除了農民和觀光從業人員外，較多的就是公教人員和在政府機關、公營事業機構的約聘雇人員，這些人員進用和升遷權力都掌握在縣長手中，衍生「用人唯親」的裙帶關係，使「傅系人馬」在花蓮勢力相當鞏固。上述多種因素，使傅崐萁在2014年高票連任，更得到「花蓮王」的封號。

　　2016 年總統大選，國民黨因「換柱風波」落敗，傅崐萁趁機布局其妻徐榛蔚加入國民黨，並爭取不分區立法委員提名。2018 年第 18 屆縣長選舉，徐榛蔚在傅崐萁運作下獲得國民黨提名，並以花蓮縣縣長選舉史上最高的 121,297 票當選，延續「傅氏王朝」。2020 年第 10 屆立法委員選舉，官司纏身的傅崐萁希望透過選上立法委員獲得「保護傘」，再次以無黨籍身分當選，打敗尋求連任的蕭美琴及國民黨提名的黃啟嘉。就算 2019 年 12 月底，國民黨提名的黃啟嘉在最後一波的選戰文宣打著：「讓我們勇敢的拒絕花蓮王一次」、「花蓮都是一家人，不是某一家的人」（林怡廷，2020），挑戰家族政治仍失敗，而且傅崐萁 2021 年底重新恢復國民黨籍，黨中央也只能接納他的政治勢力。

三、小結：從派系依恃政黨到政黨依附派系

　　徐正光（1994）認為，戰後國民黨統治下，客家人在政治上成為冷漠、旁觀的一群人（冷漠、旁觀的態度，是統治者樂見的），或是成為執政黨恩庇侍從體制下的政權支持者。威權時期國民黨藉由雙派系主義來操控地方政治生態，地方派系則仰仗黨國的庇佑，以取得地方政治的資源和權力。隨著政黨發展和政黨輪替，地方政治生態受到民主轉型影響，一般是走向派系政治式微和瓦解的方向，但苗栗縣和花蓮縣則是逆向發展，反而是地方派系實力凌駕於政黨。國民黨早期透過選舉提名和資源分配來操弄派系和族群，現在卻變成要依賴派系來對付民進黨的挑戰。至於民進黨也希望藉由拉攏派系力量，尋求與派系合作或收編派系樁腳，以打破國民黨長期壟斷地方政治的局勢。對於派系提名的決定，政黨只能被動接受，似乎沒有置喙餘地。

相對於國民黨派系力量的提升，民進黨則採「搭便車」（free rider）拉攏派系人士「帶槍投靠」，迄今在苗栗縣與花蓮縣似乎並未發揮作用，反而因未曾栽培人才，常造成地方不滿和分裂。受訪者 A 就認為：「從早期到現在，苗栗縣民進黨檯面上的人比較自私，地方經營只是為了鞏固自己的山頭和勢力，比較沒有積極去尋覓和栽培人才。以 2018 年苗栗縣縣議員的選舉來說，苗栗不是沒有給年輕人機會，就有好幾位年輕人以無黨籍或時代力量身分，贏過民進黨提名的候選人，會這樣是因為民進黨提名的候選人，多是跟黨部主管或現任公職人員有裙帶關係的人，被少數人把持，地方的人看不下去，當然就選輸了。」

2022 年年底的苗栗縣縣長選舉，國民黨在黃、劉兩派的明爭暗鬥和密室協商掣肘下，上演荒腔走板的「提名之亂」。國民黨正式提名之前，劉派前縣長劉政鴻、立法委員陳超明、前水利會會長謝福弘、黃派現任議長鍾東錦，都積極爭取國民黨提名參選；國民黨卻在派系角力下，長期延宕未決定。後來，國民黨選策會建議徵召徐志榮參選，卻遭徐志榮開記者會公開婉拒。而這段時間派系大老、縣長、立法委員們私下連署，向國民黨推薦謝福弘參選，議長鍾東錦也有簽名。事後鍾東錦不斷向國民黨喊話、叫陣，但鍾東錦的「黑歷史」讓國民黨猶豫不決，最終決定提名謝福弘參選。謝福弘原屬劉派，但獲得黃派大老前縣長傅學鵬全力支持，擔任競選總部榮譽主任委員，劉政鴻則為主任委員，苗栗再次形成「劉黃聯軍」。

但鍾東錦不服國民黨「沒收初選」而違紀參選，被國民黨開除黨籍，卻向法院提出「確認國民黨黨員資格存在」訴訟。而國民黨籍現任縣長徐耀昌不滿劉政鴻將縣府負債爛攤子丟給他，聯手國民黨現任立法委員陳超明公開站台力挺鍾東錦，成為另一組「黃劉聯軍」。這場國民黨苗栗縣縣長的「提名之亂」、「內訌大戲」，派系間既聯合又鬥爭，突

顯苗栗縣派系政治力量和個人政治私利凌駕於政黨。而民進黨再次支持徐定禎參選，還是以黨員身分徵召出陣，即便綠營團結但仍為少數，選舉結果要視謝福弘與鍾東錦兩派是分裂相爭或操作棄保而定，但派系間齟齬能否讓民進黨翻盤有望，是觀察這次苗栗縣縣長選舉的主要焦點。

在花蓮縣，傅崐萁和國民黨的關係耐人尋味。傅崐萁不論是親民黨籍或被國民黨開除黨籍，任何大大小小的選戰，他都宣稱他才是「正藍戰將」。地方人士觀察，傅崐萁就像「變色龍」，他支持和輔選過的國民黨候選人從沒成功過，有時還會推派自己的人馬和國民黨對決來「攪局」（林怡廷，2020）。但國民黨不得不屈服於「花蓮王」的在地勢力，2004、2008 年立法委員選舉因「國親合」禮讓；2016 年傅崐萁妻子徐榛蔚獲得國民黨不分區立法委員提名；2018 年徐榛蔚當選花蓮縣縣長；而傅崐萁還在 2021 年底恢復國民黨籍。地方人士指出，傅崐萁掌握農會、水利會，不需倚靠國民黨也有自己的組織和動員系統，以及後勤金援支持，結果國民黨還要看他的臉色（李碼齊，2019）。

林怡廷（2020）認為，傅崐萁在花蓮的政治實力，和民進黨兩屆縣長都不推人選，形同「禮讓」也有關。過去地方綠營大老確實有寧可讓傅崐萁打國民黨的想法。2003 年葉菊蘭遊說吳國棟「扁棟會」，陳水扁邀請吳國棟出任國營會副主委，希望「白花油」[21] 變「綠油精」，拔樁意味濃厚（何來美，2017），即是類似情節。從吳國棟的「三顧茅廬」、謝深山的「綠謝結盟」到傅崐萁的「禮讓」，民進黨為了能在花蓮打天下，多次在選戰裡選擇拔樁而非深耕，暴露民進黨在花蓮組織投資不足和未認真長期栽培人才的困境。結果，選民仍然首先效忠於地方派系或頭人權威，始終無法形成民主制度下的政黨競爭。

21　吳國棟外號，自嘲「白花油」是「白天在花蓮遊蕩」之意（何來美，2017）。

第 7 章

結論

　　台灣客家政治的變遷，受到整體政經情勢和地方政治生態交互影響，尤其是民主的鞏固和深化、都市化與工業化發展、選舉制度變革、客家人才的斷層、年輕世代的政治態度等因素，逐漸使得客家地區傳統的宗親、派系政治無法維持，勢必將透過新的政治模式來面對日益擴張的選民需求。又因客家人口的相對比例及居住區位的差異，以致在尋求地方統治權力、政治結盟與文化肯認的策略上，必須選擇與其他族群合作或競爭，來維持客家族群自身的政治主體性，進而形成不同地區客家政治生態的獨特樣貌。

　　本書將民主轉型理論從中央政府選舉延伸到地方自治，以兩次政黨輪替做為民主鞏固的指標，並且預期在經濟發展與政治轉型過程中，宗親與派系主導的地方政治會逐漸被政黨組織取代，而客家族群政治偏好會形成一個重要的中介機制。基於此一轉型理論，我們發現台灣本島的苗栗與花蓮一直是派系主導，從未實現兩個主要政黨執政的輪替；相反的，屏東縣則已發生過六次黨派輪替（其中四次是國、民兩黨），客家選民則強力支持民進黨勝選。在派系主導與政黨競爭的兩極之間，高雄市、台中市、桃園市與新竹縣市的地方派系有式微的趨勢，並受到經濟

發展與外部因素影響，客家選民逐漸趨向政黨認同與民主鞏固之路。根據前述理論與觀察，本書進一步提出現階段台灣客家政治「三分天下」的模型：即政黨競爭、民主轉型及派系主導三種模式，以此三類體制來解讀當前客家族群的確實政治動向，並反省客家政治目前面臨的挑戰。

在研究方法與資料來源方面，我們採用量化與質化方法的整合。首先，我們整合並修訂了中央選舉委員會在鄉鎮市區層級的資料庫，加入客家候選人、客家鄉鎮變量進行量化分析，並且與個體層級的《台灣社會變遷調查》結果進行比對，可以發現類似三分天下的地區差異。實證分析發現，近年選舉結果顯示客家族群中藍綠支持比例已有逆轉，客家政治動向是未來台灣族群政治分析中，最值得觀察的重點之一。其次，我們針對多位客家政治菁英進行深度訪談，並且重新整理歷史文獻與歷次選舉的政治脈絡，深入說明政黨競爭的屏東模式、轉型客家政治模式與苗栗、花蓮的派系主導模式等發展歷程與現況。綜整前述各章的探究分析，本章歸納提出以下幾點重要結論。

一、「客家偏藍」及「北藍南綠」框架的檢討

在威權體制時期各縣市實施的地方自治選舉，都是由國民黨的黨務組織和派系頭人所控制。國民黨操作地方家族間的利益衝突和族群間的矛盾失和，運用提名候選人的政治遊戲規則，「分化分治」的權力分配手段，並拉攏少數，收編地方重要政治勢力，營造派系間相互制衡的關係，使地方菁英順從以確定其中央政府統治的正當性。國民黨提名者在各縣市公職人員選舉享有優勢，偶因派系擺不平，非國民黨人士才有當選機會，全國各地皆然，非客家地區專屬。

　　地緣政治劇變、經濟發展與世代輪替，改變了國內外的權力平衡，衝擊國民黨的威權侍從體制。1970 年代，政治異議人士透過選舉逐漸形成的「黨外」民主運動，在 1977 年年底的五項地方公職人員選舉（縣市長、台灣省議員、台北市議員、縣市議員、鄉鎮市長），無黨籍人士有 5 位當選縣市長，並取得 21 席的省議員和 6 席的台北市議員。這次對客家地區來說也是場重要選舉，許信良成為桃園縣第一位黨外縣長，並在選舉過程引爆「中壢事件」。可惜，許信良不久遭到國民黨流放海外，不過仍持續影響桃園客家族群的政治偏好。同時，邱連輝和傅文政分別當選屏東縣、苗栗縣的省議員，而邱連輝又在 1981 年成為屏東縣第一位黨外及客家籍身分的縣長，開啟屏東縣客家人支持黨外民主運動的篇章。

　　台灣中央政府職務由外省菁英壟斷，形成日後的省籍政治對立，而閩南族群又在本省人口裡占絕對多數。因此，1980 年代的黨外運動，有時會不經意出現「閩南沙文主義」。民進黨成立後，客家人又面臨夾在「本省人與外省人」二分法的省籍矛盾中。蕭新煌（2002）的研究指出，不論是統獨意識、國家認同、政黨傾向的調查結果，客家人都是介於外省人和閩南人之間。當時在客家人眼裡，執政黨有著強烈的外省人政權色彩，民進黨又有著強烈的閩南人抗爭政治意識，而處在夾縫的客家人，逐漸浮現被漠視的不平感，以及被政治邊緣化的焦慮感（蕭新煌、黃世明，1999；蕭新煌，2002）。1990 年代左右，客家人的台灣意識逐漸抬頭，以客家人為主體的社會運動，如還我母語運動、台中東勢和苗栗卓蘭發起的農民運動，以及新埔遠東化纖、苗栗客運、桃園客運的勞工運動，這些運動對台灣民主轉型都有重大影響力，但其詮釋與選舉策略卻由占多數的閩南菁英主導，讓部分投入黨外運動與社會運動的客家菁英感到失望。

　　不可否認，1990 年前的客家鄉鎮，在國民黨將「中原南遷」的客家源流說法「嫁接」（grafting）在大中華意識上，還有地方政治在國民黨操控的宗親、派系把持下，使國民黨得以操弄地方閩客族群分化和對立，造成竹苗地區老一輩客家人對「民進黨是閩南人的黨」之刻板印象，這也顯示竹苗地區客家人對民進黨「保持距離」的警戒心態。不過，南部六堆客家人極少認為「民進黨是閩南人的黨」。2000 年首度政黨輪替後，台灣政治經歷多次權力翻轉，國民黨的分裂更讓地方派系失去依恃的重心，客家鄉鎮的政治生態已不全然可用「偏藍」來概括，而是成為藍綠雙方在全國性選戰分出勝負的關鍵。

　　我們在總統選舉結果發現，民進黨自 2008 年後得票率顯著提升，2016 年、2020 年兩次總統選舉，無論是全國或客家鄉鎮，民進黨已經翻轉相對於國民黨基本盤的長期劣勢；相較民進黨在客家鄉鎮中逐步提高得票率，國民黨近 13 年在客家鄉鎮的選票基礎則是流失嚴重。又從 2010 年、2015 年、2020 年三次的《台灣社會變遷基本調查》得知，客家族群對民進黨的支持率是穩定略為上升，但對國民黨的支持率則大幅下滑，而且在 2020 年出現了藍綠翻轉（支持民進黨有 26%，國民黨只剩 21%）。也就是說，客家選民偏藍的刻板印象是有必要調整。

　　再者，國民黨政府「重北輕南」的國家建設措施，造成南北發展的區域失衡和經濟差距，南台灣如高雄以重化工業發展為主，北台灣相對以工商業較為發達，科學園區的發展更強化了南北收入差距。約自 2000 年第一次政黨輪替後，北部各縣市由國民黨執政，南部成為民進黨的主要支持地區，學界或政界常用「北藍南綠」來形容這種區域政治差異。

　　研究發現此一政黨傾向似乎也影響了區域內的客家族群，「北藍」泛指桃竹苗地區客家鄉鎮的政黨投票取向較偏藍；「南綠」則強調高雄、屏東六堆地區客家鄉鎮較傾向支持民進黨。這種概括性的說法來自桃竹

苗地區客家鄉鎮的綠營得票率低於全國平均值，尤其是苗栗縣和部分新竹縣的客家鄉鎮。反之，南部六堆客家鄉鎮的綠營得票率高於全國平均值，其中屏東縣客家鄉鎮更明顯。但「北藍南綠」缺乏準確性，可能受到統計極端值拉動，或是造成不同空間尺度的區位謬誤。因此，本書改以鄉鎮市區為分析單元，並進行客家與非客家鄉鎮的比較，得到相當幅度的修正結果。我們認為，要解釋客家族群政治的空間分布與內部動態，「三分天下」比「北藍南綠」更為適宜。

就桃園市來說，民進黨在客家鄉鎮的得票率就高於非客家鄉鎮，而非客家鄉鎮也比客家鄉鎮較支持國民黨。所以，桃園市過去被認為「藍大於綠」，不能歸咎於南桃園客家鄉鎮的選民，南桃園並沒有比北桃園偏藍，其中觀音、新屋更是民進黨的「鐵票區」，晚近楊梅也慢慢翻轉；準確地說，南桃園是中壢、平鎮、龍潭較偏藍，這可能是因外省眷村較多，而非客家族群所造成的。

另外，新竹縣和苗栗縣客家鄉鎮被放大視為「北藍」。總體來看這些地區雖是藍大於綠，但細部觀察新竹縣新埔鎮、苗栗縣通霄鎮、苑裡鎮、卓蘭鎮等，長期以來都比較偏綠；新竹縣的峨眉鄉、苗栗縣的公館鄉同樣也出現搖擺的狀況。而近年因新竹科學園區和都市化因素的帶動下，人口增長較多的新竹縣竹北市、新豐鄉、湖口鄉和新竹市東區等地方政治生態都已經在轉型，苗栗縣的頭份市和竹南鎮也受到竹南科學園區的影響，正在變動中。

反觀高雄市的客家鄉鎮過往受到宗族和庄頭政治的束縛，國民黨在客家鄉鎮的得票率高於非客家鄉鎮，客家鄉鎮的鄉鎮長也多由國民黨籍擔任，像美濃鎮歷任鎮長都是國民黨籍。而高雄市客家鄉鎮選出的立法委員也多是藍營人士，直到 2012 年民進黨才扭轉情勢。雖然，原高雄縣自 1985 年起都是由民進黨執政，2010 年和高雄市合併改制後，國民

黨只有在 2018-2020 年短暫「韓流」執政，其餘都是由民進黨主政。客家鄉鎮的「南綠」，準確地說應該是指屏東縣客家鄉鎮，雖同屬六堆地區，但荖濃溪北的右堆客家鄉鎮並沒有跟著屏東縣翻轉，直到 2010 年高雄縣市合併後，政治結構才又有變化。

劉嘉薇（2019）認為「北藍南綠」現象，是由於客家族群與閩南族群人口多寡和比例，會對區域發展、閩客關係及選舉族群動員產生「鄰近效應」（neighborhood effect）。在北部「大群」為客家人，南部「大群」為閩南人，因擴散效應影響，大群族群影響小群族群的政黨偏好及投票選擇，所以南部客家族群投票選擇與閩南族群相似，成為「北藍南綠」因素之一。何來美（2008）也同樣提出類似觀點，認為北部客家人較偏藍是因桃竹苗地區客家人是大群；而南部客家人是小群，受到大群閩南人影響所以偏綠。

但這樣的「鄰近效應」還是以族群政治偏好的平均值來推論，它無法說明北部和中部閩南人是大群而客家人是小群的區域，如新北市、台中市、南投縣等地區。這些地區客家人是小群，若一樣受到週邊閩南人投票擴散效應影響，則客家鄉鎮也應該偏綠，但投票結果卻不是如此。還有，南部的屏東縣客家鄉鎮比非客家鄉鎮更早偏綠，而非相反；北部桃園市客家鄉鎮也不比非客家鄉鎮更支持國民黨。鄰近效應或許可以解釋部分客家鄉鎮的現象，但不代表客閩族群人口比例上的差異，是造成客家鄉鎮偏藍或偏綠之主因。

也就是說，「北藍南綠」應是台灣政黨政治版圖的大致樣貌，但往下推估個體或鄉鎮層次選民時則會出現偏誤。劉嘉薇（2019）的調查發現，客家人政黨偏好偏向國民黨的比例有 27.0%，民進黨是 20.5%，時代力量有 6.3%，親民黨則為 3.9%，客家人雖較偏藍，但藍綠偏好差距有限。客家政治生態的樣貌，隨著民主轉型的大環境變動，以及不同地

區的客家社會力，讓客家鄉鎮在藍綠之間採取各種結盟，使台灣客家政治呈現多元和動態的模式，過去「客家偏藍、北藍南綠」的化約式解釋框架有其侷限性。因此，本書定名為「三分天下」的目的，即在凸顯客家政治版圖已經從「北藍南綠」的二分法，逐漸轉化為「政黨競爭」、「轉型客家」與「派系主導」三個分類。

二、民主轉型後的台灣客家政治三模式

本書是從台灣民主轉型後客家族群的選舉行為變化，來探究台灣客家政治的三種新的變遷模式：政黨競爭、派系主導與轉型客家之政治模式，係採質量並用的綜合研究方法。在量化分析，是以選舉結果的總體資料為基礎，輔以政黨認同、民主化⋯等社會變遷調查的個體資料。而討論客家區域選情變化、與客家選民選舉行為之間的相關性，以跨層次的「生態推論」（ecological inference），即區域加總層級的資料去推論區域內個體行為的發展趨勢。針對加總層級選舉資料可能出現生態謬誤之質疑，我們以多元迴歸估計模型的控制變量來減輕這種偏誤。至於質性研究，則透過深度訪談，了解宗親組織、地方派系、政黨運作和族群政治等層面，並以「歷時性」（diachronic）在時序上來梳理台灣和各個地區客家政治發展的路徑脈絡。

第一類的「政黨競爭」之客家地方政治模式以屏東縣為代表。屏東縣自 1997 年起均由民進黨執政，縣長主要還是為閩南籍，客家籍縣長僅有兩位，邱連輝只擔任一屆，吳應文則是代理縣長一年多。然而，屏東縣全縣的台灣認同較強，客家人也是如此，是全國政黨傾向最偏綠的地區，而且客家選民比閩南選民更為深綠，這顛覆了一般認為客家選民

或選區政治立場偏藍的迷思。屏東縣關鍵少數的客家人透過關鍵選舉，跳脫國民黨派系政治操控，並在六堆的客家庄實現了政黨重組。但屏東縣卻仍與高雄市的客家政治動向並不同，因此屏東模式也挑戰了過去過度簡化的「北藍南綠」之說。

客家地方政治第二個模式是「轉型客家」，這個模式包括高雄市、台中市與桃園市三個近年升格的直轄市，以及晚近人口激增且朝向都會化發展的新竹縣市，其中桃園市和新竹縣的客家人口數及比例是屬於多數。除桃園市外，民進黨在轉型中區域的客家選票雖稍有落後，但客家選票已經不再一面倒向藍營，而是藍綠逐漸趨近，且隨著都會經濟發展與年輕世代移入，已使選民結構與政治態度產生明顯變化，逐漸改變了客家偏藍或北藍南綠的政治版圖。

「轉型客家」區域的政治特性，是從傳統宗親、派系政治逐步轉型為政黨政治，像高雄市和台中市因縣市合併改制，裂解了派系動員的資源，而桃園市和新竹縣則因都市化、人口移入，削弱宗親網絡的影響力。當宗親、派系力量式微，政黨間的良性競爭態勢就會形成。另外，「轉型客家」區域的另一特徵，是所謂中間選民增加，選舉結果向全國或全市政治趨勢融合。俞振華（2012）指出，即使是地方選舉，民眾仍會回溯中央政府施政表現，並當成其在地方選舉中是否繼續支持執政黨的依據。地方選舉相較於過往，越來越受中央政府執政（全國性因素）的影響，而不僅止於地方因素。所以，大環境的政治氛圍、執政良窳，乃至制度變革等影響選舉的各種不確定因素，都會牽動客家鄉鎮的政治轉型力度和方向，而客家鄉鎮的投票結果則將影響國、民兩黨的勝負。

第三個客家政治模式是「派系主導」政治類型，是以苗栗縣和花蓮縣為代表。這兩個縣的客家鄉鎮多屬農業型鄉村，工商業較不發達，也缺乏就業機會，導致人口外流嚴重和快速老化。由於傳統宗親組織與地

方派系根深蒂固，地方政治頭人對派系成員和樁腳的個人恩庇關係強，即使政治人物脫黨參選，在泛藍黨派或無黨籍之間遊走，仍能獲得選民支持。這兩個縣客家鄉鎮選民的政黨認同之平均值確實偏泛藍政黨，但未必一定把票投給國民黨，反而是地方派系的力量大過黨派的效應，所以稱之為「派系主導」，比起「藍色客家」的刻板印象更為合理。而且從歷次總統選舉結果來看，民進黨在苗栗縣和花蓮縣客家鄉鎮的得票率有緩慢上升。另從縣長、區域立委選舉結果來看，在這兩個縣國、民兩黨得票波動比較大，顯示客家政治領袖青黃不接，是兩黨長期忽略栽培在地年輕世代客家人才的後果。

　　早期苗栗縣和花蓮縣地方派系的生存法則，是依恃國民黨的恩庇來謀得自身利益，但近年變成「主客易位」，派系的力量凌駕於政黨之上，政黨卻無法掌控派系恣意妄為的行徑，反而是向派系妥協。這幾年苗栗縣和花蓮縣的派系與政黨間的關係，在國民黨是呈現派系主導模式，而民進黨則為攏絡、合作的互利共生結構。不過，當派系追求自身利益最大化時，政黨可能只是附庸的角色，派系甚至認為政黨是可隨時拋棄的包袱。就像 2022 年國民黨苗栗縣縣長的提名之亂，派系密室政治復辟，卻忽視選民的期待，實不符合台灣民主發展趨勢。

　　上述三模式的分類，我們也進一步以 2010-2020 年《台灣社會變遷基本調查》的客家選民個體資料來驗證，同樣發現客家選民在這三個選區裡的政黨支持態度有顯著不同。在「政黨競爭」選區裡的客家選民與閩南族群同樣偏綠，且更為顯著地不願意支持泛藍政黨。在「轉型客家」選區裡的客家選民也快速趨向偏綠，逐漸與閩南族群趨近相同，但是對泛藍支持率仍略高於閩南族群，以至於兩者的支持率相近。在「派系主導」選區裡的客家選民比閩南族群較不支持泛綠政黨，也較偏藍，但其藍綠支持率對比的滑動也接近於全國平均值。也就是說，不論是總

體選舉得票資料、個體政黨態度調查，以及質性深度訪談，民主轉型後
台灣客家政治三模式分類皆得到證實。

　　不過，前述三分類的實證研究裡，新竹縣較屬三個分類界線上的模
糊地區。新竹縣的藍營執政時間頗長，也曾經歷過兩次政黨輪替，表面
上全縣類似於苗栗縣和花蓮縣的「派系主導」。然而，隨著竹北市及周
邊鄉鎮發展或是「大新竹合併」議題推動，已可預見新竹縣會逐漸走向
「轉型客家」。客家政治隨著台灣民主轉型深化而多元化，但過去我們常
將客家政治視為同質化，或是將極端的地方案例看作是穩固版圖，忽視
地方分歧與緩慢的政治變遷。這些偏見都值得爭議與挑戰。是故，本書
認為「政黨競爭」、「轉型客家」與「派系主導」三種分類法，是比較貼
近目前客家政治現況的多元路徑。

三、制度變革對地方派系和客家政治的衝擊

　　本書所主張的三分天下客家地方政治模式，不僅延續了經典的政治
現代化理論，即經濟發展有助於民主轉型與深化，也與全國或地方的政
治制度變遷，以及政治行動者在特定時空的政治機會開放時所採取的策
略有關。制度會提供人們行動誘因，政治制度的設計與變遷會影響人們
的政治行為與投票選擇，也會制約人們的政治行為；而人們的政治行為
與選擇亦是誘發制度改變的驅力。當然，政治行動者（如政黨或政治人
物）會基於自身利益，經過理性精算採取策略，來回應制度改變或改變
制度。綜整各章客家政治的實證分析發現，行政區劃和選舉制度改變，
會透過重組選區內的族群人口比例，影響族群政治平衡，因而衝擊客家
地區的派系結構與選舉結果。

　　首先，行政區劃的調整經常會改變一個選區的政治生態。1950 年大新竹縣的設立，由於新竹市工商業較為發達，黨國特許或扶植的資本家也多為閩南人，於是國民黨主導由閩南人來領導的東許、西許派系，但支持占多數的客家人擔任縣長，議長則是閩南人，形成派系和客閩相互制衡的關係。1981 年新竹縣市分治，亦是客閩各別分治新竹縣市，新竹縣市的縣長、議長都改由最大的族群來擔任。客家人占絕對多數的新竹縣，跳脫原本由閩南人主導的東許、西許派系控制，變成由宗族網絡構成的宗親組織為政治動員基礎。而首屆的新竹市市長是由黨外的施性忠擔任，削弱了東、西許派系的影響力，加上後來派系要角選舉失利，派系政治在新竹市逐漸瓦解，取而代之的是政黨競爭。

　　2009 年《地方制度法》修正通過，賦予地方縣市政府單獨或合併升格為直轄市的法源依據。由於升格為直轄市可以增加地方財政資源，有助於推動地方公共建設，進而能帶動區域經濟發展；當時各個縣市無不摩拳擦掌，爭取地方發展利益的最大化。其中台中縣市、台南縣市和高雄縣市是採合併改制，不但是地方治理的重大變革，也關乎政治工程的改造，是很大的挑戰，因為縣市合併改制後，勢必衝擊原本縣、市分立時的政治環境和派系生態。

　　由於縣市合併，讓原本縣、市各派系山頭的利益整合困難，政黨就比較可以運用提名權來壓制派系山頭的勢力，一改過去地方選舉由派系協商候選人，選民只能被迫從中選擇的慣例，變成強調以政黨或候選人的形象、能力，及其所主張的各種政治及政策議題，來爭取政黨提名和選民認同的選舉模式。當政黨競爭成為地方政治常態時，派系為延續未來生存的空間，可能會在某次選舉時「帶槍投靠」，或出現「西瓜效應」選擇支持特定的政黨或候選人，亦可能重新選擇依附政黨，使派系的權力減弱，讓原本掌控的勢力範圍變得模糊。

　　從台中縣、高雄縣的地方派系發展歷程來看，早期地方派系的生存法則，除了依恃國民黨提供的政經資源外，主要還是藉選舉來獲取行政權力。然而，縣市合併後市議員應選席次減少，又取消鄉鎮市長和鄉鎮市民代表選舉，大大衝擊地方派系以椿腳動員方式的垂直性運作機制，限縮派系運用配票策略取得席次最大化的空間。當派系的政治市場和可分配資源大幅萎縮，導致派系的政治實力趨於弱化，連帶也將提升政黨組織與資源的比重和影響力。

　　若將「制度」視為政治市場中的一項商品，「均衡」則意謂制度的「供給」符合社會集體的「需求」；社會集體的行動者如有意改變制度均衡的狀態、制度與社會的供需結構，以及行動者彼此間的利害關係，會隨之重新商議和分配（Scharpf, 1997）。就像選舉制度的安排，目的在於地方社會的政治需求得到均衡，若選民、候選人、派系或政黨有意改變選舉制度，就會影響地方政治的競合關係，形塑不同的客家政治生態。

　　再就選舉制度面向來看，縣市長、鄉鎮市長、村里長等公職人員選舉是採「單一選區相對多數決制」（Plurality with Single-Member-District System, Plurality-SMD），2008 年以前的立法委員、1994 年以前的省議員，以及直到目前的縣市議員、鄉鎮市民代表，都是採「複數選區單記不可讓渡投票制」（Single Non-Transferable Vote under Multi-Member District System，簡稱 SNTV-MMD），也就是選民投票只能投給一個候選人，得票數較高的幾位候選人當選（視選區分配的席次）。而 SNTV-MMD 選制，候選人只要掌握可當選門檻的最低選票就能當選，派系或政黨比較容易透過配票取得較多席次。但這種選制帶來不少政治弊端，例如透過賄選買票或椿腳配票，就可以跨過最低當選門檻。早期國民黨就是藉此掌握多席次資源，決定省議會、縣市議會的議長和副議長，如此才有利於國民黨進行政治資源分配，派系也得以延續。

　　由於應選多席次，SNTV 選制具有「少數代表性」（minority of representation）、選票與席次「等比例性」等特性（Lijphart, 1994），提供小黨、少數族群投入選舉的誘因；選民的族群投票因素和「極端」投票偏好也較為明顯。這讓國民黨得以操弄族群政治分化與平衡，透過族群席次分配來收編派系。像是屏東縣保障一席省議員給客家人；桃園市的南北（客閩）輪政，以及省議員和立法委員客家人至少有半數席次的機會；苗栗縣的省議員和立法委員也能依閩客人口結構分配等等。不過，早期黨外人士同樣藉著多席次的選舉制度，得以當選地方公職人員，並形成對國民黨和地方派系的制衡力量。

　　制度變革會影響派系、族群與政黨的平衡。2008 年起立法委員選舉實施「單一選區兩票並立制」（Mixed-Member Majoritarian System，簡稱 MMM），而根據杜瓦傑法則（Duverger's Law），MMM 選制有利於兩黨政治的發展，選民如果預期他們偏好的候選人無法選上時，會採策略性投票（strategic voting），轉投給較有機會當選的候選人，來防止所厭惡的候選人選上（施正鋒，1999；Farrell, 2001）。這也讓地方派系有所忌憚，擔心藉由買票的樁腳動員選舉模式會引起選民反感，遏制了派系在選制操作上的捷徑或巧門。因此，在 MMM 選制實施後可以清楚發現，立法委員選舉已呈現政黨競爭樣態，而且還是國、民兩黨競爭為主，這從客家地區的實證分析也得到驗證。

　　當立法委員席次減半，選制改為單一選區，就會牽動選區調整或重劃，也造成地方派系碎裂化。這在高雄市、台中市合併改制後的議員席次減少也有類似影響。不過，選區調整或重劃同時會影響客家政治發展。因為，客家人除了桃竹苗和六堆地區人口較集中外，其餘多散居各地，當客家人在單一選區是少數者時，相對多數決可能較不利，使客家族群在區域立委席次不符其人口比例；就算是客家人口集中地區，亦

因選區劃分併入閩南族群較多的區域，削弱選舉賦權的效用（周錦宏，2021）。這個情況在高屏六堆地區、台中山城和南桃園特別明顯，客家籍的議員、立法委員當選人數呈現下降趨勢，使客家籍議員、立法委員的席次跟選區內客家人口比例不符。客家族群代表「不成比例性」的情形重複出現，可能是因客家和族群因素在近年選舉的兩黨競爭中淡化，也可能與客家政治人才養成的世代斷層有關。

四、客家地區政黨政治要從人才培養做起

近年來，各個政黨在客家地區常出現要推選、提名或徵召候選人時，找不到適合人選的窘境，以致很多都是找先前公職人員的配偶、子女、親友或助理來接替，也有禮讓或挖角地方政治要角來代表政黨參選。但這種靠空降，或拉攏地方既有宗親、派系或政治人物的方式，在客家地區較多是敗選收場。究竟在前述三分天下的選區裡，兩黨提名客家候選人的勝負為何？

過去對台灣客家選民的研究曾提出「族群賦權理論」，即提名客家候選人可以增加該地區選民的投票率與候選人的得票率。我們分析區域立委與地方首長兩黨候選人提名客家族群人士的效應後發現，在地方首長選舉時，國民黨提名外省候選人能提高得票率，民進黨則是閩南候選人有優勢，但兩黨提名客家候選人並沒有提升自身的得票率，客家候選人仍較可能勝選，這個效應不是單向的「族群賦權理論」可以說明，而應該估計兩黨提名策略「捉對廝殺」所導致的互動效應。兩黨都提名客家人自身未必加分，但可能會削弱對手利用族群政治動員的優勢，本書將這個結果稱為「族群制衡效應」（ethnic check balance effect）。

為進一步理解國民黨、民進黨這兩個主要政黨,在不同族群間提名候選人的策略與「族群制衡效應」,以及三分天下與族群制衡這兩個因素對選情的交互作用,我們應用 2008 年到 2020 年間,中選會鄉鎮市選區得票率資料庫,依據本書第 3 章表 3-2A、3-2B 的模型,再控制各縣市虛擬變項效果的迴歸模型,依模型的擬合值(fitted value)計算立法委員和縣市地方首長客家與非客家候選人得票率之估計值,詳見表 7-1、7-2。

表 7-1 立法委員部分,在政黨競爭屏東模式的模型控制諸多社會、經濟與政治因素後,因屏東縣在民進黨穩定執政下,國民黨的族群動員能力相對微弱,只有在 2020 年發生過國民黨客家籍立法委員候選人葉壽山,對上具中國各省市背景,但也有外省(廣東)客家淵源的鍾佳濱時,大致上得票率較民進黨少四成;而在客家籍對上閩南籍的組合上,民進黨分別於 2008、2012 年推出客家籍李世斌應戰國民黨閩南籍王進士,輸給王進士得票率 4.3%。

表 7-1:區域立委客家與非客家籍候選人競選得票率估計值

	客家籍候選人 v.s. 對手陣營各族裔候選人	屏東模式	高中桃竹模式	苗花模式
國民黨	客家籍 v.s. 閩南籍	沒發生過	+10.29%	+13.81%
	客家籍 v.s. 客家籍	沒發生過	-26.13%	-34.53%
	客家籍 v.s. 外省籍	-43.3%	-沒發生過	沒發生過
民進黨	客家籍 v.s. 閩南籍	-4.3%	+13.68%	沒發生過
	客家籍 v.s. 客家籍	沒發生過	-14.19%	-23.62%
	客家籍 v.s. 外省籍	沒發生過	沒發生過	沒發生過

註:估計值係依表 3-2A 的模型九、3-2B 的模型十二擬合值(Fitted Value)計算。
資料來源:本書研究整理

　　至於在高雄市、台中市、桃園市、新竹縣市等轉型客家地區，國民黨與民進黨候選人在得票率上的差異，需要衡量當地政黨與派系的多變局勢，儘管對比其他模式，兩黨的實力接近，但無黨籍候選人以地方派系身分參選，往往能瓜分雙方不少得票。平均而言，在轉型客家地區，國民黨的客家籍候選人對上其他黨籍的閩南籍候選人，約能增加10.29%的得票；但如果是客家籍對客家籍的對戰組合，則往往意味著地方派系與政黨瓜分票源，會減少26.13%的得票。而民進黨的客家籍候選人若是對上其他黨籍的閩南籍候選人，能給該黨多增家13.68%的得票率；但碰上國民黨提名同為客家籍的候選人，或地方派系推出無黨籍客家候選人時，則得票率會滑落14.19%，不過民進黨的得票降幅比國民黨小。

　　然而，在派系主導的苗栗縣、花蓮縣模式，無論任何黨籍的閩南籍候選人，對上國民黨的客家籍候選人，都是遭遇壓倒性的劣勢，平均會低於國民黨13.81%的得票率。可是，當其他政黨同樣推出客家籍候選人時，無論是政黨對決的效果，或是派系瓜分保守選票的作用，都出現大幅降低國民黨得票的情形，國民黨的客家籍候選人會流失34.53%的得票率。在苗花模式中，民進黨客家籍候選人無論是對上國民黨的客家籍候選人，或是無黨籍、脫黨參選的地方派系客家籍候選人，都處於明顯的劣勢，會少23.62%的得票率，可是民進黨的得票降幅同樣會比國民黨低。總之，過往經驗顯示民進黨提名客家候選人更有利。

　　表7-2顯示自2009年以來，縣市地方首長選舉的三分天下各族群候選人對戰估計結果，在高中桃竹的轉型客家地區，除了派系與族群關係外，其他政治經濟與社會因素，乃至於政黨候選人的特質，也會影響得票率的變化。地方首長選舉中，國民黨的客家籍候選人對上任何黨籍的閩南籍和客家籍候選人，都呈現優勢的得票狀況，對上閩南籍候選人高出28.59%。同樣都是客家籍時，國民黨候選人雖保有19.84%的得票

表 7-2：地方首長——客家與非客家候選人競選得票率估計值

	客家籍候選人 v.s. 對手陣營各族裔候選人	屏東模式	高中桃竹模式	苗花模式
國民黨	客家籍 v.s. 閩南籍	沒發生過	+28.59%	+35.15%
	客家籍 v.s. 客家籍	沒發生過	+19.84%	+13.82%
	客家籍 v.s. 外省籍	沒發生過	沒發生過	沒發生過
民進黨	客家籍 v.s. 閩南籍	沒發生過	沒發生過	-11.77%
	客家籍 v.s. 客家籍	沒發生過	-4.30%	-7.07%
	客家籍 v.s. 外省籍	沒發生過	沒發生過	沒發生過

註：估計值係依表 3-2A 的模型十五、3-2B 的模型十八擬合值（Fitted Value）計算。
資料來源：本書研究整理

領先，但國民黨會減少 8.75% 的優勢。而民進黨的客家籍候選人在轉型客家地區，相對其他政黨客家籍候選人的得票劣勢已相形縮小，會少 4.3% 的得票率。有鑒於此，地區的族群政治複雜，在政黨政治和傳統派系政治間仍互有拉扯，雖然國民黨提名客家籍候選人比較有利，但還是存在遭無黨籍候選人、脫黨參選候選人瓜分選票的隱憂。

　　在派系主導的苗花模式中，國民黨的客家籍候選人一樣具備壓倒性優勢，對上任何黨籍的閩南籍候選人得票率大幅領先 35.15%，但對手陣營若為客家籍候選人，國民黨的客家籍候選人會減損 11.33% 的得票。而民進黨的客家籍候選人在面對國民黨的客家籍候選人，對比國民黨的閩南籍候選人，可以減少 4.7% 的得票率損失。政黨競爭下的屏東模式，在這段期間的縣長候選人，族群背景均非客家籍出身，故暫略過不提。

　　根據上述立法委員和地方首長客家與非客家候選人得票率之估計值，不難發現候選人的族群身分在客家地區有「族群制衡」效果。在

轉型和派系主導模式中，提名客家籍候選人是贏得選戰的重要利基。而這結果雖然與吳重禮等所提出之「客家政治賦權」理論有延伸性，即客家政治賦權對客家選民的政治信任和投票參與都有幫助（吳重禮、譚寅寅、李世宏，2003；吳重禮、李世宏，2005），但是又加入了兩黨提名策略的牽制性與連動性所造成的變化。

　　自威權時期開始，國民黨建立與地方派系的恩侍關係，在客家鄉鎮亦然。然而，民進黨過去靠空降，或拉攏既有宗親、派系或政治人物的方式，在客家鄉鎮是行不通的。各個政黨要突破現有政治結構，要深耕客家地區，就必須透過客家身分認同來擴大政治支持，這必然得長期培養能融入在地認同的客家籍政治人才，尤其是在地方基層服務的年輕人才。由於年輕人受限於知名度不高，服務團隊未成型，也欠缺競選經費，要挑戰較高層級的選舉通常難度很高。建議各政黨可從多席次的SNTV選制著手，培養「客家新苗」，串聯縣市各層級選舉的候選人及公職人員，以「大手牽小手」來形塑垂直和水平的政黨網絡關係，讓年輕客家人才從基層累積從政實力後，再挑戰上一層級選舉。

五、都市化及年輕世代決定客家政治的走向

　　隨著民主鞏固，台灣民眾對派系的政治評價日益下滑。王宏忠、楊凌竹、吳建忠（2016）藉由分析TEDS 2014的調查資料，探討台中市和高雄市市民對於地方派系的認知及其政治影響。他們的研究指出，多數台中市及高雄市市民對於地方派系抱持負面的評價，不僅認為地方派系是造成地方政治腐化的原因之一，亦表示地方派系的存在無助於照顧民眾的利益。由於都市化和區域經濟發展，有利於政治走向民主化與

政黨競爭，派系弱化的情形就愈明顯，這結果在高雄市、台中市、桃園市、新竹縣等客家鄉鎮可以觀察得到。

轉型客家鄉鎮似乎有較多的中間選民，這可以從多種理論加以解釋。首先是理性選擇觀點，當公民社會趨於成熟，選民的政治知識增加，自主性會變強，但理性選擇也可能降低政黨認同的持續性。只要政治人物不符合期待，或對於做不好的政黨，民意也會如流水，在下一次選舉不給予支持。因此，在較都市化的客家地區選民會常出現「鐘擺」與「分裂」的投票行為，而這種「搖擺選區」的現象可能會持續，也未必會以某一政黨逐漸鞏固政權為結局。

鐘擺與分裂投票效應會導致客家地區的政黨版圖不穩定，可能讓國、民兩大黨都無法在該地區取得絕對優勢，但也可能讓其他新興小黨有機會獲得席次。像是 2001 年親民黨成立，成為台灣的第三大政黨，接下來幾年的選舉，親民黨在新竹縣、苗栗縣、花蓮縣、高雄縣等客家鄉鎮有不小的影響力。但 2008 年的國親合作和立法委員選舉改成單一選區兩票制，卻造成親民黨提名的候選人無法在單一選區取得多數選票或選上首長，以致在地方上的政治發展受限，甚至泡沫化和邊緣化。另外，2014 年太陽花學運後的九合一選舉，以及總統和立法委員選舉，客家鄉鎮的政黨投票除了向民進黨緩慢移動，也出現支持時代力量、民眾黨等新興政黨的現象。

隨著地方派系實力減弱，在仍採取 SNTV-MMD 選制的縣市議員、鄉鎮市民代表選舉，或甚至最基層的村里長選舉，有不少候選人強調跳脫藍綠，或雖有黨籍卻故意淡化色彩，或是以小黨或無黨籍身分參選，尤其是六都以外的縣市。在客家鄉鎮中間選民比例有所增加的情勢下，這些基層政治人物較注重個人的形象、服務、特質及學經歷，以爭取中間選民的支持；但也有一部分的候選人雖有所好，卻跟選區選民政黨傾

向不同，因而改以無黨籍身分尋求勝選機會。

民主轉型與制度改革也影響不同世代的政治態度（林宗弘，2015）。劉嘉薇（2019）和徐葦芃、周錦宏（2022）的調查都指出，客家選民政黨認同在世代間存在差異，較年長者的政黨心理依附較高，較有一致性。而較年輕世代的政黨意識較薄弱，變動性大。這是因為較年長世代通常已建立較為穩定的政黨偏好，年輕世代政治社會化的過程尚在進行，對政黨的認同度偏低，使得在參與政治或投票選擇時，較關注的是候選人形象、政黨會不會做事、執行力夠不夠和有沒有魄力提出年輕世代關心的議題。

本書在第 1 章整理了 1994 年迄今《台灣社會變遷基本調查》中「台灣各族群的民主價值與世代差異」的資料發現，1980 年後出生的世代，各族群重視民主價值的程度在平均值上已無統計差異，但客家年輕世代認為民主政治重要的比例最高，同時也對民主較不滿意。但客家年長世代則剛好相反，越年長者認為民主的重要性越低，對民主的滿意度則隨著年齡增加而增高。再者是「台灣人」認同度的調查，2010 年到 2020 年間，閩南族群與客家族群自認為是台灣人的比例都大幅提升，客家族群上升比例最大，且以年輕世代上升幅度為高；戰後嬰兒潮（1950-1964）或戰爭世代（1949 以後）的身分認同與政治態度，則顯得較穩固。

由於經濟發展、都市化和教育水平提升的社會現代化過程，年輕世代選民更可能成為政黨認同不穩定的理性與中間選民。因為，當選民接收與處理政治訊息的能力提升，參與政治活動方式也逐漸從被動的「菁英引導式」，改變為「議題取向」與「挑戰菁英式」的「認知動員」（cognitive mobilization），更不會遵循政黨指令來行動（徐火炎，2005）。換言之，未來影響年輕世代投票的選擇，在於政黨和候選人可否創造出促進公共利益的政治議題，能否有效運用社群媒體（social media）、新

媒體（new media）來表達其政策論述，以及他們的實際行動和施政作為是不是符合台灣民主政治的核心價值。

　　總括而論，台灣隨著經濟發展與民主轉型，由黨國操控的威權侍從主義、地方派系支配的族群分治到民主轉型的政黨競爭，逐漸變成亞洲最民主的國家之一，客家地方政治也是台灣政治發展的縮影。在不同客家地區，宗親、派系仍或多或少影響客家地方政治發展。不過，台灣客家選民已經逐步轉型，而且發展出多元的政治模式，例如具有深刻政黨認同的屏東模式、或是在高雄、台中、桃園、新竹等轉型區域裡的新興選民，「中間性」和「變動性」或許可說是目前客家選民的寫照。在此過程裡，作為中介機制的客家族群與文化認同，也跟台灣的國家認同一樣，會成為多方勢力爭奪文化詮釋權的場域。

　　國家主權是民主制度的基礎，而民主才能保障族群多元發展。近年來，台灣人不再是閩南族群的代名詞，隨著客家族群向台灣人認同與民主價值匯聚，客家選民仍面對政治與文化邊緣化的焦慮。若客家人長期忽視自身的公民權利（citizenship），可能會造成客家人才斷層和政治參與不成比例性等危機，將使客家人產生「政治疏離感」（political alienation），使其投入政黨政治態度消極。展望未來，客家族群必須善用民主體制下的公民權與尊重多元文化的政治空間（徐正光、蕭新煌，1996），利用「客家賦權與制衡」以及「政黨重組」等策略，來改變客家族群人口少數與政治弱勢的處境，擴大客家族群的政治權力與資源，創造出台灣「自為客家」（Hakka for itself）[22] 的政治行動。

22　台灣的客家從「社會理解」差異性到「制度肯認」族群性，在民主化後的客家運動轉型，台灣客家族群儼然已提升轉變成一個有集體意識和行動能量的「自為客家」（Hakka for itself）（林開忠、周錦宏、蕭新煌，2022）。

參考文獻

小笠原欣幸，2021，《台灣總統選舉》，李彥樺譯。台北：大家出版。

王宏忠、楊凌竹、吳建忠，2016，〈台灣民眾之地方派系評價及其政治影響—以 2014 年直轄市選舉為例〉。《台灣民主季刊》13(2)：93-133。

王金壽，2004，〈瓦解中的地方派系：以屏東為例〉。《台灣社會學》7：177-207。

王甫昌，1994，〈族群同化與動員：台灣民眾政黨支持之分析〉。《中央研究院民族學研究所集刊》77：1-34。

王甫昌，2002，〈族群接觸機會？還是族群競爭？：本省閩南人族群意識內涵與地區差異模式之解釋〉。《台灣社會學》4：11-78。

王甫昌，2003，《當代台灣社會的族群想像》。台北：群學。

王保鍵，2008，《立委單一選區對客家族群政治參與之影響》。台北：中國文化大學政治學研究所博士論文。

王保鍵，2020，〈選舉制度與族群政治：以新竹縣立法委員選區劃分為例〉。《選舉研究》27(2)：1-48。

何亞芳，2022，黑金罪惡代表！「流氓變議長」開會帶槍，那些年猖狂政

治實錄……。年代新聞。2022 年 5 月 26 日取自：https://www.eracom. com.tw/EraNews/Home/political/2021-10-22/614399.html

何來美，2008，〈解嚴後客家族群投票行為取向的流變〉。頁 242-273，收錄於張維安、徐正光、羅烈師編，《多元族群與客家：台灣客家運動 20 年》。桃園：台灣客家研究學會／台北：南天。

何來美，2017，《台灣客家政治風雲錄》。台北：聯經。

吳乃德，1992，〈國家認同和政黨支持：台灣政黨競爭的社會基礎〉。《中央研究院民族學研究所集刊》74：33-60。

吳乃德，1993，〈省籍意識、政治支持和國家認同：台灣族群政治理論的初探〉。頁 83-133，收錄於張茂桂編，《族群與國家認同》。台北：業強。

吳重禮、譚寅寅、李世宏，2003，〈賦權理論與選民投票行為：以 2001 年縣市長與第五屆立法委員選舉為例〉。《台灣政治學刊》7(1)：91-156。

吳重禮、李世宏，2005，〈政治賦權、族群團體與政治參與：2001 年縣市長選舉客家族群的政治信任與投票參與〉。《選舉研究》12(1)：69-115。

吳翎君，2006，《花蓮縣志社會篇》。花蓮：花蓮縣文化局。

宋耀光、鍾振斌、邱薇樺，2021，〈六堆客家政黨傾向探討〉。頁 44-65，收錄於李旺台、鍾振斌、宋耀光、邱薇樺，《新編六堆客家鄉土誌：政治與社會演變》。高雄：國立高雄師範大學客家文化研究所。

李旺台、邱薇樺，2021，〈「副座時代」——屏東縣閩客權力分配的慣例〉。頁 8-21，收錄於李旺台、鍾振斌、宋耀光、邱薇樺，《新編六堆客家鄉土誌：政治與社會演變》。高雄：國立高雄師範大學客家文化研究所。

李旺台、宋耀光、鍾振斌，2021，〈六堆地方派系消長〉。頁 22-43，收錄

於李旺台、鍾振斌、宋耀光、邱薇樺，《新編六堆客家鄉土誌：政治與社會演變》。高雄：國立高雄師範大學客家文化研究所。

李碼齊，2019，農會水利會「整碗捧」，灌溉水渠都是傅崐萁的味道。關鍵評論網。2022 年 4 月 30 日取自：https://www.thenewslens.com/feature/local-factions/124848

沈延諭、王業立，2006，〈「宗親政治」之初探〉。2006 年台灣政治學會年會暨「再訪民主：理論、制度與經驗」學術研討會論文。台北：台灣政治學會。

周錦宏，2021，〈選舉制度變革對客家族群政治參與之影響：以苗栗縣立法委員選舉為例〉。頁 1-25，收錄於周錦宏編，《制度設計與台灣客家發展》。台北：五南。

林文正、林宗弘，2020，〈韓流與柯粉：台灣民粹政治的社會起源〉。頁 91-40，收錄於蕭新煌、楊文山、尹寶珊、鄭宏泰編，《香港與台灣的社會政治新動向》。香港：香港中文大學香港亞太研究所。

林宗弘、韓佳，2008，〈政治貪腐的制度理論：以亞洲各國為例的分析〉。《台灣政治學刊》12(1)：53-99。

林宗弘、胡克威，2011，〈愛恨 ECFA：兩岸貿易與台灣的階級政治〉。《思與言》49(3)：95-134。

林宗弘、曾裕淇，2014，〈戶口的政治：中國大陸與台灣戶籍制度之歷史比較〉。《中國大陸研究》57(1)：63-96。

林宗弘，2015，〈再探台灣的世代政治：交叉分類隨機效應模型的應用，1995~2010〉。《人文及社會科學集刊》27(2)：395-436。

林宗弘，2018，攸關利益！年改與農業韓流是民進黨敗選的最重要原

因。巷仔口社會學。2022 年 11 月 29 日取自：https://twstreetcorner. org/2018/11/29/linthunghong-5/

林怡廷，2020，操作藍營棄保效應：花蓮王如何一步步吃下國民黨？。天下雜誌。2022 年 1 月 8 日取自 https://www.cw.com.tw/article/5098510

林開忠、周錦宏、蕭新煌，2022，〈台馬族群政策及其對族群關係的影響〉。頁 75-130，收錄於蕭新煌、張翰璧編，《台馬客家帶的族群關係：和諧、區隔、緊張與衝突》。桃園：中大出版中心／台北：遠流。

若林正丈，1989，《轉型期的台灣：分裂國家與民主化》。台北：故鄉。

耿曙、陳陸輝，2003，〈兩岸經貿互動與台灣政治版圖：南北區塊差異的推手？〉。《問題與研究》42(6)：1-27。

陳紹馨，1979，〈台灣的人口變遷與社會變遷〉。台北：聯經。

俞振華，2012，〈探討總統施政評價如何影響地方選舉——以 2009 年縣市長選舉為例〉。《選舉研究》19(1)：69-95。

客家委員會，2017，105 年度全國客家人口暨語言基礎資料調查研究。2022 年 7 月 15 日取自：http://www.hakka.gov.tw/Content/ Content?NodeID=626&PageID=37585

施正鋒，1999，〈台灣政治建構〉。台北市：前衛。

施正鋒，2006，〈台灣族群政治與政策〉。台北：翰蘆。

美濃鎮誌編纂委員會，1997，《美濃鎮誌》。高雄：高雄縣美濃鎮公所。

徐火炎，1992，〈民主轉型過程中政黨的重組：台灣地區選民的民主價值取向、政黨偏好與黨派投票改變之研究〉。《人文及社會科學集刊》5(1)：213-263。

徐火炎，2005，〈認知動員、文化動員與台灣 2004 年總統大選的選民投票

行為：選舉動員類型的初步探討〉。《台灣民主季刊》2(4)：31-66。

徐正光，1994，〈台灣客家人的政治態度〉。頁 381-435，收錄於徐正光、羅肇錦、彭欽清編，《客家文化研討會論文集》。台北：行政院文化建設委員會。

徐正光、蕭新煌主編，1996，《台灣的國家與社會》。台北：東大圖書。

徐葦芃、周錦宏，2022，〈屏東縣客庄政治態度之研究〉。2022 客家政治與經濟工作坊論文。桃園：國立中央大學客家學院。

盛杏湲，2010，〈台灣選民政黨認同的穩定與變遷：定群追蹤資料的應用〉。《選舉研究》17(2)：1-33。

陳明通，1995，《派系政治與台灣政治變遷》。台北：月旦出版社。

陳陸輝、陳映男，2013，〈台灣政黨選民基礎的持續與變遷〉。頁 125-155，收錄於陳陸輝編，《2012 年總統與立法委員選舉：變遷與延續》。台北：五南。

焦維城，1995，《婦聯四十五年》。台北：中華婦女反共聯合會。

黃紀，2015，〈質量並用法〉。頁 423-447，收錄於瞿海源等編，《社會及行為科學研究法：總論與量化研究法》。台北：東華。

游婉琪、陳彥廷，2016，五星級縣長 vs 花蓮王，那個才是傅崐萁？。報導者。2022 年 11 月 21 日取自：https://www.twreporter.org/a/hualien-fu-kun-chi-branding

楊長鎮，1997，〈民族工程學中的客家論述〉。頁：17-35，收錄於施正鋒等編，《族群政治與政策》。台北：前衛出版社。

傅偉哲、林宗弘，2022，〈今天拆大埔，明天換政府？台灣民主化後的土地開發與選舉，1993-2015〉。《人文社會科學集刊》34(2)：315-364。

趙永茂，2001，〈新政黨政治形勢對台灣地方派系政治的衝擊－彰化縣與高雄縣個案及一般變動趨勢分析〉。《政治科學論叢》14：153-182。

鄭夙芬，2009，〈族群、認同與總統選舉投票抉擇〉。《選舉研究》16(2)：23-49。

劉嘉薇，2019，《客家選舉政治——影響客家族群投票抉擇因素的分析〉。台北：五南。

蕭新煌，1990，〈1980 年代末期台灣的農民運動：事實與解釋〉。《中央研究院民族學研究所集刊》70：67-94。

蕭新煌，2002，〈台灣民主轉型中的族群意識的變化〉。《香港社會學報》3：19-50。

蕭新煌、黃世明，2000，〈從台灣客家族群發展類型探討族群融合問題〉。《新世紀智庫論壇》10：74-95。

蕭新煌、黃世明，2001，《台灣客家族群史——政治篇》（上、下）。南投：國史館台灣文獻館。

蕭新煌、朱雲鵬、許嘉猷、吳忠吉、周添城、顏吉利、朱雲漢、林忠正，1989，《壟斷與剝削：威權主義的政治經濟分析》。台北：台灣研究基金會。

賴澤涵、劉阿榮編，2010，《新修桃園縣志：地方自治志》。桃園：桃園縣政府。

鍾肇政編，1991，《新个客家人》。台北：台原。

Fairdosi, A. S., and Rogowski, J. C., 2015, "Candidate Race, Partisanship, and Political Participation: When Do Black Candidates Increase Black Turnout?" *Political Research Quarterly*, 68(2), 337–349.

G. King, M. A. Tanner, and O. Rosen, 2004, *Ecological Inference: New Methodological Strategies*. New York: Cambridge University Press.

Leslie, Gregory John, Christopher T. Stout, and Naomi Tolbert, 2019, "The Ben Carson Effect: Do voters prefer racialized or deracialized black conservatives?" *Social Science Research* 78: 71–81.

J. J. Linz, and A. C. Stepan, 1996, "Toward Consolidated Democracies" *Journal of Democracy* 7(2), 14–33.

A. Przeworski, 2003, *Democracy and the Market: Political and Economic Reforms in Eastern Europe and Latin America*. Cambridge University Press.

R. Putnam, 1992, *Making Democracy Work: Civic Traditions in Modern Italy*. Princeton: Princeton University Press.

Naiteh Wu, 1987, *Politics of a Regime Patronage System*. Ph.D. dissertation. University of Chicago, Department of the Political Science.

Anthony Downs, 1957, *An Economic Theory of Democracy*. New York: Harper and Row.

M. Duverger, 1986, "Duverger's Law: Forty Years Later". Pp.69-84, in Grofman, B. and Lijphart, A. (Eds.), *Electoral Laws and Their Political Consequence*. New York: Agathon Press.

D. M. Farrell, 2001, *Electoral Systems: A Comparative Introduction*. New York: Palgrave.

V. O. Key, 1955, "A Theory of Critical Elections". *Journal of Politics*, 17: 3-18.

A. Lijphart, 1994, *Electoral Systems and Party Systems: A Study of Twenty-Seven Democracies, 1945-1990*. Oxford: Oxford University Press.

Fritz W. Scharpf, 1997, *Games Real Actors Play: Actor-Centered Institutionalism in Policy Research*.Lodon: Routledge

Milan W. Svolik, 2012, *The Politics of Authoritarian Rule*. New York: Cambridge University Press.